2015年江苏省实验教学与实践教育中心建设专项经费支持

# 知识产权惩罚性赔偿制度理论与实践研究

施 君 汤 敏 ◎编著

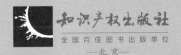

知识产权出版社
全国百佳图书出版单位
—北京—

**图书在版编目（CIP）数据**

知识产权惩罚性赔偿制度理论与实践研究／施君，汤敏编著.—北京：知识产权出版社，2022.9

ISBN 978-7-5130-8314-0

Ⅰ.①知… Ⅱ.①施…②汤… Ⅲ.①知识产权—侵权行为—赔偿—研究—中国 Ⅳ.①D923.404

中国版本图书馆 CIP 数据核字（2022）第 156863 号

责任编辑：刘 睿 刘 江　　　　责任校对：潘凤越

封面设计：SUN 工作室　　　　　责任印制：刘译文

南京理工大学知识产权创新实践教育中心系列教材

知识产权惩罚性赔偿制度理论与实践研究

Zhishi Chanquan Chengfaxing Peichang Zhidu Lilun yu Shijian Yanjiu

南京理工大学知识产权学院　组织编写

施 君 汤 敏 编著

| | | | |
|---|---|---|---|
| 出版发行 | **知识产权出版社** 有限责任公司 | 网　　址 | http://www.ipph.cn |
| 社　　址 | 北京市海淀区气象路 50 号院 | 邮　　编 | 100081 |
| 责编电话 | 010-82000860 转 8344 | 责编邮箱 | liujiang@cnipr.com |
| 发行电话 | 010-82000860 转 8101/8102 | 发行传真 | 010-82000893/82005070/82000270 |
| 印　　刷 | 天津嘉恒印务有限公司 | 经　　销 | 新华书店、各大网上书店及相关专业书店 |
| 开　　本 | 720mm×960mm　1/16 | 印　　张 | 15.75 |
| 版　　次 | 2022 年 9 月第 1 版 | 印　　次 | 2022 年 9 月第 1 次印刷 |
| 字　　数 | 236 千字 | 定　　价 | 78.00 元 |
| ISBN 978-7-5130-8314-0 | | | |

# 编委会

**编委会主任**　吴汉东

**编委会成员**　朱　宇　　支苏平　　戚　湧　　曾培芳

朱显国　　唐代盛　　聂　鑫　　尚苏影

谢　喆　　叶建川　　王　鸿　　姚兵兵

武兰芬　　姜　军　　张颖露　　施　君

汤　敏

# 总　　序

当前，我国正在深入推进知识产权强国建设，知识产权人才作为建设知识产权强国最基本、最核心、最关键的要素日益受到高度重视。近年来，我国相继发布《深入实施国家知识产权战略行动计划（2014～2020年）》《关于新形势下加快知识产权强国建设的若干意见》《国家创新驱动发展战略纲要》《"十三五"国家知识产权保护和运用规划》《知识产权人才"十三五"规划》等重要政策文件，对我国知识产权人才培养提出了新的要求。

知识产权作为一门独立的学科，有自己独特的研究对象，有自己特有的基本范畴、理念、原理、命题等所构成的知识体系；知识产权作为一种特定的专业，有自己特殊的人才培养目标，也有自己特定的人才培养规格。结合知识产权的学科特点，知识产权人才培养应当符合以下三个基本定位：

第一，知识产权人才应当是复合型人才。知识产权归属于法学，但与管理学、经济学、技术科学等有着交叉和融合，因此知识产权人才应当具备多学科的知识背景。他们除了掌握法学的基础知识外，还应当能够理解文、理、工、医、管等学科的基本原理和前沿、动态，成为懂法律、懂科技、懂经济、懂管理的复合型人才。第二，知识产权人才应当以应用型人才为主。知识产权是一门实践性极强的学科，无论是知识产权的确权与保护，还是知识产权的管理与运营，都是实践性工作。立法和司法机关、行政管理部门、公司企业、中介服务机构等实务部门对知识产权人才有着广泛的需求。第三，知识产权人才应当是高端型人才。知识产权跨学科的特点，意味着单一的本科学历根本无法实现知识产权专业的目标要求，要使知识产权人才有较高的起点、较广博的知识，双学士、硕士、博士、博士后等高学历人才应当成为今后知识产权人才培养的主流。

知识产权人才培养是我国高校中最年轻、最有生命力的事业。但从总体上看，由于当前高校知识产权人才培养在复合型师资、培养方案、课程设置、实验条件等方面存在诸多困难与问题，从而导致我国知识产权人才数量和能力素质与上述目标定位还存在一定差距，特别是高层次和实务型知识产权人才严重缺乏。因此，要以知识产权人才培养定位为目标，提升知识产权人才培养的软硬件条件，实现知识产权人才培养工作的科学化、体系化和制度化，为知识产权强国建设提供坚实的智力支撑。

值得欣慰的是，围绕上述培养目标，我国很多高校已经开始积极探索知识产权人才培养的新途径。例如，南京理工大学知识产权学院，借助工信部、国家知识产权局以及江苏省政府三方共建的契机，在国内率先成立独立建制的知识产权学院，建立起"3+1+2"知识产权本科实验专业、法律硕士（知识产权）专业、知识产权管理硕士点、知识产权管理博士点，并建立了省级知识产权创新实践教学中心。

本套系列教材正是基于上述背景由南京理工大学知识产权创新实践教育中心组织编写的。该系列教材共六本，分别为《知识产权案件审判模拟》《知识产权国际保护》《知识产权代理实务》《专利文件撰写》《专利检索与分析精要》《企业知识产权管理理论与实践》。从学科背景上看，该系列教材涵盖法学、管理学、经济学、情报学、技术科学等不同学科知识，符合"知识产权人才应当是复合型人才"的要求；从课程设置上看，该系列教材更加注重知识产权诉讼、专利文书撰写、专利检索分析等知识产权实务技能的培养，符合"知识产权人才应当以应用型人才为主"的要求；从适用对象上看，该系列教材既可作为高校知识产权专业本科生和研究生的课程教学教材，也可作为企事业单位知识产权高级法务人员和管理人员的参考教材，符合"知识产权人才应当是高端型人才"的要求。衷心希望通过该套教材的出版发行，总结出我国复合型、应用型、高端型知识产权人才培养的先进经验，以期为加快知识产权强国建设贡献力量。

　　是为序。

中南财经政法大学文澜资深教授、博士生导师

2017 年 6 月

# 目　　录

## 理论篇

## 实践篇

# 理论篇

# 第一章　知识产权惩罚性赔偿的适用困境

2013 年修正的《商标法》第 63 条规定，"对恶意侵犯商标专用权，情节严重的，可以在按照上述方法确定数额的一倍以上三倍以下确定赔偿数额。赔偿数额应当包括权利人为制止侵权行为所支付的合理开支"。这是惩罚性赔偿制度第一次被引入知识产权侵权领域，由此也引发了学术界和司法实务界对惩罚性赔偿适用要件、赔偿数额的确定标准等问题的激烈讨论。2020 年颁布的《中华人民共和国民法典》（以下简称《民法典》）在"侵权责任编"第 1185 条规定，"故意侵害他人知识产权，情节严重的，被侵权人有权请求相应的惩罚性赔偿"，标志着我国在民法中确立了侵犯知识产权惩罚性赔偿的一般原则，未来知识产权领域将建立普遍的惩罚性赔偿制度。❶ 知识产权相关法律正在逐步统一惩罚性赔偿的适用标准，随着 2021 年最高人民法院《关于审理侵害知识产权民事案件适用惩罚性赔偿的解释》的出台，认定适用惩罚性赔偿的要件也更为清晰明确。

## 一、知识产权惩罚性赔偿制度的完善

### 1. 相关政策的出台

近年来，我国对于知识产权的重视程度不断提高，知识产权事业不断发展。习近平总书记在《全面加强知识产权保护工作　激发创新活力推动

---

❶　范晓宇，陈雅婧. 故意抑或恶意：商标侵权惩罚性赔偿主观要件的规范分析 [J]. 行政与法，2020（12）：111.

构建新发展格局》一文中指出："知识产权保护工作取得了历史性成就，知识产权法规制度体系和保护体系不断健全、保护力度不断加强，全社会尊重和保护知识产权意识明显提升，对激励创新、打造品牌、规范市场秩序、扩大对外开放发挥了重要作用。"2019 年以来，党中央、国务院高度重视知识产权侵权惩罚性赔偿制度的建立。2019 年 3 月 29 日，《国务院关于落实〈政府工作报告〉重点工作部门分工的意见》（国发〔2019〕8号）第 32 条明确提出"全面加强知识产权保护，健全知识产权侵权惩罚性赔偿制度"。2019 年 10 月 22 日公布的《优化营商环境条例》第 15 条明确提出"国家建立知识产权侵权惩罚性赔偿制度"。2019 年 10 月 30 日，《国务院关于进一步做好利用外资工作的意见》（国发〔2019〕23 号）第四点"保护外商投资合法权益"第 17 条明确提出"充分尊重知识产权的市场价值，积极运用惩罚性赔偿，加大对恶意侵权行为、重复侵权行为的打击力度"。2019 年 12 月 4 日，《中共中央、国务院关于营造更好发展环境支持民营企业改革发展的意见》第四点"健全平等保护的法治环境"第（十二）条明确提出"健全知识产权侵权惩罚性赔偿制度"。2020 年 5 月11 日，中共中央、国务院发布《关于新时代加快完善社会主义市场经济体制的意见》第三点"夯实市场经济基础性制度，保障市场公平竞争"第（一）条明确提出"加快建立知识产权侵权惩罚性赔偿制度"。2020 年 6 月1 日，中共中央、国务院印发《海南自由贸易港建设总体方案》，第二"制度设计"（二）"投资自由便利、完善产权保护制度"明确提出"加大知识产权侵权惩罚力度"。2020 年 11 月 30 日，习近平总书记在中央政治局第25 次集体会议学习时强调要深化知识产权审判领域改革创新，抓紧落实知识产权侵权惩罚性赔偿制度。2021 年 1 月，中共中央印发《法治中国建设规划（2020~2025 年）》中强调，应当实行知识产权侵权性赔偿制度，激励和保护创新。一系列政策反映出国家对于知识产权保护的高度重视，反映出国家对于通过惩罚性赔偿保护知识产权的决心和毅力。

2. 相关法律法规的完善

2019 年 4 月 23 日，《中华人民共和国商标法》（以下简称《商标

法》）最新修正案正式颁布，而《中华人民共和国专利法》（以下简称
《专利法》）以及《中华人民共和国著作权法》（以下简称《著作权
法》）的最新修正案于 2020 年及 2021 年相继颁布，知识产权法律体系的
几部法律法规都对惩罚性赔偿制度作出了明确规定，我国知识产权领域全
面确立惩罚性赔偿制度已经成为既定事实。

2020 年 5 月 28 日颁布的《民法典》第 1185 条对知识产权侵权惩罚性
赔偿作出一般性规定，即"故意侵害他人知识产权，情节严重的，被侵权
人有权请求相应的惩罚性赔偿"。2013 年，我国第三次修正《商标法》，该
法第 63 条规定"对恶意侵犯商标专用权，情节严重的，可以在按照上述方
法确定数额的一倍以上三倍以下确定赔偿数额。赔偿数额应当包括权利人
为制止侵权行为所支付的合理开支"。这是我国知识产权领域第一次引入
惩罚性赔偿制度。2019 年《商标法》第四次修正，对第 63 条规定的惩罚
性赔偿内容进行修改，将惩罚性赔偿倍数上限修改至五倍。《商标法》对
惩罚性赔偿倍数上限的更改不仅是由于知识产权侵权案件数额不断增加，
也是我国对于知识产权惩罚性赔偿重视程度不断上升的结果。《著作权法》
第 54 条规定："对故意侵犯著作权或者与著作权有关的权利，情节严重的，
可以在按照上述方法确定数额的一倍以上五倍以下给予赔偿。"《专利法》
第 71 条第 1 款规定："侵犯专利权的赔偿数额按照权利人因被侵权所受到
的实际损失或者侵权人因侵权所获得的利益确定；权利人的损失或者侵权
人获得的利益难以确定的，参照该专利许可使用费的倍数合理确定。对故
意侵犯专利权，情节严重的，可以在按照上述方法确定数额的一倍以上五
倍以下确定赔偿数额。"2021 年修正的《种子法》第 72 条第 3 款规定，
"侵犯植物新品种权的赔偿数额按照权利人因被侵权所受到的实际损失确
定；实际损失难以确定的，可以按照侵权人因侵权所获得的利益确定。权
利人的损失或者侵权人获得的利益难以确定的，可以参照该植物新品种权
许可使用费的倍数合理确定。故意侵犯植物新品种权，情节严重的，可以
在按照上述方法确定数额的一倍以上五倍以下确定赔偿数额。"2019 年颁
布的《反不正当竞争法》规定："恶意实施侵犯商业秘密行为，情节严重

的，可以依据受到的实际损失、侵权获益确定数额的一倍以上五倍以下确定赔偿数额。"

### 3. 相关司法实践的探索

我国对于保护知识产权的重视不仅体现在基本法的修改中，也体现在相关政策文件以及司法文件中。2017 年 12 月，最高人民法院发布《关于充分发挥审判职能作用　为企业家创新创业营造良好法治环境的通知》，其中指出："建立以知识产权市场价值为指引、补偿为主、惩罚为辅的侵权损害司法认定机制，提高知识产权侵权赔偿标准。"2018 年 2 月中共中央办公厅、国务院办公厅为司法实践作出指导提出《关于加强知识产权审判领域改革创新若干问题的意见》，聚焦知识产权审判中"赔偿低"问题，依法加大对重复侵权、恶意侵权以及其他严重侵权情节的惩罚力度。随后，针对专利权纠纷案件审理、植物新品种纠纷案件审理等的解释与规定相继出台，根据不同类型知识产权侵权案件的特殊性以及出现的不同问题提出解决方案。2019 年以来，最高人民法院一直紧紧围绕中央政策，加大知识产权违法成本和司法保护，研究完善知识产权侵权惩罚性赔偿制度适用相关问题。2019 年 1 月 24 日最高人民法院关于印发《2019 年人民法院工作要点》的通知（法发〔2019〕7 号），其中第三点"全面贯彻新发展理念，为高质量发展营造良好法治环境"第 13 条明确提出"充分发挥司法保护知识产权主导作用，坚决依法惩处各类侵犯知识产权行为，完善知识产权侵权损害赔偿制度，正确适用惩罚性赔偿制度，优化科技创新法治环境"。2019 年 10 月 24 日，《最高人民法院关于为推动经济高质量发展提供司法服务和保障的意见》（法发〔2019〕26 号）第 4 条"加大知识产权司法保护力度"中明确提出"建立健全体现知识产权价值的侵权损害赔偿制度，充分发挥惩罚性赔偿制度作用，进一步加大侵犯知识产权行为违法成本"。2020 年 2 月 3 日，最高人民法院关于印发《2020 年人民法院工作要点》的通知（法发〔2020〕5 号）第三点"优化法治化营商环境，积极服务经济高质量发展"第 9 条明确提出"严格落实惩罚性赔偿制度"。2020 年 12 月修改的最高人民法院《关于审理侵害植物新品种权纠纷案件具体应用法律问题的若干规定》第6条对于故意侵害他人植物新品种权，情节严重的，作出了惩罚性赔偿的规定，并对侵害植物新品种权惩罚性赔偿的计算方式作出进一步细化规定。《最高人民法院关于审理侵害专利权纠纷案件应用法律若干问题的解释》第16条以及《最高人民法院关于审理专利纠纷案件适用法律问题的若干规定》中关于计算实际损失、确定赔偿数额的规定，是目前确定惩罚性赔偿基数的主要依据。2021年2月7日最高人民法院审判委员会第1831次会议通过《最高人民法院关于审理侵害知识产权民事案件适用惩罚性赔偿的解释》（法释〔2021〕4号）。2021年3月15日，《侵害知识产权民事案件适用惩罚性赔偿典型案例》中提到，要"在实务案件中增加可操作性和实用性"，这充分表现出我国对于惩罚性赔偿制度适用的重视程度。2021年6月29日，最高人民法院审判委员会第1843次会议通过《最高人民法院关于审理侵害植物新品种权纠纷案件具体应用法律问题的若干规定（二）》（法释〔2021〕14号），第17条规定，"除有关法律和司法解释规定的情形以外，以下情形也可以认定为侵权行为情节严重：（一）因侵权被行政处罚或者法院裁判承担责任后，再次实施相同或者类似侵权行为；（二）以侵害品种权为业；（三）伪造品种权证书；（四）以无标识、标签的包装销售授权品种；（五）违反种子法第七十七条第一款第一项、第二项、第四项的规定；（六）拒不提供被诉侵权物的生产、繁殖、销售和储存地点。存在前款第一项至第五项情形的，在依法适用惩罚性赔偿时可以按照计算基数的二倍以上确定惩罚性赔偿数额。"

2020年以来，各地司法实践积极响应国家号召，为贯彻习近平总书记重要讲话精神，加大知识产权保护力度，鼓励创新，相继出台关于知识产权惩罚性赔偿适用的地方性办案指引。例如，天津市高级人民法院发布的《关于知识产权侵权案件惩罚性赔偿适用问题的审判委员会纪要》、广东省深圳市中级人民法院发布的《关于知识产权侵权纠纷适用惩罚性赔偿的指导意见（试行）》，等等。地方法院在知识产权惩罚性赔偿的司法实践中都作出了不同程度的努力，有利于本法院辖区内知识产权惩罚性赔偿案件裁判标准的一致性，推动知识产权惩罚性赔偿制度的良性运转。

# 二、知识产权惩罚性赔偿制度的功能

惩罚性赔偿是具有民事责任属性的特别金钱赔偿形式，应具备侵权损害赔偿制度的一般规范功能，即补偿、惩罚、遏制。王利明教授认为，"惩罚性赔偿，也称示范性赔偿或报复性赔偿，是指由法庭所作出的赔偿数额超出实际损害赔偿，它具有补偿受害人遭受的损失、惩罚和遏制不法行为等多种功能"❶。由此可知，学界在惩罚性赔偿功能的判断上达成了一致，均认为惩罚性赔偿应当具有补偿功能、惩罚功能与遏制功能。除此之外，民法学者大抵认为，以上三项规范功能在一种侵权行为中均可适用，而在其他特殊侵权行为中就不同时存在。❷现阶段，随着我国惩罚性赔偿制度的不断完善，惩罚性赔偿制度的三项功能也不断完善。

### 1. 补偿功能

由于民事主体进行民事活动的主要目的是实现其正当利益，其基本利益形式是人身利益和财产利益，民事责任目的应是如何保障受害人的这些利益得到恢复和弥补。侵权赔偿责任旨在使受害人能够处于损害行为发生前的情况，以填平主义为原则。关于赔偿实际损失数额的计算，主要包括直接损失与间接损失。例如，在商标权侵权案件中，直接损失可以包括权利人因侵权人侵权行为所造成的销售额下降、利润损失等，而间接损失则包括因侵权人的侵权行为导致的权利产品商誉损伤，从而引发其销售额下降等。除此之外，世界贸易组织《与贸易有关的知识产权协定》提出"足以补偿损害"的法律原则，该协定第45条第2款规定，除赔偿损失、返还利润外，还应支付有关费用，包括有关律师费用。因此，填平主义原则指导下的补偿性赔偿应当是对权利人的全方位补偿，包括其因侵权行为所损失的利润，也包括权利人进行维权、取证期间的合理支出以及诉讼的费用

---

❶ 王利明. 惩罚性赔偿研究［J］. 中国社会科学，2000（4）：113.

❷ 江平. 民法学［M］. 北京：中国政法大学出版社，2000：435.

支出，属于全面赔偿。但由于知识产权侵权案件的特殊性，知识产权特有的无形性导致其价值难以计算得出准确数额，在市场价值的不断变动中，司法基于技术上的因素难以实行全面赔偿。在全面赔偿实现难度大的情况下，惩罚性赔偿对于权利人而言无疑是更符合其利益的选择，并更有利于权利人利益的保护以及权利的实现。为了更好实现知识产权侵权案件中对权利人的保障，立法对赔偿数额的计算给出了多种选择。权利人的实际损失、侵权人的侵权获益、权利使用许可费的倍数以及法定赔偿等多种赔偿数额计算方式的提出使得惩罚性赔偿基数数额的准确性提高，而在此类数额也难以确定的情况下，惩罚性赔偿甚至也可以使得最终赔偿数额足以弥补权利人损失。因此，知识产权惩罚性赔偿并未由于其惩罚性就丧失补偿性，甚至在知识产权性质特殊的情况下，惩罚性赔偿对于补偿性赔偿而言达成了微妙的弥补，使得补偿性功能更好实现。

**2. 惩罚功能**

传统意义上大陆法系的损害赔偿体系以"损害填补"为基本原则，强调无论财产上还是非财产上之损害均应以填补受害人之全部损失为限，因此只要超过这一原则的赔偿，一般均被认为具有惩罚性或直接界定为惩罚性赔偿。❶ 这种以实际损失为界定的分类方式并不符合我们对于惩罚性赔偿计算方式的界定，相较于惩罚性赔偿，超出实际损失的计算方式反而更类似于带有惩罚性质的法定赔偿，这不仅是对法定赔偿与惩罚性赔偿功能的混淆，也不利于惩罚性赔偿功能的实现。惩罚性赔偿与其他赔偿形式之间最明显的区分特征即为"惩罚性"，尽管惩罚性赔偿具有补偿性质，但在补偿性质的基础上更强调其对侵权人的惩罚性。对于严重的侵权行为，如果不予以严厉的惩罚，将无法达到很好地制裁违法行为的目的。凡严重侵犯知识产权的行为，不仅具有主观道德上的应受责难性，而且具有客观后果上的非法逐利性。❷ 王利明教授也认为，"侵权法在发挥对受害人进行

---

❶　许凯. 比较法视野下惩罚性赔偿的识别标准 [J]. 江西社会科学, 2021 (11): 165.

❷　朱丹. 知识产权惩罚性赔偿制度研究 [M]. 北京: 法律出版社, 2016: 111.

补偿的同时，也在一定程度上具有制裁不法行为人的作用"❶。因此，惩罚性赔偿也是司法威慑性的一种体现，对权利人而言是一种超出损失的补偿，对侵权人而言则是一种侵权行为得不偿失的警告与制裁，对该侵权人今后的行为具有一定的矫正作用。根据我国对于惩罚性赔偿适用的条件规定，侵权人应当同时满足"故意"与"情节严重"两个要件，适用情节较为严格，但这也是惩罚性赔偿自身惩罚性所带来的严重后果导致的。现阶段，我国对惩罚性赔偿的赔偿倍数进行了更改，从 1~3 倍改为 1~5 倍，也体现了我国对于惩罚性赔偿惩罚性功能的完善与对其作用的重视程度的增加。更高上限的赔偿倍数拓宽了法官的自由裁量范围，使得其能够对严重的知识产权侵权行为予以与其行为相匹配的赔偿额度。当然，更宽泛的赔偿倍数范围主要依靠法官的主观判断，无法得出合理的赔偿数额，需要更细致明确的标准才能够使得侵权人的侵权行为与裁判力度、赔偿额度相匹配，达到司法的公平公正。惩罚性赔偿制度的不断进步需要更为细致的规范使得其功能得以更好地发挥，而更为完善的制度规制也为惩罚性赔偿的进一步实施作出了铺垫。

3. 遏制功能

遏制功能作为惩罚性赔偿的目标功能，其要义是通过利益机制（使侵权人不得利）和舆论机制（对不法行为的非难）来防范反社会行为。❷ 法律不应当仅仅作为违法行为的弥补，而应当承担起威慑与遏制功能。损害赔偿责任的存在不仅应当是解决矛盾，使得权利人的损失得以弥补，并尽量恢复至侵权行为发生之前的状态，更需要以最大程度减少侵权行为的发生为己任，以典型侵权案例的裁决向全社会传递尊重知识产权、尊重法律的理念，从而从根源上降低侵权行为的发生概率。这种遏制功能根据对象的不同可以分为对于侵权人自身的以及对于全社会的。对于侵权人自身的

---

❶ 王利明. 侵权行为法研究（上）[M]. 北京：法律出版社，2016：111.

❷ 吴汉东. 知识产权惩罚性赔偿的私法基础与司法适用 [J]. 法学评论，2021（3）：26.

遏制功能体现在案件及于侵权人自身的超出侵权获益的高额赔偿。知识产权惩罚性赔偿制度在侵权行为发生后，对于故意的、情节严重的侵权行为施以惩罚规制，通过高额的赔偿金额与侵权获益之间的巨大落差使得侵权人以及潜在侵权人意识到侵权行为无法达到获益的目的，高额的违法成本在一定程度上具有强烈的警示作用，使得侵权人打消侵害他人知识产权行为能够取得高额利润的念头，从而防止二次侵权行为的发生。反之，如若仅仅按照填平原则进行补偿性赔偿，还原了侵权前的状态，对于侵权人而言并没有损失，低廉的违法成本与高额的利润将会引诱其多次实施侵权行为，从而提高社会治理成本，不利于知识产权的保护。对于社会的遏制功能体现在通过典型侵害知识产权案件的裁决，高于补偿性赔偿的惩罚性赔偿作为一种"私人罚金"，一方面向社会表明了法律对于侵犯知识产权行为的严厉态度，在全社会弘扬了保护知识产权的观念；另一方面也通过高额的违法成本警示和教育社会公众，使其认识到侵害知识产权行为的严重后果，从源头遏制侵权行为的发生。这也是惩罚性赔偿制度的优势之一，可以大幅度降低社会成员侵权行为的发生概率，相较于其他的宣传而言成本较低但效果较为显著，使得社会公众认识到尊重他人知识产权的重要性与侵害他人知识产权的严重后果，从而不敢也不愿意实施侵害他人知识产权的行为。

# 三、知识产权惩罚性赔偿制度的适用困境

由于惩罚性赔偿在立法层面就其赔偿数额的确定并未达成明确统一的标准，缺乏相关立法的指引，惩罚性赔偿的数额确定成为司法实践中适用惩罚性赔偿的阻碍。由于惩罚性赔偿是一个将公法在规制违法行为上的严厉与私法在执行法律上的灵便嫁接在一起的制度❶，其包含的惩罚性威力较大，也因此而难以控制。为了有效避免司法实践中法官对于惩罚性赔偿

❶ 朱广新. 惩罚性赔偿制度的演进与适用 [J]. 中国社会科学，2014（3）：119.

数额确定有失偏颇的情况发生，确保当事人双方受到合理的对待，需要统一惩罚性赔偿数额的确定标准与严格惩罚性赔偿的适用程序。然而，现阶段，由于相关法律的修改时间前后不一，知识产权相关法律的规定出现差异，惩罚性赔偿数额确定标准不统一。各方面规定的不完善，导致司法实践为了防止惩罚性赔偿数额的错误计算而倾向于提高惩罚性赔偿的举证责任，以降低误判的概率。这就加重了权利人的举证责任，从而使得权利人维权难度变大，并不利于遏制知识产权侵权行为，保护创新目的的实现。除此之外，缺乏统一的标准带来的还有各地司法实践不一致的问题，各地的司法经验无法达成一致，也不利于司法公信力的提升与权威性的树立。

## （一）知识产权惩罚性赔偿制度适用的整体困难

### 1. 权利人举证难度较大

在知识产权侵权纠纷中，法院只能对当事人提出的事实和主张进行审理，不应主动审理其未提出的诉讼主张。[1] 根据最高人民法院 2021 年 3 月 3 日发布的《最高人民法院关于审理侵害知识产权民事案件适用惩罚性赔偿的解释》（以下简称《知识产权惩罚性赔偿司法解释》）第 1 条之规定，只有原告主张惩罚性赔偿的，法院才可以依法处理。在原告没有明确主张惩罚性赔偿的前提下，法院不能主动适用惩罚性赔偿制度。惩罚性赔偿制度作为适用于平等主体之间的法律责任，原告与被告是平等的权利主体，惩罚性赔偿不是国家权力机关直接施加于侵权人，而需要权利人主动提出适用惩罚性赔偿的申请，并承担相应的举证责任，提供相应的证据。而是否提出惩罚性赔偿的选择权掌握在权利人手中，可以依照其自身意志放弃。基于上述规定，知识产权惩罚性赔偿在现阶段司法实践中以当事人申请作为先决条件，权利人未提出惩罚性赔偿诉求，则法院不得干涉。而如若权利人提出惩罚性赔偿，则意味着权利人作为主要举证主体应当承担大部分

---

[1] 管育鹰. 试析侵害知识产权惩罚性赔偿的适用条件 [J]. 法律适用，2021（1）：46.

举证责任。

司法实践中，当事人之所以少有诉请惩罚性赔偿，最主要的原因在于权利人举证困难。现阶段司法实践中惩罚性赔偿一般须经由权利人提出，并由权利人承担大部分举证责任。考虑到惩罚性赔偿的额度远远超过补偿性赔偿的额度，为了防止惩罚性赔偿被滥用，法院一般对于惩罚性赔偿的举证要求较高。在权利人无法举出所有相关证据并形成证据链的情况下，法院基于谦抑原则，往往倾向于选择具有一定惩罚性的法定赔偿而非惩罚性赔偿。

第一，由于惩罚性赔偿作为惩罚力度较大的赔偿制度，不同于一般的补偿性赔偿，因此对于举证要求较高，权利人应当就侵权人的侵权事实、侵权故意、危害后果、情节严重程度以及实际损失等进行举证，这加重了权利人负担，增加了权利人的举证难度与维权难度，不利于权利人维护自身合法权益。

第二，惩罚性赔偿对举证的高要求也需要侵权人的较高配合度，由于权利人的实际损失涉及侵权人侵害权利产品后对权利产品产生的影响，包括但不限于侵权人的侵权程度、侵权产品的传播范围以及各种对权利人权利产品的隐性影响，这些仅仅依靠权利人的单方面举证是无法满足的。更遑论侵权人的侵权收益等作为惩罚性赔偿基数时，需要侵权人提供侵权产品的销售数量、财会记录等证据，没有侵权人的配合是无法完成的。基于此，权利人极有可能缺乏合法途径接触有关侵权事实，或者出现侵权人故意阻挠权利人维权，致使惩罚性赔偿无法适用的情况。在知识产权惩罚性赔偿案件中，权利人由于难以通过合法途径接触到有关侵权产品销量、库存、获利等确切数据资料，无法举证。

除此之外，部分行为人极有可能为避免造成对自身不利的裁判结果，依据民事诉讼法的"谁主张，谁举证"原则，以种种借口拒绝提交相关材料，致使权利人因举证不足而直接适用法定赔偿。证据不足的情况下即便诉请惩罚性赔偿也难以得到相应赔偿，最终权利人只得放弃惩罚性赔偿。这对于权利人无疑是十分不利且不公的。例如，在北京同仁堂股份有限公司、廖某某侵害商标权纠纷一案中，北京同仁堂股份有限公司认为一审法院判定侵权赔偿数额畸低，而廖某某的侵权行为必然会给北京同仁堂公司和消费者造成较大的损害及不良影响，并给北京同仁堂股份有限公司造成声誉及经济损失，其也会获得较大的非法利益。并且案件中涉及的安宫牛黄丸系临床急救用药，廖某某的售假行为相较于一般的商标侵权案件对社会公众安全具有极大的危害性。北京同仁堂股份有限公司认为，一审法院在实际损失与侵权获益无法确定的情况下，应当参照北京同仁堂股份有限公司的商标许可使用费的倍数予以确定。二审法院最终认为廖某某通过假冒北京同仁堂股份有限公司本案商标的方式销售安宫牛黄丸药品假药的行为，已经构成犯罪，社会危害性极为严重。因此，二审法院决定该案应当采取惩罚性赔偿的方式予以惩戒并向社会表明司法态度，但由于按照权利许可使用费为基数并不合理，"原告与被告均未提交与侵权行为相关的全部账簿资料，五被告销售侵权商品的数量无法查明，原告遭受的损失以及五被告的侵权获益均难以确定。原告未提交涉案商标的许可使用费支付凭证，故本案缺乏适用惩罚性赔偿制度的前提要件"，因此最终决定采取法定赔偿标准，综合考虑决定赔偿数额。❶ 权利人难以全面完整提供侵权行为所涉及的证据资料，难以达到惩罚性赔偿的适用条件，且权利许可使用费的适用要求较高，适配度较低。这一情况导致司法实践中权利人常常由于难以举证而选择放弃惩罚性赔偿，转而适用法定赔偿。

正是由于惩罚性赔偿对权利人而言，举证难度较大，部分权利人会由于举证困难或者侵权人不配合举证而无法对其适用惩罚性赔偿。在大部分情况下，权利人会出于沉重的举证责任而选择不采用惩罚性赔偿，或是法官出于证据的限制而无法作出惩罚性赔偿的裁决。而在权利人未提出惩罚性赔偿诉求情况下，法院一般选择适用法定赔偿，这导致惩罚性赔偿的适用存在困境，这也是带有惩罚性质的法定赔偿与惩罚性赔偿之间逐渐混淆的原因之一。

---

❶ 一审裁判文书号：广东省广州市越秀区人民法院（2018）粤 0104 民初 1484 号民事判决书；二审裁判文书号：广州知识产权法院（2017）粤 73 民终 1528 号民事判决书。

为解决惩罚性赔偿中"举证难"的问题，最高人民法院于 2020 年 11 月 16 日发布的《最高人民法院关于知识产权民事诉讼证据的若干规定》第 25 条规定了举证妨碍规则，希望该司法解释对于知识产权纠纷中"举证难"的问题有所解决。❶

### 2. 各地司法经验不一致

尽管近年来惩罚性赔偿在知识产权领域的适用逐渐增加，然而由于知识产权的特性，导致地域之间案件数量差距较大，各地法院实践经验存在差距。截至 2022 年 1 月 28 日，笔者用"知识产权""惩罚性赔偿"作为关键词得到的判决书数量为 1630 件，其中广东省裁判书数量为 1104 件，远远高于其他省份。而河南省、江西省、天津市、甘肃省仅有 1 件相关案例；河北省、安徽省、福建省、云南省也仅有 2～3 件相关案例。❷ 由此可见，知识产权惩罚性赔偿司法实践经验的地域差距较大，部分法院处理知识产权惩罚性赔偿案件数量较少导致实践经验不足，长时间疏于处理相关案件，导致一旦出现知识产权惩罚性赔偿案件，其应对经验难以支撑其较为完善地处理案件。

由于我国幅员辽阔，地区之间的经济发展水平、法制建设水平、司法人员的业务水平能力之间存在差异，且法官的主观价值判断根据其个人生活经历的不同而存在差异，此时简单地划定赔偿倍数确定的范围、列举属于故意以及情节严重的情况很难实现全国范围内知识产权惩罚性案件审判的合理的统一性、稳定性和可预期性。❸ 各地的司法经验不一致，对知识产权惩罚性赔偿类案件的认知无法达成一致，又缺乏知识产权惩罚性赔偿相关的法律法规进行规制，造成各地的司法分歧越来越大。而在知识产权

---

❶ 《最高人民法院关于知识产权民事诉讼证据的若干规定》第 25 条："人民法院依法要求当事人提交有关证据，其无正当理由拒不提交、提交虚假证据、毁灭证据或者实施其他致使证据不能使用的行为，人民法院可以推定对方当事人就该证据所涉证明事项的主张成立。"

❷ 中国裁判文书网：https：//wenshu. court. gov. cn/，访问时间：2022 年 1 月 14 日。

❸ 韩成军. 侵害著作权损害赔偿的范围与计算 [J]. 学术界，2007（4）：196.

侵权案件较少的地区，法官对于此类案件的熟悉程度不够，处理经验不足，没有相关法规的指引而大部分依赖法官主观判断的案件裁决，对法官来说具有较大的挑战性，且案件的裁判质量也无从保障。因此，在地区经济差异较大，知识产权侵权案件发生频率不一致情况下，统一明确的法规在案件裁决的公正性保障中扮演着尤为重要的角色。加快完善知识产权惩罚性赔偿数额计算方面的细化规则才能从根源上解决司法差异的问题。

3. 赔偿力度不足

由于我国惩罚性赔偿制度的建设较发达国家而言较晚，体系化建设仍在不断的完善中，尤其是关于惩罚性赔偿数额的确定仍旧较为模糊，缺乏统一明确的标准，导致司法实践中，法官基于谦抑原则倾向于不适用可能对侵权人造成严重损害的惩罚性赔偿制度。尽管惩罚性赔偿制度引入知识产权领域已经过了较长一段时间，但知识产权侵权案件中对惩罚性赔偿制度的适用数量较少，并未全面发挥出遏制、惩戒侵权行为的作用。惩罚性赔偿制度对知识产权保护力度的不足主要体现在赔偿力度不足、惩罚性赔偿适用较少等方面。

我国知识产权惩罚性赔偿评判标准并未充分反映我国对知识产权市场的重视程度，对知识产权的保护力度不足，不利于知识产权市场的蓬勃发展。我国《民法典》对惩罚性赔偿制度作出了专门规定，并扩大了惩罚性赔偿的适用范围，涵盖了所有的知识产权类型。《民法典》第1185条规定，"故意侵害他人知识产权，情节严重的，被侵权人有权请求相应的惩罚性赔偿"。根据其他知识产权相关法的修订，其中关于惩罚性赔偿的规定逐渐与《民法典》中的规定趋于统一，我国知识产权惩罚性赔偿体系正在逐步完善。但在总体框架已经搭建完毕的情况下，相关法律对于惩罚性赔偿的数额计算方式规定较为模糊，导致法官自由裁量空间过大而不敢轻易作出裁决。"相应的赔偿"容纳空间过大，各方理解不同，因此司法实践中法官遵循谦抑原则，不敢作出赔偿数额过大的裁决。

我国惩罚性赔偿制度的目的是对不法行为实施惩罚，该惩罚不同于补偿性损害赔偿所体现的制裁作用。❶ 惩罚性赔偿以其特有的惩罚性区分于补偿性惩罚，作为比补偿性赔偿更严厉的制度，其适用条件与规范也应当更为细致明确。然而，相关的知识产权法律以及司法解释只对惩罚性赔偿制度适用的主要条件进行大致的描摹，并未进一步确定其适用规则以及判断标准等，这使得惩罚性赔偿制度在适用时缺乏必要的实体规则和程序法的指引。公法对制裁手段的运用进行了严格的限制，而集中体现平等自治理念的司法却对之放任，这明显有违法治逻辑。❷ 因此司法的谦抑原则就意味着在缺乏对法官自由裁量空间的限制的情况下，惩罚性赔偿这一制裁性制度无法得到广泛的适用。

当我们把目光转向域外，以美国的专利侵权损害赔偿计算为例，不仅是从计算范围看，还是从计算方式、参数选择、赔偿规则等多个方面看，其赔偿力度都大于我国。具体而言，从计算范围看，所失利润不仅包括所失销售，还包括价格侵蚀、附带损失、预期损失、增加的费用等；而从参数选择看，在具体计算所失利润时，美国按照"边际利润"计算，最终结果往往达到产品价格的 80% 以上，而我国对于销售流失所失利润则按照"合理利润"计算，一般都低于边际利润。❸ 按照我国《专利法》《商标法》《著作权法》中的规定，对于被侵权人的赔偿，一般按照实际损失、侵权所得利益、权利使用费、法定赔偿的顺序推进，而作为使用频率较高的"实际损失"实质上对于被侵权人的合法权益保护力度与对侵权人侵权行为的惩罚力度显然不足，甚至出现被侵权人"实际损失"小于侵权人侵权所得的情况。此时，即便以被侵权人实际损失作为赔偿标准，侵权人的侵权行为也将为侵权人带来获益，这显然是不符合法理与常识的。尽管新修订的《专利法》与《著作权法》对实际损失与侵权获益的顺序进行了一

---

❶　最高人民法院民法典贯彻实施工作领导小组 . 中华人民共和国民法典侵权责任编理解与适用 [M]. 北京：人民法院出版社，2020：352.

❷　刘志阳 . 惩罚性赔偿适用中的实体正义与程序正义 [J]. 法制与社会发展，2022（1）：213.

❸　和育东 . 美国专利侵权救济 [M]. 北京：法律出版社，2009：45.

定调整，将二者并列为第一顺位，即在法院裁判侵权人赔偿数额时可以在权利人实际损失与侵权人侵权获益之间进行选择，这在一定程度上弥补了实际损失小于侵权获益的漏洞，避免了侵权人在法律法规下依旧可以凭借其侵权行为获益的情况。但这也扩大了法院的在司法实践中的裁判空间，法官在进行补偿性赔偿数额的确定时，纳入考虑的因素变多，裁判难度变大，且司法灵活性增加的同时也将造成案件判决结果的不确定性增加。

## （二）知识产权惩罚性赔偿适用要件认定的困难

### 1. 故　　意

现阶段，由于相关法律修订时间存在先后顺序，同属知识产权法律体系的几部单行法规定并不一致。分别于 2020 年、2021 年修订的《著作权法》《专利法》对于惩罚性赔偿的主观要件规定均为"故意"，而《商标法》的规定则为"恶意"。除此之外，新修订的《著作权法》与《专利法》中统一了侵权赔偿损失的计算顺序，这一点与《商标法》相区分。"恶意"与"故意"应当如何区分，作为惩罚性赔偿数额计算基数的赔偿方式不一致，"实际损失与侵权获益"的适用顺序如何确定等问题都值得进一步探讨。尽管在新出台的司法解释中，已经明确规定"恶意"即"故意"，解决了这一争论已久的问题，但对于赔偿方式确定以及"实际损失与侵权获益"的适用顺序问题仍未解决，在实际适用中易发生争议，造成案件裁判的分歧。而缺乏统一、明确的裁判标准首先增加了法官的裁判难度，对法官的专业素质提出了更高的要求，需要法官根据案件的实际情况，结合立法精神，限制自由裁量范围，综合裁决，这无疑是对法官时间、精力的挑战。另外，这也易造成"同案不同判"的结果，降低司法的权威性与公信力。

2019 年《商标法》进行修订，将倍数修改为"一至五倍"，而后修订的《专利法》《著作权法》则基于《商标法》修订的经验，在引入惩罚性赔偿制度时就规定倍数为"一至五倍"，并将侵权人主观要件由"恶意"改为"故意"。因此，对于恶意与故意的区分问题，学界和实务界进行了激烈的争鸣。对此，王利明教授认为，侵害知识产权的惩罚性赔偿责任应当以行为人故意为要件，因此从惩罚性赔偿的产生和发展来看，由于惩罚性赔偿具有加重责任的性质，为了防止被滥用，或给行为人施加过度责任，自惩罚性赔偿产生以来，就一直以故意为要件。❶ 而蒋华胜等则认为，应当将恶意与故意相区分，对于主观故意明显的认定为恶意。❷ 虽然就"故意"与"恶意"问题的区分，2021 年最高人民法院颁布的《知识产权惩罚性赔偿司法解释》已经给出了答案，即"本解释所称故意，包括商标法第六十三条第一款和反不正当竞争法第十七条第三款规定的恶意"，且《知识产权惩罚性赔偿司法解释》中还对"故意"的认定标准作出了划分，但由于司法实践的情况较为复杂，因此难以全数囊括，还需要进一步细化处理。尽管对于"故意"与"恶意"问题的争论随着《知识产权惩罚性赔偿司法解释》的出台而告一段落，但也许是出于法律修订先后的缘故而产生的"故意"与"恶意"之争，在司法将"故意"与"恶意"相等同后，并未得到完全的解决。司法将二者相等同的做法使得二者之间的界限逐渐模糊化，并引发了应当如何判断侵权人是否为故意，而故意程度又应当如进行判定的问题。权利人就侵权人行为的"故意"程度与情节严重程度举证难度较大，"故意"作为侵权人的主观状态，他人很难对其十分了解，只能通过其外部行为推断；而权利人对于"情节严重"的举证往往需要侵权人的配合。法官在认定此类行为时，大部分情况下缺乏足够的客观证据作为判决依据，因此对主观依赖程度较高。且惩罚性赔偿较为宽泛的规定使得法官的自由裁量空间较大，法官在面对此类知识产权侵权案件时，难以作出统一的判决。司法实践中采取的标准不一，易造成同案不同判的局面，从而威胁到司法的公信力与权威性。

　　《种子法》修法时，笔者曾建议《种子法》第 72 条增加"故意"要

---

❶　王利明. 论我国民法典中侵害知识产权惩罚性赔偿的规则［J］. 政治与法律，2019（8）：98.

❷　蒋华胜. 民营企业知识产权司法保护中的关键性问题探析——基于 G 法院的实证数据分析［J］. 河北法学，2017，35（11）：196.

件。无论是《民法典》第 1185 条，还是知识产权法律领域的《专利法》第 71 条、《商标法》第 63 条、《著作权法》第 54 条、《反不正当竞争法》第 17 条，惩罚性赔偿适用的主观要件均是"故意"。❶ 所以，知识产权惩罚性赔偿适用的主观要件均包括故意，《种子法》第 73 条却并没有此规定，仅仅是"侵犯植物新品种权"，《种子法（修正草案）》第 72 条对此也没有进行修改。侵害植物新品种权中惩罚性赔偿的适用也应当满足故意要件。《民法典》第 1185 条为知识产权惩罚性赔偿作出了原则性规定，具体知识产权法律规范中应当贯彻《民法典》的原则和精神，将"故意"作为惩罚性赔偿的适用要件。从司法实践角度而言，最高人民法院在《知识产权惩罚性赔偿司法解释》第 1 条中明确规定，只有被告故意侵害知识产权的，人民法院才可能适用惩罚性赔偿制度。此司法解释是依据《种子法》而作出的解释，说明司法实践也认可只有故意才能够适用惩罚性赔偿。此外，《最高人民法院关于审理侵害植物新品种权纠纷案件具体应用法律问题的若干规定》第 6 条第 4 款明确规定侵害植物新品种权惩罚性赔偿的适用需要满足故意要件。❷ 从法理角度而言，惩罚性赔偿的适用是一种较高程度的民事责任，应当具备更严格的适用条件，而主观要件的严格性也是其一，这就要求侵权人主观上具有故意之要件。从反面而言，侵权人因过失侵害植物新品种权，此时适用惩罚性赔偿，对侵权行为人而言，过于严苛。

### 2. 情节严重

判定惩罚性赔偿的重要要件，即"情节严重"，在最高人民法院发布的《知识产权惩罚性赔偿司法解释》中虽然以列举的形式作出了规定，但鉴于知识产权侵权行为的实施方式复杂，司法实践中所面对的情况往往难

---

❶ 虽然《商标法》第 63 条规定的是"恶意"，但是《知识产权惩罚性赔偿司法解释》第 1 条第 2 款明确规定，故意包括恶意。

❷ 《最高人民法院关于审理侵害植物新品种权纠纷案件具体应用法律问题的若干规定》第 6 条第 4 款："故意侵害他人植物新品种权，情节严重的，可以按照第二款确定数额的一倍以上三倍以下确定赔偿数额。"

以涵盖在理论的范围内。

第一，《知识产权惩罚性赔偿司法解释》中所列举出的"情节严重"认定标准并未充分体现知识产权鲜明的利益复合型特征，贯彻利益平衡这一知识产权的价值构造内核。❶ 知识产权法中的利益平衡不是强调权利人的利益与公共利益之间的完全对等，而是要求充分考虑不同利益主体的价值取向，以互不损害对方利益为价值目标。❷ 这体现出知识产权法所追求的是整体利益的平衡，因此"情节严重"的标准也应当是对于整体情节的判断，但由于司法对权威性与统一性的追求，需要法官统一对案件事实的判断标准。显然，相较于对整体情节的判断而言，对单个情节的判断对法官价值观的依赖程度更低，也更易通过规则的形式确定下来。但单项情节严重标准之间的割裂使得最终对整体情节严重程度的判断不利于从宏观角度衡量侵权人侵权行为所造成的损害程度，自然也难以将其量化。

第二，由于"情节严重"的涵盖范围过于广泛，既包括侵权人侵权手段的恶劣性、侵权人侵权结果的严重性，也包括侵权人是否依靠侵权为业等因素，《知识产权惩罚性赔偿司法解释》并未将所有"情节严重"的情况都囊括在内，因此其对于司法实践的指引力度是有限的，只是为法官提供了更多的裁判思路。"情节严重"判断标准的不一也导致司法实践中的判定缺乏稳定性，对于情节严重与否的认定受法官的主观因素影响较大，从而导致司法的公正性与权威性存在遭受质疑的可能性。而明确列举出的几种可以判定为"情节严重"的情形虽然在某种程度上限制了法官在司法实践中的自由裁量权，但也限制了法官对"情节严重"内涵的合理扩张。《知识产权惩罚性赔偿司法解释》中规定的认定"情节严重"的标准使得法官在裁判案件时更为谨慎，不愿意启用最终的"兜底条款"，即"其他可以认定为情节严重的情形"。随着我国知识产权的迅速发展，可以预见

---

❶　王崇敏，王然 . 知识产权惩罚性赔偿中"情节严重"的认定——基于动态体系轮的研究 [J]. 法学论坛，2022（2）：143.

❷　冯晓青 . 知识产权法的价值构造：知识产权法利益平衡机制研究 [J]. 中国法学，2007（1）：66.

侵权行为也将更为复杂多样，面对新型的并未包括在《知识产权惩罚性赔偿司法解释》内的侵权行为，法官对其是否属于情节严重范畴的认定需要突破司法解释中所列举的情形，这对于法官而言也是一种考验。对此，不少学者认为与其在《知识产权惩罚性赔偿司法解释》中列举出的可以认定为"情节严重"的情形，不如在严重与否上划分出一条界线，规定出不属于"情节严重"的情形。也有学者认为主观故意明显的情况应当属于认定"情节严重"的因素，但这就无可避免地会造成"故意"与"情节严重"两个要件之间的重叠。当司法实践中出现这样的情形时，法官是否支持将侵权人主观上强烈的"侵权故意"认定为"情节严重"的表现形式之一将会影响最终对侵权人的处罚力度。如若在这类问题上不得出统一的答案，则将会造成"同案不同判"的局面。且基于惩罚性赔偿制度对侵权人巨大的惩罚力度，不同的裁决对侵权人而言影响巨大。"同案不同判"局面的出现也会造成负面的社会影响，造成人们对司法的信任程度下降。

在植物新品种权侵权纠纷中，法院对情节严重认定标准也并不相同。植物新品种权的保护牵涉到种子安全、农业高质量发展、国家粮食安全等方面，相较于一般的知识产权侵权案件存在自身特殊性。因此，结合植物新品种权特性和司法实践，细化侵害植物新品种权行为中的"情节严重"的认定对惩罚性赔偿制度在植物新品种权领域的优化应用有着重要意义。侵害植物新品种权适用惩罚性赔偿的前提之一为"情节严重"；然而，对于侵害植物新品种权的行为，其情节严重认定难度较大。《知识产权惩罚性赔偿司法解释》列举了判断情节严重的标准，而对于这些标准的判断可能会因为地区的差异以及法官自身认定标准的不同而导致判定结果的差异较大，❶ 司法实践中情节严重认定标准不一导致人们无法预测何种行为会被判令惩罚性赔偿，使得惩罚性赔偿丧失了预防违法行为发生的效果。同时也导致权利人无法判断何种侵权行为可以主张惩罚性赔偿，不利于增强权利人维权的信心与决心。

---

❶ 苏和秦，庄雨晴. 商标惩罚性赔偿的司法适用及反思［J］. 电子知识产权，2020（9）：75.

### （三）惩罚性赔偿适用基数的确定存在困难

由于惩罚性赔偿对于权利人和侵权人以及社会的影响力都较大，特别是对于侵权人，因此要格外注意其适用条件的统一化以及准确化，确保能够达到精准惩罚侵权人的目的。作为影响惩罚性赔偿准确度的两大因素，即惩罚性赔偿的基数与倍数，二者都需要在可控范围内才能保障惩罚性赔偿功能的实现。

1. 实际损失与侵权获益适用顺序无法确定

《商标法》第 63 条规定："侵犯商标专用权的赔偿数额，按照权利人因被侵权所受到的实际损失确定；实际损失难以确定的，可以按照侵权人因侵权所获得的利益确定；权利人的损失或者侵权人获得的利益难以确定的，参照该商标许可使用费的倍数合理确定。对恶意侵犯商标专用权，情节严重的，可以在按照上述方法确定数额的一倍以上五倍以下确定赔偿数额。赔偿数额应当包括权利人为制止侵权行为所支付的合理开支。"其中对于补偿性赔偿数额确定的顺序是实际损失、侵权获益、商标许可使用费。而最新修订的《专利法》与《著作权法》中规定的补偿性赔偿数额确定的顺序是实际损失与侵权获益二选一、专利许可使用费或权利使用费。作为基数的补偿性赔偿数额确定顺序不一致，但由于《商标法》修订在前，《专利法》与《著作权法》修订在后，因此我们可以推定在实际损失和侵权获益中二选一是立法所选择的方向，也应当是之后《商标法》修订的方向。但在《商标法》修订前，应当按照其规定的赔偿顺序进行适用，在依据《商标法》规定得出的裁决结果对于当事人显然不公平时，允许法官根据司法实践具体情况在不违背法律原则前提下做出一定变通。

在涉及《专利法》与《商标法》的相关案例中，尽管新修订的《专利法》与《著作权法》都将补偿性赔偿选择的第一顺位由被侵权人的实际损失改为了被侵权人的实际损失与侵权人的侵权获益二选一，立法对于二选一的改变持支持态度，但其在司法实践中的适用仍存在一定困境。

第一，虽然这一改变将更有利于司法为适应不同案件实际而作出变通，增强了司法的灵活性，更有利于作出公正的裁决。但选择适用被侵权人实际损失还是侵权人侵权获益受到司法人员立场的影响，法官的主观因素在最终赔偿数额的确定上的占比过高，这一方面降低了司法结果的可预见性，使得法律可预见性降低，从而降低了其对于社会的指引意义；另一方面也增加了司法人员的工作量，司法人员在裁判时要纳入考虑范围的情况增多，涉及的专业领域扩大，对法官的专业素质要求更高，这对于司法人员而言无疑也是一场艰巨的考验。且实际损失与侵权获益之间的选择缺乏具体规则指引，裁判的最终结果很大程度上依赖于法官的主观判断，因此法官裁量空间扩大，在司法实践中易造成同案不同判的情况，从而降低司法的公信力。而要作出更为合理的判断，无疑对司法人员的素质提出了更高的要求。

第二，一旦过高的赔偿数额与被侵权人实际损失不符，甚至远远超过其实际损失，将与民事赔偿的"补偿性"相违背。尽管新法的修订避免了侵权获益大于实际损失的情况出现，但并未解决侵权获益与实际损失不匹配时，超出实际损失部分侵权获益的权属问题。而现阶段从司法实践来看，这部分收益一般归权利人所有。这一问题也延续到了知识产权惩罚性赔偿司法实践中，由于惩罚性赔偿一般以民事赔偿作为计算基数，一旦实际损失与侵权所得差异巨大，则可能造成最终惩罚性赔偿数额的巨大变化，从而可能导致侵权人承受的赔偿数额与其侵权行为性质不相匹配，而被侵权人因此获得巨大收益的情况，这显然与法律的目的背道而驰，甚至会发生权利人抓住法律的漏洞，以此牟利等与法律公平原则相悖的情况。面对此种情况，立法尚未给出明确的指引。由于民事案件是双方当事人之间的"战争"，因此法官若主张将超出权利人实际损失的部分纳入财政则易造成当事人双方的不满与质疑，而这也将在一定程度上引发法官主观上的倾向变化，造成最终裁判结果有失偏颇。

2. 权利许可使用费倍数确定难

在确定知识产权惩罚性赔偿基数时，当权利人的损失或者侵权人获得的利益难以确定时，《商标法》《专利法》《著作权法》中对此种情况的规定较为一致，即参照该权利许可使用费的倍数合理确定。参照许可使用费计算其实也是补偿性赔偿在难以确定权利人的损失或侵权人获益情况下的一种选择，但我国司法实践中以权利使用费作为赔偿数额标准的案例较少，主要原因包括以下几个因素。

第一，并非所有被侵权的知识产权都有着确定的权利许可使用费，部分知识产权并未转移所有权或使用权。而知识产权作为无形财产权，其价值评估难度较大，对技术性、专业性要求较高，且并非所有的价值评估都能够获得市场中大部分的认可。然而，我国现阶段知识产权许可、交易尚不成熟普遍，即便权利人提供了许可使用费合同，为了防止权利人利用虚假合同诱导法院作出过高的损害赔偿额，法院在对合同的认定上也十分谨慎。❶ 法院难以得出获得权利人与侵权人双方认可的、处于合理范围内的权利使用费，而得出许可使用费的这一过程本就耗时长久，增加了法院工作量也增加了权利人维权的经济损耗，也无法保证该权利许可使用费的合理性，对社会公众而言缺乏权威性与公正性，因此，在此种情况下，一般只能选择放弃适用权利许可使用费，转而适用法定赔偿。而在法定赔偿中，法官的自由裁量权与权利许可使用费确定中的自由裁量空间类似，两者都很大程度上依赖于法官的主观判断，而以这种主观判断占据比例较大的数额作为惩罚性赔偿的基数将会导致最终赔偿结果的不确定性、不稳定性增加。因而，在此种情况下，如何适用惩罚性赔偿成为一个值得立法与司法深思的问题。

第二，即便该知识产权有着确定的权利使用费，适用该权利许可使用费倍数的公平合理性也有待商榷。权利许可使用费的倍数作为惩罚性赔偿的基数本就具有一定的不稳定性，且数额要达到准确难度较大，对权利人的举证以及权利许可使用费的合理性均需要进行一定的考察。首先便是对该权利使用许可费的数额的质疑，该权利使用许可费是如何计算得出，而这样的计算方式又是否合理，以及合理与否又应当依据何种标准。在司法

---

❶　丁文严，张蕾蕾. 知识产权侵权惩罚性赔偿数额的司法确定问题研究［J］. 知识产权，2021（2）：79.

实践中，常常出现存在已经实行的权利许可使用转让合同，且该合同中明确规定了权利许可使用费的数额，但仅存在一份有效的权利许可适用转让合同和单一的权利许可使用费作为"合理"的证据是否过于单薄？除此之外，即便权利许可使用费存在明确的数额，而该数额相对而言也是较为合理的，那么权利许可使用费的倍数又应当如何确定其合理性呢？倍数的确定无疑对专业性有着更高的要求，法官在对该类权利缺乏深度了解的情况下作出倍数裁决显然是不公平的，而要就此问题咨询专业人员或是请相关知识产权价值鉴定机构介入则意味着更高的维权成本以及更多的时间消耗。除此之外，对于权利人而言，自己拥有的知识产权被他人无偿使用，是否会影响到后续知识产权所有权或使用权的转让，而这样的影响程度又应当如何进行衡量，如何量化？购买该知识产权的第三方利益是否会由于侵权人无偿使用该知识产权而造成竞争从而导致第三人利益受损？其中引申出的问题较多，影响因素较多，难以全面解决。这也导致在司法实践中，即便原告提交权利许可使用费合同作为证据的案件不在少数，但被法院真正采信作为赔偿依据的并不多，主要原因在于权利人提交的权利许可使用合同的真实性、与案件关联性缺乏其他证据印证、[1] 许可双方是否存在利害关系或是足以影响合同中权利许可使用费数额的密切关系、许可合同是否经过备案，等等。这些严格的审查要求使得部分并未经过法定程序签订的权利许可使用合同无法成为权利许可使用费的倍数的参照标准，从而无法采用权利许可使用费的倍数作为其赔偿数额。

第三，以权利许可使用费倍数作为惩罚性赔偿数额计算的基数易造成权利人需要承担沉重的举证责任。权利人须举证证明侵权商品销售量、权利人因侵权所造成商品销售减少量、商品的单位利润等项目，但这些证据往往很难准确、完整地提供。[2] 除此之外，举证的内容还可能涉及侵权人

---

[1] 欧阳福生. 参照商标许可使用费倍数确定商标侵权赔偿额的司法适用 [J]. 中华商标，2017（10）：16.

[2] 裁判文书号：广东省佛山市中级人民法院（2015）佛中法知民初字第 8 号民事判决书；重庆市第一中级人民法院（2020）渝 01 民终 192 号民事判决书。

侵权时长、侵权范围等，需要侵权人配合举证。但大部分情况下侵权人都会出于对自身利益的保护而拒绝举证，甚至伪造证据或销毁证据，导致权利人的举证难度增加。因此，大多数权利人都会由于举证难度过大转而放弃适用权利使用费转而请求法院适用法定赔偿。权利人需要提供已经履行的涉案权利产品的权利许可使用合同，并提供证据对其合理性进行证明。而且在一些特殊情况下，权利许可使用合同中约定的权利许可使用费与被侵权权利产品权利许可使用费并不相符。例如，在北京同仁堂股份有限公司、廖某某侵害商标权纠纷二审中，法院认为，北京同仁堂股份有限公司要求适用商标许可使用费的三倍来计算损失赔偿金额的请求，所要求的赔偿数额过高，且由于北京同仁堂公司所提交的许可合同涉及 9 个注册商标和 30 多种药品，该公司所举出的《同仁堂商标使用许可合同》并没有对每一个商标的许可费进行明确区分，且被许可商标的许可费难以直接计算，该案商标的许可费无法通过这一合同直接计算出来，其商标的许可费用无法通过这一合同直接计算出来，故无法参照该案商标许可费为基准来计算办案的侵权损害赔偿金额。● 该案中，由于北京同仁堂公司的商标代表着旗下的多个注册商标与 30 多种药品，与侵权人侵权的药品种类不符，因此，以该商标许可使用费作为侵权人赔偿的基数对于侵权人显然是不公平、不合理的。由此可见，尽管权利许可使用费的倍数在理论上具有较高的可行性，但在司法实践中，由于谦抑原则的限制，司法对于参照适用权利许可使用合同的要求较高，举证难度较大，而许多证据即便举出也与实际侵权情况无法对应，难以成为有效证据。

第四，即便有合理明确的权利许可使用费作为参照，惩罚性赔偿的倍数也难以确定。应当确保权利许可使用费的倍数本身并不存在惩罚性，否则以一个本身就具有一定惩罚性质的权利许可使用费的倍数作为惩罚性赔偿的基数，将会造成最终数额的巨大偏差，从而导致侵权人的权利受到严重的不可逆转的损害，这无疑与司法的公正原则不符。根据司法实践，一

---

● 裁判文书号：广州知识产权法院（2017）粤 73 民终 1528 号民事判决书。

般而言，考虑到侵权行为给权利人带来的损失与影响，权利许可使用费的倍数都大于等于一倍。尽管这符合人们对以权利许可使用费倍数作为惩罚数额的认知，然而，我们也忽略了某些占比较少的情况，即权利人实际损失与侵权人获益虽无法确定，但根据实际情况来看，远远小于权利许可使用费的一倍，此时，由于司法裁判的谦抑原则与填平原则，是否应当以最大程度上还原权利人的实际损失为权利许可使用费倍数确定的目的呢？权利许可使用费的倍数以倍数进行计算的方式往往会使我们联想到惩罚性赔偿，因而忽略了其本质上是作为补偿性赔偿而存在的。如何确定权利许可使用费的倍数可以最大程度上还原权利人实际损失，恢复到侵权前的情况对法官提出了更高的要求，需要多角度全面考虑案件实际情况，且对举证也提出了更高的要求。除此之外，尽管各地法院不同程度上出台了对于权利许可使用费倍数的计算意见，如重庆市高级人民法院 2007 年 7 月发布的《关于确定知识产权侵权损害赔偿数额若干问题的指导意见》第 16 条之规定，"侵权人的侵权使用幅度小于许可使用幅度的，可以确定较低的倍数；对于以假冒为业或多次侵权等情节严重的行为可以适用较高倍数。许可使用费的倍数一般在 1～3 倍以内考虑"。但相关指导意见也并未细化标准。笔者认为，在"侵权人的侵权使用幅度小于许可使用幅度"时，适用 1～3 倍的权利许可使用费倍数是否意味着恢复原状态，补偿权利人损失所需要权利许可使用费倍数高于侵权人所造成的实际损失？而对于假冒为业或多次侵权等情节严重的行为适用较高的倍数是否可以认为是在惩罚性赔偿制度还未形成的情况下，对故意的、严重的侵权行为的一种变相惩罚？也是权利许可使用费倍数在惩罚性赔偿制度未成形情况下承担惩罚功能的体现？而在现阶段惩罚性赔偿制度逐渐完善的背景下，我们应当划清权利许可使用费倍数的部分惩罚性功能，还原其本来的补偿性功能。

3. 法定赔偿被滥用

基于上述因素，权利许可使用费倍数难以确定的问题就牵扯到了法定赔偿被滥用的问题。由于我国司法实践在无法确定权利人实际损失与侵权人获益时往往更倾向于适用法定赔偿，然而从立法者将法定赔偿放在条款最后可知，立法者本意应当是将法定赔偿作为"兜底条款"，在权利人实际损失、侵权人侵权获益都难以确定，而权利使用费也难以得出的情况下，才不得已适用法定赔偿。但现阶段我国适用法定赔偿的案例数量较多，且大有在法定赔偿中直接考虑到侵权人侵权行为严重程度、主观恶意确定赔偿数额的趋势，带有惩罚性质的法定赔偿甚至部分取代了惩罚性赔偿的功能。例如，在东莞市糖酒集团美宜佳便利店有限公司与李某某侵害商标权纠纷一审❶中，由于原告因侵权所受损失、被告因侵权所获收益无法查明，法院考虑到涉案注册商标的知名度较高，已经被认定为广东东莞市著名商标，而鉴于红雨日用品店的成立时间、规模及经营范围，以及红雨日用品店开设在原告的正规加盟店隔壁，侵权恶意明显，在接到原告律师函之后仍未停止侵权行为，情节较为严重，依法适用惩罚性赔偿。最终判定侵权人李某某赔偿原告美宜佳公司 5 万元。该案中的惩罚性赔偿并未按照一般程序确定其基数而后再确定倍数，而是直接给出最终数额，缺乏其中的说理环节，说服力不够，且该计算方式更类似于惩罚性质的法定赔偿而非惩罚性赔偿。法定赔偿代替惩罚性赔偿的功能使得其自身功能定位混乱，作为补偿性赔偿的一种计算方式，法定赔偿本不应该具有惩罚性质，但在司法实践中，由于惩罚性赔偿的缺乏精确确定标准，在难以确定惩罚性赔偿数额计算基数的情况下，加以倍数更降低了惩罚性赔偿的准确性，增加了赔偿数额与行为严重程度不匹配情况出现的可能性，而以法定赔偿代替惩罚性赔偿符合法院判决数额方面的谦抑政策，在裁判案件的过程中，应当隐忍、克制行使司法权力的冲动，即对于判决的赔偿数额，也应当秉持克制，尽量避免巨额赔偿数额的出现。

惩罚性赔偿在司法实践中的适用时间较短，基数与倍数的确定缺乏统一的裁判标准，其运行机制还不够成熟。且其相较于补偿性赔偿，倍数的计算方式对侵权人与权利人的影响都较大，甚至会对社会公众起到一定的引导作用，因此即便在证据链完整的情况下，法官也倾向于选择具有惩罚

---

❶ 裁判文书号：广东省东莞市第二人民法院（2014）东二法知民初字第 356 号民事判决书。

性质的法定赔偿进行替代。例如，在佛山市南海区亿尼奥工艺品有限公司与佛山市南海区威仪雅美容器械厂、聂某侵害商标权纠纷一审中，被告威仪雅械厂以每台 400 元的价格共销售了 9 台被控侵权商品，该 9 台被控侵权商品已经流入市场，造成原告市场份额的减少。庭审中原告主张被控侵权商品的正品价格为 2400~2600 元。法院在综合考虑后认定，由于原告的经营规模及注册商标的时间说明原告对涉案商标产品的投入较大，除应考虑被告侵权行为对原告的市场份额造成的减损外，还应考虑对其商业信誉造成的潜在影响，且被告的经营范围为美容器材和美容产品，与原告经营范围、注册商标的保护范围中的美容仪器为同类产品，作为同行业的生产、销售企业，参考原告提供的保证书中反映的内容，被告关于其不知购买的产品为侵权产品的抗辩不成立，该案侵权行为属恶意侵权，应予以惩罚性赔偿。结合以上情况，及综合考虑涉案注册商标的知名度及权利人为制止侵权行为所产生的合理费用等因素，法院最终确定由被告威仪雅器械厂侵犯原告商标权应赔偿的经济损失为 6 万元。❶ 从裁判文书中可以看出，法院对于根据侵权人的行为以及其行为造成的后果判定该行为可以予以惩罚性赔偿，但其对最终确定赔偿数额理由与依据并未进行合乎逻辑的完整论述，也并未按照惩罚性赔偿的计算方式进行倍数计算，与其说该案的评判方式为惩罚性赔偿，不如说是更像法定赔偿。法定赔偿与惩罚性赔偿之间的界限应当如何进行划分也演变成为一个值得关注的问题。

当惩罚性赔偿数额基数计算出现困难，无法适用惩罚性赔偿条款时，司法实践也并不否认法定赔偿可以带有的惩罚性质。例如，在"大润发"案中，上海知识产权法院的判决指出，"在确定赔偿数额时，如果无法计算赔偿数额进而无法适用惩罚性赔偿条款时，可以考虑被告的主观恶意，适度增加法定赔偿数额，以实现对惩罚性赔偿的补充适用"❷。因此，不难看出，法官在确定法定赔偿数额时，也将惩罚性因素纳入了考量范围。最高

---

❶ 裁判文书号：广东省佛山市禅城区人民法院（2017）粤 0604 民初 15519 号民事判决书。

❷ 裁判文书号：上海知识产权法院（2015）沪知民初字第 731 号民事判决书。

人民法院 2020 年 9 月发布的《关于依法加大知识产权侵权行为惩治力度的意见》第 11 条规定，"人民法院应当依法合理确定法定赔偿数额。侵权行为造成权利人重大损失或侵权人获利巨大的，为充分弥补权利人损失，有效阻遏侵权行为，人民法院可以根据权利人的请求，以接近或者达到最高限额确定法定赔偿数额"。而根据该意见，人民法院在从高确定法定赔偿数额时应当考虑的因素包括：侵权人是否存在侵权故意，是否主要以侵权为业，是否存在重复侵权，侵权行为是否持续时间长，是否涉及区域广，是否可能危害人身安全、破坏环境资源或者损害公共利益等。最高人民法院在该意见中所列举的从重处罚的考量因素与惩罚性赔偿适用所考量的因素出现了大面积的重叠。然而，这并不意味着法定赔偿中所带有的部分惩罚性质可以被取代。法定赔偿的惩罚性功能对侵权人的侵权行为严重程度要求较低，需要其存在侵权故意或者侵权行为导致严重后果二者满足其一即可。而惩罚性赔偿由于其按照倍数计算的赔偿计算方式，使得最终的赔偿数额可能超出侵权人侵权获益或是权利人实际损失等较大数额，但其所要求侵权人的侵权行为所满足的条件也较多，需要同时符合"故意侵权"以及"侵权行为情节严重"两个要件，相较于惩罚性质的法定赔偿而言，惩罚性赔偿的门槛更高，惩罚力度也更大。因此，并不存在惩罚性赔偿的功能被法定赔偿所取代的情况，只是需要法官更深入分析，结合案情，谨慎裁决。

4. 裁量性赔偿功能混淆

裁量性赔偿是指在当事人无法举证证明权利人的损失或侵权人违法所得的确切数额，但有证据证明上述数额明显超出法定赔偿限额时，根据具体案情在法定赔偿限额之外确定赔偿数额的一种制度。2009 年，最高人民法院在《关于当前经济形势下知识产权审判服务大局若干问题的意见》第 16 条指出，"对于难以证明侵权受损或侵权获利的具体数额，但有证据证明前述数额明显超过法定赔偿最高限额的，应当综合全案的证据情况，在法定最高限额以上合理确定赔偿额"。这是关于我国裁量性赔偿的最早说明。此后，我国适用裁量性赔偿的案件逐渐增加，对于裁量性赔偿的探索也逐步深入。北京市高级人民法院 2020 年 4 月颁布的《关于侵害知识产权及不正当竞争案件确定损害赔偿的指导意见及法定赔偿的裁判标准》中规定，"裁量性赔偿不是法定赔偿，属于对权利人的实际损失或侵权人的获利的概括计算。有证据证明权利人的实际损失或侵权人的获利明显在法定赔偿限额以外，综合全案证据情况，可以在法定限额以外合理确定赔偿数额"。

第一，裁量性赔偿出现的频率相较于法定赔偿而言较低，二者之间的区别较小，但司法实践中常常出现二者混淆的局面，并且裁量性赔偿、法定赔偿与惩罚性赔偿三者之间的功能往往相互错位。特别是在法官通过对案件情况的分析最终决定适用惩罚性赔偿，裁决结果中却无法明显识别惩罚性赔偿的特征，反而更类似于法定赔偿与裁量性赔偿的结合体，抑或是带有惩罚性质的法定赔偿。例如，在康成公司诉大润发投资有限公司侵犯商标权一案中，一审法院在裁判中指出，由于该案无法按照原告损失、被告的侵权获利以及涉案商标的许可使用费确定赔偿数额，难以按照赔偿方法确定惩罚性赔偿数额，"既然商标法已经确立损害赔偿制度应当坚持填补损失和惩罚侵权双重目标的情况下，作为计算损害赔偿兜底方式的法定赔偿制度，同样应具有补偿和惩罚的双重功能"。[1] 然而，现阶段并不存在"法定赔偿应当具有补偿和惩罚的双重功能"，该案的法官为了达到惩罚侵权人、减少此类侵权行为发生的目的，使得法定赔偿带上了惩罚性色彩，而由于法定赔偿作为兜底条款，其对法官的主观依赖性较强，且法定赔偿本质上的谦抑性本就与惩罚性相悖，如何兼顾法定赔偿的合理性与惩罚性对法官来说是一个巨大的考验。由于缺乏客观的评判标准，法官对于数额的裁决往往只能参照现阶段双方给出的与权利人实际损失、侵权人侵权获益以及权利许可使用费相关的有效证据，且各项证据的占比都缺乏明确的规定，司法的不确定性将会导致其权威受损，降低其在公众中的公信力。

第二，裁量性赔偿中规定的"权利人实际损失或侵权人的获利明显在

---

❶ 徐聪颖. 知识产权惩罚性赔偿的功能认知与效用选择——从我国商标权领域的司法判赔实践说起 [J]. 湖北社会科学，2018（7）：146.

法定赔偿限额之外"并没有准确客观的判断标准，对法官的主观判断依赖性较高，因而存在较大的不确定性，易造成"同案不同判"的情况。而由于立法并未对此作出详细解答，法官缺乏统一的裁判标准，因此，对裁量性赔偿适用条件的宽松与严格均在司法实践中有所体现。例如，在马某和布雷维提有限公司、阿里斯顿热能产品（中国）有限公司与嘉兴市阿里斯顿电器有限公司、蒋某某侵害商标权纠纷二审中，❶ 法院认为考虑到该案诉讼以及相关行政诉讼历时较久，而被告实施商标侵权及不正当竞争行为的时间较长，因此综合各方因素，给予了超出法定赔偿上限的酌定金额。在该案中，法院对于裁量性赔偿适用的情形、条件等要求较低，而在南京亿华药业有限公司与无锡济民可信山禾药业股份有限公司侵害商标权纠纷二审民事判决中，❷ 法院认为，虽然济民公司依据亿华公司获利主张的计算方案不能成立，但经一审法院对侵权行为全方位、多层次的考察，亿华公司恶意申请并恶意使用，且其持续侵权周期长，公司具有相当的生产、研发规模以及较强的营销渠道，侵权影响巨大，侵权获益巨大。济民公司已经尽全力举证，亿华公司则拒绝提供相关证据。结合最高人民法院在《关于当前经济形势下知识产权审判服务大局若干问题的意见》中所强调的"增强损害赔偿的补偿、惩罚和威慑效果，降低维权成本，提高侵权代价"这一核心要旨，对于难以证明侵权受损或侵权获利的具体数额，但有证据证明前述数额明显超过法定赔偿最高限额的，应当综合全案的证据情况，在法定最高限额以上合理确定赔偿额。因此，就以上列举情况而言，亿华公司的非法获利明显超过了法定赔偿的最高限额，应当在 300 万元以上确定赔偿金额。该案中对裁量性赔偿的适用所设置的要求涉及权利人的举证责任、侵权人侵权行为严重程度、侵权人举证配合程度等，理由较为充分，标准较为明确。

---

❶ 裁判文书号：江苏省高级人民法院（2015）苏知民终字第 00211 号民事判决书。

❷ 裁判文书号：上海知识产权法院（2017）沪 73 民终 299 号民事判决书。

## （四）惩罚性赔偿倍数的确定存在困难

根据《商标法》《专利法》《著作权法》之规定，惩罚性赔偿的倍数区间是 1~5 倍，其区间较大，倍数的确定尚无固定标准，现有法律对其作出的规定较为模糊简单。如果没有细化标准，法官在适用惩罚性赔偿制度时，不可避免地会根据其自由裁量权综合确定赔偿数额，具有较大的主观任意性。❶ 由于惩罚性赔偿倍数的不同导致其赔偿数额差距较大，对侵权人经济上的影响较大，而司法实践缺乏明确的判断标准，一方面增加了司法人员的裁判难度，要求司法人员在充分补偿权利人的同时，也要考虑到侵权人行为的恶劣程度与影响程度，兼顾案件的社会效益；另一方面司法人员主观判断对案件裁决结果影响较大，易造成"同案不同判"的情况，可能会导致司法公信力与法律的可预测性的降低，从而与惩罚性赔偿的立法主旨相违背。

尽管 2021 年 3 月颁布的《知识产权惩罚性赔偿司法解释》进一步明确了惩罚性赔偿要件的确定，同时也进一步阐释了赔偿数额计算方式。其中第 6 条第 1 款规定，"人民法院依法确定惩罚性赔偿的倍数时，应当综合考虑被告主观过错程度、侵权行为的情节严重程度等因素"。即对于惩罚性赔偿倍数的确定应当结合主客观多个方面。具体而言，侵权人如果具有侵权故意，且具有较高的主观恶意程度，或者存在多个严重的侵权行为，则可以酌情增加惩罚性赔偿倍数。这一规定尽管对惩罚性赔偿倍数的确定具有一定指导意义，但仍然缺乏对具体计算标准的明确与细化。该司法解释第 3 条细化了对侵害知识产权的故意的认定，规定"人民法院应当综合考虑被侵害知识产权客体类型、权利状态和相关产品知名度、被告与原告或者利害关系人之间的关系等因素"，并且列举了可以初步认定为具有侵害知识产权的故意的情形，但并未指明如何判断故意程度。是按照《知识产权惩罚性赔偿司法解释》中的规定累计决定还是根据行为恶劣程度抑或是

---

❶ 朱理. 专利侵权惩罚性赔偿制度的司法适用政策［J］. 知识产权，2020（8）：30.

其他标准呢？而《知识产权惩罚性赔偿司法解释》第 4 条第 1 款规定，"对于侵害知识产权情节严重的认定，人民法院应当综合考虑侵权手段、次数，侵权行为的持续时间、地域范围、规模、后果，侵权人在诉讼中的行为等因素"，并且列举了可以认定为情节严重的行为，但并未明确对情节严重程度的判断所依据的标准。尽管惩罚性赔偿倍数的计算有了一定的依据，但其范围较为宽泛，很多细节都并未作进一步的规定，这使得其在司法实践的适用依旧存在一定困境，法官在倍数决定上的自由裁量空间较大。而依据我国裁判的谦抑原则，这显然是不利于对权利人利益保护的；在某些程度上来说，也是对侵权人的不公正，倍数确定标准的不明确易造成赔偿额度过大而使得侵权人背负过高赔偿金额，从而对其造成巨大影响。

惩罚性赔偿的倍数确定标准并未明晰，修订之后的法律将倍数范围从 1~3 倍扩大至 1~5 倍，惩罚性赔偿计算的倍数选择范畴过于广泛扩大了法官的自由裁量范围，同样也降低了案件裁判的稳定性与准确性。扩大的倍数范围增加了法官主观的影响程度，使得同案不同判的可能性增加。特别是在惩罚性赔偿基数数额较大情况下，倍数之间的微小差异将导致最终赔偿数额的巨大差距，无论是对侵权人合理权益的保护还是对案件司法公正的维护都并无裨益，反而易造成司法不公正，损害侵权人与权利人利益。而且在部分惩罚性赔偿案件中，法院并未对最终得出的赔偿数额的组成给出合理的标准，例如在奥龙汽车有限公司、陈某某侵权责任纠纷案中，陈某某先从奥龙汽车有限公司购买了一辆特种运输汽车，后在驾驶该车过程中发生交通事故，造成陈某某及他人的人身财产损害。事后，陈某某起诉奥龙有限汽车有限公司要求赔偿，并请求 600 万元的惩罚性赔偿。一审法院判决被告支付惩罚性赔偿金 264.6 万元，二审法院将惩罚性赔偿数额改判为 155.4 万元，面对 100 多万元赔偿的巨大落差，一审、二审法院均未对惩罚性赔偿数额的计算给出明确的标准。❶ 尽管该案涉及的并非知识产权领域的惩罚性赔偿，但从中也可窥见缺乏统一裁判标准所造成案件结果

---

❶ 裁判文书：最高人民法院（2018）最高法民再 420 号民事判决书。

的巨大偏差，也说明我国现阶段惩罚性赔偿制度亟须进一步完善。

作为惩罚性赔偿基数的权利使用费倍数计算标准也缺乏法律原则与规则的指引以及具体案例的指导，权利使用费倍数作为在实际损失与侵权获益都无法确定情况下适用的赔偿损失计算方式，其目的在于弥补实际损失与侵权获益准确性不足，解决侵权人举证的依赖性较强的问题。但该方法并未被司法实践广泛适用，不仅是由于作为计算基数的权利许可使用费认定难度较大，也是由于需要根据案件的实际情况将计算基数进行倍数计算，而进行倍数计算意味着其准确性难以保证。对于权利许可使用费认定困难的问题，其原因大致可以归为以下两点：涉案知识产权并未签订权利许可使用合同，或者签订了合同但并未在侵权行为发生之前履行合同、涉案知识产权的权利许可使用费合理性存疑。前者需要权利人的有力举证，且证据应当形成完整的逻辑链，这意味着权利人在举证方面难度较大，不利于其维权信心的增长。而后者往往是由于该知识产权仅与一个被许可人签订了权利许可使用合同，或由于地域、经济发展程度不同而导致权利许可使用费的差别。在并不存在权利许可使用费或者权利许可使用费不合理的情况下，权利许可使用费的确定对专业要求程度较高，且基于知识产权的特殊性，即便是专业的知识产权价值评估机构或者相关领域的专家也无法保证该知识产权在市场流通中的保值。这对于司法机关专业程度要求无疑较高，在司法实践中应用的难度大。诸多因素都导致知识产权侵权案件中对惩罚性赔偿制度的适用存在一定困难。而对于权利许可使用费进行倍数计算的问题，其痛点主要包括：缺乏统一的计算标准、如何处理倍数计算的补偿性与惩罚性等。

# 第二章　知识产权惩罚性赔偿的适用要件

知识产权惩罚性赔偿的适用要件包括：侵权人故意实施侵权行为，侵权行为的情节严重，以及在司法实践中，需要权利人请求适用惩罚性赔偿规则。

## 一、故意的界定

基于我国现有的法律，适用知识产权惩罚性赔偿需要满足侵权人存在主观的侵权故意，又要满足侵权行为的"情节严重"，两者相互并列，共同构成适用惩罚性赔偿的要件。部分学者认为将"故意"与"情节严重"相并列会造成语义上的重复，存在侵权故意本身就属于"情节严重"的一种表达形式，两者属于包含关系。主观要件是知识产权侵权惩罚性赔偿适用的关键，客观因素仅在主观要件认定的过程中起到参考作用。❶ 且要满足两个要素才能适用惩罚性赔偿会使得惩罚性赔偿的适用在司法实践中缺乏可操作性，增加权利人的举证难度，不利于惩罚性赔偿制度功能的实现。笔者认为，惩罚性赔偿采取"双重要件"更为合理。由于惩罚性赔偿的惩罚性，其适用将造成侵权人的巨大损失，因此司法对惩罚性赔偿的适用一直保持谨慎态度。当惩罚性赔偿的适用只需要满足单一的要件时，可能造成惩罚性赔偿制度过度适用，造成过罚不当的情况。适用双重的要件是对司法权力的限缩，提醒法官在裁决时应当秉持审慎。且由于主观要件的判

---

❶ 吴汉东．知识产权惩罚性赔偿的私法基础与司法适用［J］．法学评论，2021（3）：23．

断与法官的价值体系关联程度较大，侵权人的主观想法很多情况下无法通过客观现实体现出来，法官对于侵权人主观心理的推定因人而异。单一要件的适用将造成司法标准的不统一，引发公众对司法的怀疑。综合上诉因素，本书将从"故意"与"情节严重"两个角度进行分析。

## （一）"故意"的内涵

2021 年的《知识产权惩罚性赔偿司法解释》已经明确"故意"也包括"恶意"，这意味着在知识产权惩罚性赔偿领域，故意与恶意之间并未进行区分。但多年来对于恶意与故意之间的争论以及二者词义之间的细微差别使得即便二者相统一，学界与司法界对"故意"的认定也存在分歧。对"故意"内涵理解上的差别也导致了对于侵权行为是否应当划分为"故意"的争论。由于恶意并非侵权构成过错要件的规范术语，且其含义在民事立法中并不明确，导致与之关联的民事规则侵蚀了其他概念的效力边界。❶而从《知识产权惩罚性赔偿司法解释》的表述可以推测以立法者立场，"故意"的表述更为合适，且以"故意"作为知识产权惩罚性赔偿的组成要件应当是未来的立法趋势。最高人民法院林广海、李剑、秦元明在《〈关于审理侵害知识产权民事案件适用惩罚性赔偿的解释〉的理解和适用》一文中提到，"在知识产权司法实践中，故意与恶意常常难以精确地区分，作一致性解释有利于增强实践操作性，也有利于避免造成这样的误解：恶意适用于商标、不正当竞争领域，而故意适用于其他知识产权领域"。❷ 若将"故意"限缩为"恶意"，则是对主观要件适用的限制，缩小了知识产权惩罚性赔偿的可适用范围。然而，根据惩罚性赔偿制度引入的初衷，其惩罚的客体应当是超出一般状况的侵权行为，但主观上存在恶意且侵权行为符合"情节严重"的情况较少，适用范围过窄，认定难度较

❶ 范晓宇，陈雅婧. 故意抑或恶意：商标侵权惩罚性赔偿主观要件的规范分析 [J]. 法学论坛，2020（12）：110.

❷ 林广海，李剑，秦元明.《关于审理侵害知识产权民事案件适用惩罚性赔偿的解释》的理解和适用 [J]. 人民司法，2021（10）：52.

大，不利于保护权利人合法权益。单纯从词义上来说，"故意"即"存心，有意识的"，而"恶意"强调主观的"恶性"，但民法上的"恶意"可以理解为"知情"，即在知情的情况下仍然实施侵权行为，因此，故意与恶意之间在"知情"这一点上是重合的。

关于故意的解释，主要存在两种学说，即意思主义和观念主义。意思主义主张"行为人想象行为之结果一定或可能发生尚未足以成立故意，必须行为人对结果之发生有希望之意志者始成立故意"，❶ 也就是行为人必须追求侵权行为所造成的损害后果，对其存在"希望"。例如，捷克学者凯纳普认为，行为人希望造成对他人的损害，或者知道其行为可能侵害他人的合法权利，构成故意。❷ 而观念主义则认为侵权行为人可以认识或预见到行为的后果即构成故意。❸ 二者主要区别即是侵权人在主观上是否追求损害结果的发生，相较而言，意思主义对行为人的主观恶意程度要求较高，不利于实现惩罚性赔偿所追求的防止损害结果发生的价值。笔者认为，惩罚性赔偿所惩罚的是侵权人主观上存在过错，且侵权人的侵权行为造成较为严重的后果，存在严重的侵权情节的情况，因此对于"故意"这一主观要件的解析，只需要其主观上能够预见到损害后果的产生即可。由于惩罚性赔偿的要件包括行为人主观状态与对侵权行为严重程度的判断，因此对于主观状态并不需要出于防止惩罚性赔偿制度的滥用而进行过于严格的限制。对于侵权行为主观故意程度的要求不宜过高，否则将难以实现知识产权惩罚性赔偿制度的目的。

## （二）故意与重大过失

过错是侵权责任构成要件中，行为人在实施侵权行为时的主观心理状态，包括故意和过失。而重大过失是指应当知道侵权行为会造成损害结果

---

❶　芮沐. 民法法律行为理论之全部［M］. 北京：中国政法大学出版社，2003：266.

❷　Jean Limpens. International Encyclopedia of Comparative Law，Vol. 4，Torts，Chapter2，Liability for One' Own Act［M］. J. C. B. Mohr（Paul Siebeck，Tubingen），1975：31.

❸　杨立新. 侵权责任法［M］. 北京：法律出版社，2020：78.

的发生，但由于行为人的重大疏忽而并未知道。对于故意是否应当包括重大过失这一问题，学界存在不同的观点。王利明教授认为，由于专利权和商标权具有典型的公开性，作品一般经发表后方可能受到侵害，在此情形下，行为人明知该知识产权存在而仍然作出侵害行为，通常可以认定为故意侵权。而所谓故意，就是指明知而且追求行为结果的发生，既不包括应当知道（重大过失的情形），也不包括间接故意。❶ 在其观点中，故意应当包括"明知"和"追求行为结果发生"两个要件，而重大过失只要求该义务是行为人应当了解的义务，显然并不满足故意的要件，也因此不应当纳入惩罚性赔偿的范畴。

然而，站在优化资源配置的角度，将重大过失与"故意"划清界限有可能造成资源的极大浪费，而使得行为人忽略自身的注意义务，从而导致较为严重的损害后果的发生。尽管行为人主观上并不追求这一损害后果的发生，但因其行为所造成权利人的损失难以弥补。注意义务的丧失将造成权利人权利的极大损失，不可归责于任意一方的责任将降低潜在权利人取得权利的积极性，并造成社会资源的极大浪费。从域外法经验来看，美国和日本都将重大过失视为惩罚性赔偿的主观要件，《美国侵权行为法（第二次）重述》第908条规定，惩罚性损害赔偿是在补偿性与象征性赔偿外，用以惩罚行为人之恶性行为以及威吓该行为人与他人于未来再为相类似行为而所给予的赔偿金。❷ 惩罚性赔偿制度除了补偿权利人、惩罚侵权人外，还具备防止侵权行为的发生等作用。因此，惩罚性赔偿制度在知识产权领域的适用也能够通过提高侵权成本，降低侵权行为发生的概率，从而促进资源的优化配置，推动知识产权领域的创新。

从经济学角度看，侵权人和权利人均可以采取投入预防成本的方式，避免侵权损害的发生。如果侵权人投入比权利人较少的成本，即可防止侵权损害的发生，那么为提高资源配置效率，通常安排由侵权人对侵权损害

---

❶ 王利明. 论我国民法典中侵害知识产权惩罚性赔偿的规制［J］. 政治与法律，2019（8）：99.

❷ 张新宝，李倩. 惩罚性赔偿的立法选择［J］. 清华法学，2009，3（4）：13.

承担赔偿责任，否则不利于资源的优化配置。❶ 诚然，权利人和侵权人双方都负有一定的注意义务来保障权利人的权利不受侵害，避免损害后果的发生。但结合实际情况，权利人对其权利产品的保护往往需要投入大量的人力、物力，潜在侵权人的数量过于巨大使得权利人难以实现对自身权利的全面保护。相反，潜在的侵权人只需要保持最基本的注意义务即可，相较于权利人而言其义务较轻，实现义务所需要的成本较低，因而更符合资源优化配置的原则。不仅如此，由于知识产权的特殊性，侵害知识产权的行为发生较为简单，知识产权侵权人所付出的侵权成本低而得到的回报较为丰厚，且知识产权遭受侵害后恢复的难度较大，权利人的利益很难恢复到侵权发生前的状态。因此，在侵权行为发生前做好预防措施是知识产权保护的重中之重，加重侵权人因主观过错可能受到的惩罚能够促使行为人在行动之前更为谨慎理性，注意到自身所需履行的注意义务，从而降低损害后果发生的可能性。

"在严重不负责任的例子中，预期事故成本与避免事故发生的成本相差是如此悬殊，以至于惩治社会公益性行为或者引起过度谨慎小心都没有危险。在这些情形下，惩罚性损害赔偿比补偿性损害赔偿更可靠，因为它为我们想要阻止的行为提供了更有效的阻碍因素。"❷ 将重大过失纳入惩罚性赔偿的要件有利于提醒人们履行其注意义务，最大程度上降低权利人权利受损的可能性，更好保护知识产权。但是，由于知识产权惩罚性赔偿制度仍未完全成熟，且惩罚性赔偿相较于补偿性赔偿具有更高的严重性，部分学者认为惩罚性赔偿责任在责任程度上的严重性决定了其在主观归责上应当适用更为严格的标准。显然，在我国司法实践中，对惩罚性赔偿制度依旧采取谨慎适用的态度，其标准较为严格。

因此，笔者认为，由于惩罚性赔偿制度仍在不断发展完善的过程中，降低惩罚性赔偿的适用标准，将重大过失也纳入可能会导致惩罚性赔偿制

❶ 朱丹. 知识产权惩罚性赔偿制度的经济分析 [J]. 东方法学，2021，4（6）：52.

❷ ［美］威廉·M. 兰德斯，理查德·A. 波斯纳. 侵权法的经济结构 [M]. 王强，杨媛，译. 北京：北京大学出版社，2005：35.

度的适用过广，造成不必要的压力与恐慌。制度的推广应当是一个循序渐进的过程，鉴于惩罚性赔偿的"双刃剑"性质，谨慎的适用无疑是必要的。在惩罚性赔偿制度更趋于完善的情况下，笔者支持惩罚性赔偿要件中所提出的"故意"应当包括重大过失的情形的观点，但考虑到重大过失情况下行为人主观恶性程度较低，在确定赔偿数额时可以酌情降低其所对应的倍数。

### （三）直接故意与间接故意

民法上对于直接故意与间接故意概念上的细微区别并未进行明确区分。对此，许多学者都在研究中指出民法上的故意可以比照刑法上进行解释，故意可以分为直接故意与间接故意。从刑法理论的角度看，故意包括直接故意和间接故意，直接故意是指行为人明知自己行为的损害结果并希望结果发生的心理状态；而间接故意是指行为人明知自己行为的损害结果，虽不是希望结果发生，但放任结果发生的心理状态。从定义来看，直接故意与间接故意的区分主要依靠行为人对于侵权行为发生的主观心理状态，两者的行为人都"明知"自己的行为将会带来损害后果，只存在细微的差别，即前者对损害后果的发生呈"追求"的心理，而后者则既不追求也不采取手段阻止。间接故意在知识产权侵权案件中主要表现为侵权人明知自己的行为将会造成权利人的利益受损，却顺其自然，任其发生。显然，直接故意的恶性比间接故意高，行为人希望结果发生的心理可能驱使其实施促使损害后果发生的行为，而间接故意主要是对结果的放任，存在这样心态的行为人主动实施促使损害后果发生行为的概率较小。因此，司法实践中，间接故意往往由于行为人只存在主观故意而没有客观行为免于惩罚，直接故意则由于行为人既存在主观故意也实施了客观侵权行为，造成较为严重的损害后果，受到司法的裁决。

在直接故意与间接故意这一问题上，从境外司法实践来看，美国《兰哈姆法》规定适用商标侵权损害赔偿的主观要件包括故意和恶意，其中故意也包括间接故意。但《兰哈姆法》中甚至将"重大过失"也作为惩罚性赔偿的适用要件，这与我国惩罚性赔偿在知识产权领域适用的理念显然是存在区别的。美国的相关立法中体现出对知识产权侵权行为的严格制裁，而我国现阶段如果适用过于严格的惩罚性赔偿制度，也会对知识产权领域的创造力产生不利影响。因此，笔者认为认定惩罚性赔偿的主观要件应当不包括间接故意的情形。首先，由于间接故意中，通常侵权人在认识到侵权行为后，虽然其主观上对行为的损害性是"明知"，但在行为人已经尽到一定程度的注意义务后，将其作为惩罚性赔偿的适用要件就显得不够合理。基于惩罚性赔偿的特殊性质，是为了对严重的恶性侵权行为进行惩罚，而非广泛性地适用于所有的知识产权侵权案件中。降低主观要件的标准，将间接故意也纳入可能造成惩罚性赔偿的滥用，从而对侵权人的权益造成巨大的、不可逆的损害，也不符合惩罚性赔偿的本质。其次，由于"故意"是典型的主观过错，直接故意与间接故意的区别在于危害结果的发生是积极追求还是持放任态度，这在实践中具体区分是相当困难的，除非行为人自己披露表示，否则一般情况下主观心态他人很难证明。❶ 将间接故意也纳入适用惩罚性赔偿的主观要件就意味着提高了制度的复杂性，法官在裁决时就需要进一步查明侵权人是否属于间接故意，间接故意与直接故意之间的区别本就微小，要进行区分无疑加重了司法裁决的负担，也使得裁决出错的可能性提高。不对直接故意和间接故意作明确的区分，而是在司法实践中根据实际情况推测出行为人实施侵权行为时的主观故意更适合当下的知识产权惩罚性赔偿制度。

综合上诉诸多因素，惩罚性赔偿适用要件之一的"故意"不应当包括间接故意。

## （四）故意的认定要件

对于故意的认定标准而言，目前主要有主观标准和客观标准两者。主观标准重点判断行为人是否有能力在实施侵权后采取相应措施；客观标准

---

❶ 周文康，费艳颖. 专利惩罚性赔偿构成要件的适用控制与解释进路［J］. 科技进步与对策，2022，39（5）：153.

则将重点放在社会一般人的标准上。❶ 因此，如若要适用客观标准，则意味着立法对于社会一般人的定义及其认定标准必须清晰明确，并便于司法实践的实施。客观标准下，由于权利人需要证明侵权人的行为违反了"故意"所要求的社会一般人标准，权利人的举证责任将会相对增加，从而不利于保护权利人的合法权益。因此，为了降低权利人的维权难度，同时也为了给法院的裁决提供更多的空间，学界在适用主观标准这一问题上分歧较少。但在适用主观标准的情况下，法官对认定故意标准的裁决空间较大，缺乏统一的标准易导致同案不同判情况的发生，不利于案件的公正裁决。为了提高案件裁决的公正性，提升法律的权威性，在适用主观标准时也应当依据较为统一的标准。

对于故意认定要件缺乏统一明确标准的问题，最高人民法院在 2021 年发布的《知识产权惩罚性赔偿司法解释》中作出了指引。其中第 3 条规定，"对于侵害知识产权的故意的认定，人民法院应当综合考虑被侵害知识产权客体类型、权利状态和相关产品知名度、被告与原告或者利害关系人之间的关系等因素"，并就这一规定列举出部分可以初步认定为被告具有侵害知识产权故意的情形。例如"被告与原告或者利害关系人之间存在劳动、劳务、合作、许可、经销、代理、代表等关系，且接触过被侵害的知识产权的"等。尽管《知识产权惩罚性赔偿司法解释》中存在兜底条款，给予法官自由裁量空间，规定了"其他可以认定为故意的情形"，但其中所列举的情形并未囊括所有侵权人具有侵权故意的情况，关于侵权故意的分析还需要学界和司法实务界进一步努力细化。

由于故意是行为人的主观心理状态，因此司法实践中难以确定侵权人在实施侵权行为时是否符合故意的认定要件，即明知该知识产权存在而仍旧追求侵权结果的发生。但无法得知侵权人的主观状态并不意味着司法裁判无法开展，我们可以通过侵权人的侵权行为以及其在得知自己行为侵权

---

❶ 周文康，费艳颖. 专利惩罚性赔偿构成要件的适用控制与解释进路［J］. 科技进步与对策，2022，39（5）：155.

后的反应、状态等合理推测其主观上是否存在侵权故意。基于此，笔者认为判定故意的要件可以分为主观与客观两个方面，包括侵权人主观的表情、神态、对该知识产权的认知程度等以及其客观的侵权行为，例如是否在得知行为侵权后及时停止侵权行为、是否重复实施侵权行为等。而对于侵权人主观状态的判断除了法官在法庭上的直接认知之外，也是依靠客观证据的推断。这一部分客观证据主要包括行为人是否具有侵害他人知识产权的先例、是否在庭审时刻意隐瞒以及侵权人侵权行为的实施时间延续程度等。

1. 客观证据

客观证据相对于主观证据而言可信度更高，获取的方式也更为简单，主要是根据侵权事实进行提取、判断。鉴于主观证据的个体差异性较大，很大程度上受到价值体系的影响，客观证据在司法裁决中可以作为推断侵权人是否存在侵权故意的主要依据。因此，不同法官对于同一事实的认定应当保持统一以保证司法的公正性与权威性，这就要求统一的评判标准的出现。但由于侵权行为的多样性，列举无法覆盖全部的案件，笔者在查阅大量案件后总结得出以下几点可以作为侵权人是否存在侵权故意的判断标准。

（1）侵权人是否重复侵权。重复侵权与是否曾经侵犯他人知识产权不同，其侵害行为所实施的客体是同一知识产权。因此，如若该侵权人就同一知识产权曾经实施过侵权行为，则基本可以判断其存在侵权故意。曾经侵害过该知识产权的侵权人明知该知识产权的存在，也清楚实施侵权行为会对该知识产权造成何种伤害，但该侵权人依旧实施了侵权行为。基于此，侵权人存在侵权故意的要素完全满足，且侵权人甚至对侵权结果的发生存在一种追求的心理，反复侵害同一知识产权，对权利人造成巨大困扰的同时也造成社会资源的极大浪费。因此，对于此种重复侵权行为，除却可以作为判定是否存在故意的依据，也可以将其作为判定情节严重的因素之一。且此种故意程度较高，也可以作为后期判定惩罚性赔偿数额的标准之一，对于存在重复侵权行为的侵权人可以酌情增加赔偿倍数。

（2）侵权人实施侵权行为经过的时间。侵权人实施侵权行为所经过的时间也可以作为判定侵权人侵权故意的辅助因素之一。按照一般情况，侵权人实施侵权行为的时间越长，则被侵权人发现的概率越大。如若侵权人长时间实施侵权行为，且权利人并不知晓，抛却侵权人侵权行为较为微小、对权利人造成影响较小、侵权人与权利人所处地域相距较远等因素，则可以初步推断出侵权人极有可能实施了较为严密的措施防止自身侵权行为被权利人知晓。对自身侵权行为的隐瞒也可以看作侵权人已经意识到了该行为的不法性，并且试图加以掩盖以逃避法律的制裁。但是，侵权人实施侵权行为所经过的时间并不能够完全反映侵权人的侵权意图，也受到地域、时间、经营领域等因素的影响。例如，侵权人实施侵权行为的地域范围与权利人行使该权利的范围距离较远，侵权人实施侵权行为难以对权利人造成显著的影响，从而该侵权行为持续时间较长但并未被权利人发现。此时不能因为其侵权持续时间长就断定该侵权人存在侵权故意，只能在排除上述因素的情况下发挥一定的参考作用，其作用大小与法官的主观判断存在较大关联性。

（3）侵权人有无刻意隐瞒侵权行为。刻意隐瞒侵权行为则意味着侵权人对自身的侵权行为有着较为清晰的认知，认识到自身行为将会造成他人的损失，并且知道一旦侵权行为被权利人发现，自己将会遭受法律的制裁。为了避免受到法律的制裁，侵权人选择通过隐瞒事实证据等手段掩盖侵权行为。且侵权人能够采取措施刻意隐瞒侵权行为，也在某种程度上证明侵权人对知识产权有着较高的认知，明知行为的违法性还继续隐瞒。因此，如若侵权人存在刻意隐瞒侵权行为的举措，基本可以推定该侵权人明知权利人知识产权的存在，却依旧选择实施侵害行为，满足"故意"的要素。但如若侵权人并未刻意隐瞒侵权行为，也并不能证明其并没有侵权故意，只能推测出侵权人没有刻意阻拦他人维权行为的举动，其情节严重程度相较于刻意隐瞒侵权行为的人而言较轻。笔者认为，由于刻意隐瞒的行为相较于其他侵权行为更可能造成权利人利益的损失，隐瞒意味着长时间侵权行为的可能性，也意味着权利人利益大量流失的可能性，因此刻意隐瞒不仅可以作为故意的判定因素，也可以作为判断情节严重与否的标准之一。

（4）侵权人在知晓某一知识产权的存在后有无停止侵权行为。侵权人在知晓某一知识产权的存在后如若仍旧继续实施侵权行为，则意味着即便该侵权人一开始不存在侵害他人知识产权的故意，在继续实施侵权行为后也可以划分为"存在侵权故意"。部分侵权人在实施侵权行为时可能并不知晓该知识产权的存在，因而在了解到侵权事实时会出于朴素的正义感而停止实施侵权行为，虽然立即停止侵权行为并不能作为排除存在侵权故意嫌疑的要素，但知晓侵权事实后仍旧拒绝停止侵权行为可以基本认定其存在侵权故意，且该侵权故意较为严重。对于侵权人"知晓某一知识产权"的认定，笔者认为权利人应当列举出能够证明侵权人确实"知晓"的证据，例如权利人曾经对侵权人予以警告但侵权人依然继续侵权或者侵权人在法院裁决其为侵权行为情况下依旧侵权等。只有在有明确证据证明情况下才能够确定侵权人确实存在侵害该知识产权的主观故意。因此，基于该行为体现出的侵权人恶意程度较高，在对侵权行为的违法性有了更高程度认知后依旧选择侵权。与上述第三点相类似，侵权人在知晓某一知识产权的存在后是否停止侵权行为也可以作为情节严重的判定标准之一。对于此种情况，法院可以选择增加惩罚性赔偿的倍数以体现对该行为的遏制。

2. 主观证据

主观证据主要依靠司法裁判相关人员对案件的持续关注，并以常人的标准对侵权人在司法裁判中的反应加以判断。尽管主观证据只能起到间接佐证的作用，但主观证据的收集在案件裁决中的地位并不应当被忽视，这是法官发挥自由裁量权的最佳途径，主观证据也可以成为后续赔偿数额裁决的参考依据。虽然被称为主观证据，但其实质上也是通过对侵权人客观行为的观察分析推断出侵权人的主观心理状态。之所以称其为"主观证据"是由于其相对于"客观证据"而言对法官主观判断的依赖性更强，例如部分法官对侵权人在案件审理中的反应判断因为"正常人"的标准不同，也会造成分歧的产生。因此，对主观证据的采信需要法官采取更为审慎的态度。

（1）案件审理中侵权人的反应。案件审理过程中侵权人的反应往往是判断侵权人的侵权行为是否存在故意的重要裁决依据。侵权人是否配合案件的审理、是否在侵权事实认定后存在悔过迹象等都可以作为判断侵权人心理状态的主观依据。如若侵权人积极配合案件审理，主动提供相关证据、账簿流水等资料，则可以从中窥探出侵权人能够认识到侵害他人知识产权这一行为的违法性质以及损害后果，并存在为此作出弥补的倾向，抑或是行为人认为自身行为并未损害他人合法权益，其并不认可自己的行为侵害了他人知识产权而希望通过提供证据证明自身的清白。相反地，如若行为人拒绝配合法院的调查，拒绝提供相关证据甚至是提供虚假的、捏造的证据，则可以从中推断出其认为自身的行为一旦被证实，将会造成经济上、名誉上的较大损失，从而间接得出该行为人确实存在故意侵犯他人知识产权的极大可能性。除此之外，侵权人在庭审中是否表现出悔过倾向，是否对侵犯他人知识产权造成他人重大损失的行为表示歉意等迹象也可以作为法官认定其"故意"的依据。

（2）侵权人的知识产权相关知识储备。由于侵犯知识产权案件的特殊性，行为人的侵权门槛较低，只要有途径接触到知识产权，则就存在侵权的可能性。因此，侵权人是否认识到自身行为已经造成对他人知识产权的损害在判定侵权人是否存在侵权故意时显得尤为重要。如若侵权人受制于其受教育程度或其他因素，对知识产权一无所知，从该侵权人角度而言，他的行为符合其自身的行为逻辑，并不构成对他人权利的侵犯。显然，在此种情况下，侵权人并不存在侵权故意，侵权人并不希望侵权后果的发生，当然不能认定其为故意。但是由于侵权人的知识产权相关知识储备并不能通过客观形式向法官呈现，我们无从得知侵权人头脑中存在多少与知识产权相关的知识，自然也无从得知其是否认知到自己的行为已经侵犯他人权利。法官只能通过客观的信息，例如侵权人的受教育程度，是否有接触到知识产权相关知识的可能性等，但由于这些信息只能提供部分碎片，并不能完全体现出侵权人知识产权相关知识储备的真实情况，因此只能作为参考，并不能完全予以采纳。但如若通过客观事实可以得出侵权人对于所涉及的领域内的知识产权具备足够的专业知识，例如侵权人为该专利产品的渠道商，则可以判断该侵权人的知识储备足以避免侵权行为的发生，发生侵权行为的主观因素就可以缩小到故意与重大过失。

（3）侵权人是否知道某一知识产权的存在。侵权人是否知道某一知识产权的存在也是判断其是否存在故意的基础因素之一。如若侵权人全然不知道该知识产权的存在，则也就不可能存在侵权故意。然而这也属于侵权人的主观意向，法官难以通过某些外在表现直接判断，只能作为最终判断的辅助依据。对于侵权人是否知道某一知识产权的存在，主要可以根据该行为人是否有提前查阅相关资料的记录、是否曾经是可以接触到该知识产权的密切人员之一、是否与知识产权人存在较为密切的联系等因素进行判断。如若侵权人与权利人之间存在密切关联，属于能够接触到知识产权的人员，则其在侵权前知道该知识产权存在的可能性较大，也就更可能存在侵权故意。例如，侵权人曾经与权利人商谈签订专利许可协议未果，此后实施了侵权行为，依据这样的事实基本可以确认该侵权人在实施侵权行为时知道这一知识产权的存在，并且存在侵权故意。

（4）侵权人是否曾被判定为侵犯他人知识产权。侵权人是否曾经被判定为侵犯他人知识产权在判断侵权人是否可能存在侵权故意中也具有较为重要的地位。如若侵权人曾经实施过侵犯他人知识产权的行为，无论其是否故意，该侵权人对于知识产权相关知识的储备都相对更为丰富，他极有可能知道自己的行为会损害到权利人的利益，但还是基于侵权行为所能带来的巨大收益选择侵犯他人知识产权。曾经被判定为侵犯他人知识产权的人再次实施侵权行为，一定程度上意味着该侵权人并未吸取曾经的经历，对他而言，侵权行为所带来的巨大利益远远高于其为实施侵权行为所付出的代价。因此，如若不对其进行更为严厉的打击，将无法阻遏侵权人重复侵权行为的发生。

以上的各种判断因素由于其对法官的主观性依赖程度较高，客观性不足，因此单独来看无法成为判断侵权人存在侵权故意的依据。只有当侵权故意的存在较为明显时，可以作为进一步判断侵权故意的程度的辅助因素。这样既限制了法官的自由裁量空间，使得司法裁决的结果所采取的价值取向更为统一，也在绝对的制度下空余出了相对的自由裁量空间，司法裁决可以更为灵活变通。

由于主观要件对法官的依赖程度较高，对于侵权人是否存在故意的主观判断依据的要素存在差异，个人的价值评判体系难以统一，因此不具有全然的说服力。而客观要件相对而言更能够作为统一的标准适用于司法实践，有利于树立司法的权威，提高司法的公信力，最大程度上发挥惩罚性赔偿阻遏知识产权侵权行为的功能。笔者认为，在判断侵权人是否存在侵权故意时，可以先依据客观要件进行判断，再结合主观要件作出最终的裁决。

# 二、情节严重

情节严重这一要件相较于故意而言具有更大的争议。

第一，由于人们对情节严重的判断标准不一，有观点认为"故意"本身就可以认定为情节严重的表现之一，适用惩罚性赔偿不需要同时满足两个要件。一些法院在判决中也常常将"主观恶意明显"作为适用惩罚性赔偿的依据，对情节严重并不进行额外的强调。而另一种观点则认为"情节严重"应当作为惩罚性赔偿的成立要件，而应当将"情节"的严重程度视为确定具体惩罚的倍数时的考量因素。❶ 但这根本上还是秉持着"故意"即"情节严重"的一种表现的观点，只要侵权行为人存在故意则可以对其适用惩罚性赔偿，而不需要考虑其行为的情节严重与否，这显然并不符合立法者的本义。因而，情节严重这一要件存在的必要性需要得到论证。

第二，情节严重与故意之间的界限模糊，立法既然将情节严重与故意作为适用惩罚性赔偿的两个要件，则意味着两者都有其存在的必要性。显然，由于"故意"属于对侵权行为人主观状态的判断，更倾向于主观上的判断，而"情节严重"是对侵权行为情节严重程度的判断，相对而言应该

---

❶ 罗莉. 论惩罚性赔偿在知识产权法中的引进及实施 [J]. 法学，2014（4）：59.

属于客观上的判断。因此，为了避免故意与情节严重之间的重合，产生重复评价的问题，应当将二者就其最显著的特征进行区分。但由于侵权行为的复杂性，理论上的划分并不能涵盖司法实践中出现的所有复杂情况。例如，当侵权行为人以侵权为业时，基本可以判定侵权人对知识产权侵权方面的知识有着较为全面的了解，并且存在侵权故意。而"以侵权为业"同时也是判定侵权行为是否"情节严重"的标准之一。就这一行为而言，既可以体现出侵权故意，又符合情节严重的要求。如若认为这一行为只能体现出"情节严重"或是"故意"则显然有违情理。因而，如何处理情节严重与故意之间的关系需要进一步的讨论明晰。

### （一）情节严重作为要件之一的意义

（1）"情节严重"的设置能够防止惩罚性赔偿被滥用。与一般的民事赔偿制度不同，惩罚性赔偿的惩罚性并不符合传统民法的"填平原则"，而是在补偿性赔偿数额的基础上以倍数的计算方式得出的赔偿数额，其目的除了弥补权利人的损失之外还包括惩罚侵权人的侵权行为并以此为戒，遏制侵权行为的频繁发生。因此，惩罚性赔偿制度具有"双面性"，一方面其高额的赔偿数额可以起到遏制违法行为发生的作用，另一方面高额的赔偿也可能会造成侵权人的巨大损失，加重侵权人的负担。基于其"双刃剑"的性质，该制度的适用应当谨慎。而一般的侵权人实施侵犯他人知识产权的行为，极有可能已经知道了该知识产权的存在，只是出于某些原因，例如对知识产权相关法律的不了解而选择实施侵权行为，其造成的侵权后果可能并未严重到需要启用惩罚性赔偿制度的程度。因此，只设置"故意"这样一个主观的判断因素不利于实现惩罚性赔偿的制度功能，需要辅以"情节严重"这一更为客观的要件。严格惩罚性赔偿的要件能够更好地限制惩罚性赔偿的适用，防止其被滥用。

（2）将惩罚性赔偿制度的要件设置为"故意"与"情节严重"，也可以更好地保障司法的公正性，防止罪责与惩罚性不相适应的情况发生。鉴于惩罚性赔偿制度的特殊性，其具有民事制度一般不具有的惩罚性质，因此其适用也应当更为谨慎。由于将"情节严重"独立作为一个适用门槛的立法模式在民事法律中并不多见，在《刑法》中类似的表述却多达 170 多处。❶ 因此，我们也可以利用刑事法律的相关思路进行解读。刑法作为最为严厉的法律，只有具备足够的社会危害性，才可以适用刑法进行处罚。因此，刑法正是通过"情节严重"要件的设置，有效区分刑法和治安处罚法，将一些社会危害性较小的违法行为排除在犯罪的范畴之外，以更好地尊重和保障人权。❷ 因此，先以"故意"作为要件，在判断行为人确实存在主观上的故意后，再考虑行为人的侵权行为实施方式、侵权行为所造成的后果以及侵权人在司法实践中是否配合司法程序的履行等因素，综合进行考量最终判定是否应当适用惩罚性赔偿制度。

（3）"故意"与"情节严重"结合了主观和客观两个角度，是对主客观的兼顾。"故意"作为惩罚性赔偿的判定要件之一，主要体现了行为人的主观意志，虽然其主观意志可以通过某些行为表现，但不同的法官基于不同的价值评价体系，对于这些行为表现的理解和判断存在差异，难以达成一致。因此，只以故意作为惩罚性赔偿的要件显然不利于司法公正性的发挥。而"情节严重"相较于"故意"而言更具有客观性，二者从主客观两个不同的角度出发，二者相结合可以大大降低案件产生偏差的可能性。

（4）"情节严重"的认定也能够更好实现知识产权惩罚性赔偿的制度功能，兼顾补偿功能、惩罚功能与预防功能。第一，情节严重程度与权利人因侵权行为所受到的损失大小有关，因此可以就权利人的实际损失作出补偿。由于知识产权侵权行为带来的损失难以精确计算，包括直接损失与间接损失，因此以惩罚性赔偿为手段，以"情节严重"为衡量标准能够更好补偿权利人的损失，从而激励权利人主动积极地寻求知识产权惩罚性赔偿制度的保护。第二，情节严重程度也将侵权人的侵权手段、侵权范围以及其在司法实践中的态度等纳入判断因素，针对其恶性较大的侵权行为作

---

❶ 张红. 恶意侵犯商标权之惩罚性赔偿［J］. 法商研究，2019，36（4）：162.

❷ 余双彪. 论犯罪构成要件要素的"情节严重"［J］. 中国刑事法杂志，2013（8）：31.

出惩罚性赔偿。根据功利主义理论，对侵权人实施惩罚性赔偿的理由在于，其行为不仅造成了权利人的损失而且损害了社会公共利益，应当为此付出相应的代价。[1] 对权利人的惩罚也是对其再次实施侵权行为的预防，当侵权成本大于侵权获益时，侵权人实施侵权行为的预期利益流失，侵权行为对其也就不再具有意义。第三，"情节严重"的认定也有助于实现知识产权惩罚性赔偿制度的预防功能，对已经实施侵权行为的侵权人的惩罚能够起到警示作用，这一高额的侵权成本使得实施侵权行为所冒的风险与侵权行为的获益不符，潜在侵权人将倾向于放弃侵权意图。

### （二）情节严重与故意

由于侵权后果的严重程度与侵权人的故意程度也存在较为密切的联系，两者的判断依据存在重合。例如，判断侵权人是否存在主观故意因素之一的"侵权人在知晓某一知识产权的存在后有无停止侵权行为"，除可以判断侵权人的侵权故意程度外，还可以作为判断情节严重与否的依据之一。如若侵权人在权利人予以警告后仍旧继续实施侵权行为，将会对权利人的知识产权造成持续的伤害，且从中也可以看出侵权人对其行为并不存在悔过心理，也并不认为自身的行为需要更正。侵权人无视法律肆意侵犯他人知识产权的行为如若得不到较为严厉的惩罚，则侵权人再次侵犯他人知识产权的可能性较高。因而认定其为情节严重，并以此作为依据酌情提高惩罚倍数对于遏制侵权行为的再次发生具有一定的积极作用。情节严重与故意的判断标准重合是造成学界与司法实务界无法就惩罚性赔偿的要件进行进一步细化的原因之一。除此之外，由于现实中知识产权侵权案件的侵权事实较为复杂，存在多样的情况，一一列举难以全部囊括在内，这也造成情节严重标准主要依靠法官主观能动性发挥的现状。因此，可以采取列举式和囊括式相结合的方式判定情节严重与否。

"故意"与"情节严重"作为适用知识产权惩罚性赔偿的并列要件，

---

[1] 于冠奎. 经济法学视野下惩罚性赔偿适用问题研究 [D]. 重庆：西南政法大学，2014：45.

只有"故意"被付诸实践，才可能造成"情节严重"的后果。因此"故意"与"情节严重"的判断在司法实践中存在许多重叠之处，许多被认定为"情节严重"的因素都能够体现出侵权人的侵权故意，但这并不意味着对二者的区分是毫无意义的。《知识产权惩罚性赔偿司法解释》第4条规定"对于侵害知识产权情节严重的认定，人民法院应当综合考虑侵权手段、次数，侵权行为的持续时间、地域范围、规模、后果，侵权人在诉讼中的行为等因素"，其中部分判断情节严重的标准也可以体现出侵权人的侵权故意，例如"以侵害知识产权为业"的侵权人，专业从事侵害知识产权并以此作为生计，因而可以据此推断出该侵权人知道自身行为违法但由于侵权行为带来的高额回报而选择继续实施侵权行为。笔者认为，由于同一行为体现出两种构成要素并不违反相关规定，也不会对侵权人或权利人的利益造成损失，因此，当存在这一类既可以体现侵权人行为故意又可以显示出情节严重的侵权行为时，法官可以直接得出裁判结果，据此判断应当对侵权人施以惩罚性赔偿，这样也在合理范围内减轻了法官的裁判压力。针对一个行为中既包含侵权人的侵权故意，又包括侵权的情节严重程度，据此可以认为侵权情节严重程度与侵权故意的强弱之间是密不可分的。立法之所以规定侵权故意与情节严重两个情节并存是为了固定惩罚性赔偿的适用主体，避免误伤其他不存在侵权故意却造成严重后果的侵权人以及存在侵权故意却并未造成严重后果的侵权人防止惩罚性赔偿的泛化，确保"罚当其责"。❶

## （三）细化情节严重的适用标准

根据《知识产权惩罚性赔偿司法解释》第4条的规定，情节严重的标准主要包括行为人是否属于重复侵权，是否妨碍司法程序的开展，是否使得权利人受到巨大损失或者是否从中获得大量利益以是否危及国家安全、社会公共利益或者人体健康。从中不难看出我国立法对惩罚性赔偿制度的

---

❶ 徐聪颖. 知识产权惩罚性赔偿的功能认知与效用选择——从我国商标权领域的司法判赔实践说起［J］. 湖北社会科学，2018（7）：151.

设计目的，其中重复侵权、妨碍司法程序开展几项与侵权人的主观密切相关，是为了惩治屡次侵权、藐视法律的侵权人所设置；而其他几项则与侵权人的主观并不存在必然的联系，只是针对行为造成的损失范围以及侵权人从中获利巨大的情况。笔者认为，情节严重的标准与法官的主观判断相关，而法官对于情节严重与否的判断也与案件发生地的经济状况、权利产品的类型等存在密切关系。考虑到案件发生时的诸多因素都能够影响侵权情节的严重与否，因此一一列举出"情节严重"的标准并无意义，应当保留法官在情节严重判断上的部分自由裁量空间。但为了保障司法的权威性与公正性，也可以列举出部分显然属于情节严重的情况，供法官参考，同时也适度限制法官的自由裁量空间。对此，有学者提出可以采取列举式和概括式相结合的方式，例如侵权手段恶劣造成严重后果，包括物质、精神、商誉等方面的重大损失；侵权时间长或者多次发生类似侵权的；侵权人因侵权获得非法利益巨大，经行政处罚或经法院判决侵权后继续侵权的等造成严重损害后果的侵权行为。❶《知识产权惩罚性赔偿司法解释》中也大致采取了这种方式，先就情节严重的大致范围作出规定，再列举了部分可以认定为情节严重情况。❷ 情节严重主要针对侵权手段、方式及其造成的后果等，一般不涉及侵权人的主观状态。《知识产权惩罚性赔偿司法解释》中所列举的情形，主要源自于司法实践中的典型案例。例如五粮液公司与徐某某等侵害商标权纠纷案❸等。典型案例中出现的情形虽然具有代表性，但不足以覆盖所有的情节严重的情形，笔者认为，除了《知识产权惩罚性赔偿司法解释》中明确列举出的可以认定为情节严重的情形外，还存在其他法官需要关注的因素。

---

❶ 史玲，王英军. 惩罚性赔偿在我国知识产权法领域的适用 [J]. 天津法学，2012（1）：41.

❷ 林广海，李剑，秦元明.《关于审理侵害知识产权民事案件适用惩罚性赔偿的解释》的理解和适用 [J]. 人民司法，2021（10）：53.

❸ 一审裁判文书号：杭州铁路运输法院（2019）浙 8601 民初 1364 号民事判决书；二审裁判文书号：浙江省杭州市中级人民法院（2020）浙 01 民终 5872 号民事判决书.

1. 侵权时间长、侵权范围广

侵权行为持续的时间、地域范围等都属于侵权行为对权利人造成损失的可量化的因素。依照一般认知，权利人实施侵权行为的时间越长，侵权产品涉及的地域范围越广，对权利人造成的损失越大，越有可能构成"情节严重"。且侵权行为的持续时间与地域范围往往与侵权人的主观状态存在较为密切的关系，侵权人主观上具有较强的侵权故意，意图从侵权行为中获得大量利益，相对应地也会扩大侵权范围，加大侵权力度，也就更易构成"情节严重"。虽然侵权时间与侵权范围大多数情况下与侵权后果的严重程度呈正相关，但也并不能一叶障目，认为侵权时间长、地域广就一定会造成更为严重的侵权后果，从而直接将长时间、大范围的侵权行为划分入"情节严重"范畴，司法实践中也存在长时间或者侵权范围较大的侵权行为并未造成十分严重侵权后果的情况，因此需要进行综合考量。

（1）侵权时间长。

侵权人长期处于侵犯他人知识产权的状态，一种情况是侵权人对自身的侵权行为毫无意识，在并未认识到自身行为已经构成违法的情况下实施侵权行为。另一种情况就是侵权人明知自身行为侵害了他人知识产权，会对他人的合法权益造成损失却仍旧选择了长时间侵权，并在长期内都毫无悔改，间接表现出主观上强烈的侵权故意。除此之外，侵权时间一般与侵权对权利人造成的损害成正比，长时间的侵权行为可能造成权利人利益的巨大流失。也正因为长时间的侵权行为，侵权行为带来的侵权获益已经难以得出精确的数额，适用惩罚性赔偿能够更好地使得权利人的利益得到补偿。而从侵权人的角度来看，侵权人持续实施侵权行为正是由于利益的驱使，侵权人能够从侵权行为中获得较高的利益，因此，对其适用惩罚性赔偿也能够增加其侵权成本，阻止其萌生继续实施侵权行为的想法。当侵权行为无法带来高额利益时，侵权人也就不会选择继续实施侵权行为。

这一类的侵权行为有时会和"以侵权为业"相重合，长时间实施侵权行为表示其侵权行为较为稳定，与"以侵权为业"中的"稳定性"相符合。因此，对于类似的情形应当进行仔细辨别。而这带来的问题也不止于此，由于认定"情节严重"的标准中"侵权时间长"与"以侵权为业"是相并列的，但其应当符合的要件并不平等。显然，"以侵权为业"与"侵权时间长"的要素存在重叠的部分，将它们并列是否会造成要素的多余？且由于"情节严重"是确定最终赔偿数额的重要参考因素，在不少学者都提出了以情节严重的要素进行叠加确定惩罚性赔偿的倍数的情况下，两个相似度和包容度很高的因素是否会造成司法的偏差从而导致司法的权威性与公信力降低？这些都需要我们进一步的考虑。

（2）侵权范围广。

侵权行为涉及的地域范围广，并不局限于地理意义上的地域范围，也包括在网络空间上的传播。侵权人生产、销售的产品传播范围广泛，这对于权利人权利产品未来的销售地区无疑存在较为严重的负面影响，将会造成权利人权利产品销售范围的缩小，市场被侵权人侵占，合法利益受到损失。而侵权范围越广，侵权产品所造成的影响也就越大。除此之外，侵权产品在大范围内销售也会对权利人的商誉造成消极影响，一旦侵权产品或后续服务存在瑕疵，将会间接影响到权利人产品的销售。因此，广泛的侵权范围应当作为认定"情节严重"与否的要件，以更好保护权利人的潜在利益。同时，根据人们的正常认知，侵权范围越广泛，则侵害行为被发现的概率越高。侵权人为了追求更高的利益不惜铤而走险选择在大范围内实施侵权行为，这也基本可以说明侵权人主观上具有较为严重侵权故意。例如，在广州天赐高新材料股份有限公司、九江天赐高新材料有限公司侵害技术秘密纠纷中，❶ 法院认为，安徽纽曼公司自成立以来，就以生产卡波产品为经营业务，且在其法定代表人已经因侵害商业秘密行为被追究刑事责任、相关生产工艺、流程及设备涉嫌侵害权利人技术秘密后，该公司仍未停止生产，销售范围多达二十余个国家和地区。鉴于其行为恶劣、侵权故意明显，法院决定对其适用惩罚性赔偿。在该案中，涉案安徽纽曼公司侵害他人商业秘密，并且产品远销海外，销售范围多达二十余个国家和地

---

❶　裁判文书号：最高人民法院（2019）最高法知民终 562 号民事判决书。

区，在侵占权利人市场的同时也对权利人的口碑造成潜在影响，应当受到更为严厉的惩罚。

### 2. 多次侵权、再次侵权

多次侵权是指侵权人多次实施侵权行为，强调侵权次数较多。再次侵权也包括侵权次数较多，但其更强调因侵权被行政处罚或者法院裁判承担责任后，再次实施相同或者类似侵权行为。

当侵权人已经因侵权而被行政处罚或者法院裁判承担责任后，再次实施相同或类似侵权行为，侵权人可能并未造成权利人的巨大损失，也并未导致社会公众利益受到侵害，这里所指的"情节严重"是对于侵权人和法院而言。侵权人在已经因侵权被行政处罚或者法院裁判承担责任后依旧选择侵害他人知识产权，构成重复侵权，这不仅是对法律的无视，也造成极大的社会不良影响，是对社会资源的一种浪费。根据侵权人实施侵权行为的心理推断，当侵权带来的收益远远高于侵权成本时，侵权人极易再次实施侵权行为，因此，可以通过提高侵权成本来达到抑制侵权行为再次发生的目的。例如，在美盛农资（北京）有限公司与常州市大地肥业科技有限公司侵害商标权纠纷案中❶，法院认为在该案中大地公司系长期从事肥料制造、销售的农资经营者，其理应当知晓美盛公司的涉案商标在农资行业内的知名度和市场影响力，仍然实施了侵权行为，主观上明显存在侵权故意。除此之外，大地公司还曾经因生产假冒他人品牌的肥料产品被行政查处，但仍然再次实施生产假冒涉案"美盛"注册商标的侵权违法行为。从该案中大地公司因侵权被行政处罚或者法院裁判承担责任后，再次实施相同或者类似侵权行为的情况来看，除了体现了其侵权故意，还是情节严重的判定要素之一。因此，鉴于主观故意和侵权行为情节严重的双重判定，对于大地公司的侵权行为予以惩罚性赔偿符合法律规定。

### 3. 以侵害知识产权为业

当侵权人已经将侵害知识产权作为自身职业，则意味着侵权人已经将

---

❶ 一审裁判文书号：江苏省常州市中级人民法院（2016）苏 04 民初 274 号；二审裁判文书号：江苏省高级人民法院（2017）苏民终 220 号。

侵权行为作为构成主要利润的来源，说明其在实施侵害知识产权这件事上花费了大量心力，也更可能造成权利人的合法权益受损。但司法实践现阶段对于"以侵害知识产权为业"并未得出明确的标准与解释，裁判文书中认定侵权人"以侵害知识产权为业"也存在说理模糊、阐述不明的问题。这也导致权利人针对此进行举证时举证材料混杂，难以达到最佳举证效果。由于法律概念和定义的清晰是法律推理适用的基础前提，灵活运用法律解释方法，有效总结司法实践经验，厘清"以侵害知识产权为业"的构成要件对明确司法标准、引导社会公众避免违法行为的发生极为必要。❶ 为了厘清"以侵害知识产权为业"所表达的意义，避免片面理解、断章取义，可以考虑通过其他部门法中已经存在的类似表达较为权威的解释类比得出"以侵害知识产权为业"的具体内涵。由于立法对于"以某种行为为业"的表述较少，典型的有"以赌博为业"，学界通常认为其概念是长期持续地参与赌博，将赌博作为谋生手段，以赌博所得为其生活或者挥霍的主要来源。❷ 因此，以此类推可以得出，"以某种行为为业"应当满足稳定性、营利性。第一，以侵害知识产权为业的行为应当具有稳定性，侵权人长时间持续实施侵害他人知识产权的行为，并且在实施侵权行为中倾注了大量的时间精力，将其作为自身的职业。第二，以侵害知识产权为业的行为应当具有营利性，侵权人将侵害知识产权作为谋生手段，将侵权获益作为生活的主要来源。笔者认为司法实践中，要判定侵权人"以侵权为业"至少应当满足以上两个条件。除此之外，以侵害知识产权为业的侵权人一般存在侵权故意，甚至有些法院认为"存在侵权故意"本就是"以侵权为业"的构成要件之一。例如，在东莞市慕思寝室用品有限公司与单某某、浙江淘宝网络有限公司侵害商标权纠纷案中❸，法院认为"以侵权为业"包含侵权人的主观意思表示，也就是以侵权为业的侵权人本就存在侵权故意。

❶ 于波，沈汪成. 知识产权损害赔偿中"以侵权为业"认定适用探究——基于133份判决书的实证分析 [J]. 山东法官培训学院学报，2021，37（4）：42.

❷ 贾宇. 刑法学（下册·各论）[M]. 北京：高等教育出版社，2019：209.

❸ 裁判文书号：浙江省杭州市余杭区人民法院（2019）浙0110民初15129号。

对此，笔者认为，一般而言，"以侵权为业"的人存在侵权故意，并且需要为了更好从中获益而隐瞒、美化自身的侵权行为。但也并不排除部分侵权人虽然依赖侵权行为所得的利润维系生活，但并不知道自己的行为侵犯了他人的知识产权。例如，部分老年人并不知道自身贩卖盗版产品的行为已经侵害版权人的知识产权，他们可能依靠买卖盗版产品的收入为生，该行为具有稳定性、具有营利性，但唯独缺乏主观故意。此时，可以认定其"以侵害知识产权为业"，但可以利用惩罚性赔偿实施的主观要件——"侵权故意"将这一类侵权人过滤出惩罚性赔偿的范围，防止制度的误伤。因此，笔者认为，认定"以侵权为业"一定要具备主观故意不够合理，在已经规定适用惩罚性赔偿需要满足存在侵权故意这一要件的情况下会导致制度的虚置。

### 4. 拒绝配合司法程序开展

《知识产权惩罚性赔偿司法解释》第 4 条将"伪造、毁坏或者隐匿侵权证据"以及"拒不履行保全裁定"的行为也纳入了"情节严重"范畴，部分学者对此并不赞同，李宗辉认为"侵权人在诉讼中的行为"不是"侵权行为"，而是面对权利人的指控、法庭的调查和审理所做出的应诉行为。如果侵权人的行为已经违反程序法的强制性规范，那侵权人自然需要承担相应的公法责任。且这些行为最多也只能反映其存在主观上的故意，无法证明其被诉侵权行为本身的情节严重。[1] 笔者认为，从惩罚性赔偿的属性而言，侵权人在诉讼中伪造、毁坏或者隐匿侵权证据以及拒不履行保全的行为可以归由程序法制裁，将其纳入惩罚性赔偿的情节严重与否的认定标准确实需要进一步考虑。

从知识产权惩罚性赔偿的功能来说，惩罚性赔偿制度的目的包括补偿、惩罚与警示，将"侵权人在诉讼中的行为"纳入"情节严重"的判断标准不仅能够发挥惩罚侵权人的作用，而且有助于警示、遏制尚未发生的侵权

---

[1] 李宗辉.《民法典》视域下知识产权侵权惩罚性赔偿的"情节严重"要件研究[J].暨南学报（哲学社会科学版），2021，43（5）：48.

行为。诉讼过程中侵权人的不配合将造成权利人举证难度的提高，不利于提高权利人维权的积极性。因此，将侵权人在诉讼中的行为也作为认定"情节严重"的考量因素能够惩罚不予配合的侵权人，一定程度上为权利人的维权行为提供保障。尽管目前我国的知识产权各单行法均确立了侵权认定后损害赔偿额判定的举证妨碍规则，但鉴于知识产权客体无形性这一区别于有形财产的特殊性，实践中原告对实际损失、侵权所得或合理许可费的举证被采信仍十分困难，举证妨碍规则未能真正发挥作用。❶ 因此，虽然侵权人在诉讼中的行为是否应当被认定为判断"情节严重"与否的因素存在争议，但笔者认为，现阶段将此类行为认定为"情节严重"有助于惩罚性赔偿制度功能的实现，推动知识产权司法保护的深入发展。

（1）伪造、毁坏或者隐匿侵权证据。侵权人伪造、毁坏或者隐匿侵权证据属于能够间接体现侵权故意的因素之一，伪造、毁坏或者隐匿证据的行为的目的可以初步推断为隐匿自身的侵权行为以避免受到法律的惩罚。除此之外，伪造、毁坏或者隐匿侵权证据的行为将会提高权利人的举证难度，权利人无法得到侵权人实施侵权行为的准确证据，难以开展维权行为，不利于权利人保护自身权利。这一行为不仅是侵权人主观恶意的体现，更进一步影响到了权利人的利益，如若不予以惩处则会导致权利人陷入"维权难"的困境，这显然与惩罚性赔偿制度引入知识产权领域的初衷相违背。加大对这一类行为的惩处力度，可以提高侵权人对案件审理的配合程度，降低权利人因举证责任过于沉重而选择不适用惩罚性赔偿制度的可能性。通过将这一类行为列入侵权情节严重的要件，提高侵权人侵权成本，有利于降低权利人举证和法院裁决难度，遏制类似情况的发生，避免资源的浪费。此外，侵权方式的隐蔽性导致权利人取证难度异常大，使得侵权行为难以认定，从而增加权利人维权难度。隐蔽的侵权方式进一步证实了侵权人的侵权故意，侵权人出于掩盖侵权行为的心理而采取隐蔽的销售方式等进行侵权，使得侵权行为难以被发现、证实，并且使得侵权行为有了

---

❶ 管育鹰. 试析侵害知识产权惩罚性赔偿的适用条件［J］. 法律适用，2021（1）：46.

长期延续的可能性。侵权方式的隐蔽性也可以作为情节严重的认定标准之一。

（2）拒不履行保全裁定。由于保全的目的在于保障将来的生效判决能够得到执行或者避免财产遭受损失，是对当事人的财产或者争议的标的物，采取限制当事人处分的强制措施。在知识产权侵权案件中，法院对侵权人的财产采取保全主要是为了防止侵权人提前转移财产导致权利人的合法权利无法得到实现。虽然并不能从侵权人拒绝保全裁定这一行为中直接推断得出其存在转移财产的意图，但这一行为对权利人权利的实现无疑是不利的。侵权人拒不履行保全裁定与伪造、毁坏或者隐匿侵权证据类似，都属于不配合司法程序的开展，阻碍权利人利用法律作为武器开展维权行动，不利于权利人维护其合法权益。对拒不履行保全裁定的侵权人采取更为严厉的赔偿制度，符合惩罚性赔偿制度的立法目的。

### 5. 侵权手段恶劣

侵权手段的恶劣一般体现在巨大的侵权数额或侵权影响上，抑或体现出侵权人强烈的侵权故意。但需要明确的是，并不是所有侵权数额巨大都可以推断出侵权人的侵权手段恶劣，在判断是否属于"情节严重"时应当将这两个因素进行区分。一般而言，使用恶劣的侵权手段基本意味着侵权人存在较为强烈的侵权故意，无意中的侵权行为可能造成权利人的巨大损失，但基本无法构成侵权手段恶劣。例如，在北京盖伦教育发展公司与石家庄市新华区凯迪培训学校侵害商标权纠纷案中❶，法院认为从侵权时间看，原被告双方签订的《特许经营合同》于 2010 年 9 月 30 日届满，原告在合同终止后多次向被告发函，要求停止侵权，但被告并未理睬，持续侵权长达近四年时间，且在石家庄地区增设多家分校，并使用原告注册商标，套用原告主体信息。可见其侵权手段恶劣，且存在较强的侵权故意。因此，对其适用惩罚性赔偿并不不妥。若侵权人的侵害他人知识产权的行为不仅触犯了民法，还触犯了刑法，则可以认定其手段确实具有恶劣性。由于刑

---

❶ 裁判文书号：河北省高级人民法院（2015）冀民三终字第 62 号民事判决书。

法适用于行为恶劣程度较高，已经危及公共安全的行为，基本上触犯刑法的侵权行为就可以断定为其手段具有恶劣性。

### 6. 侵权人从事侵权行为对权利人造成巨大损害和消极影响

侵权人从事侵权行为对权利造成的影响包括经济上的和名誉上的，也可以将其划分为短期的和长远的。而这两者之间并不是相互独立的，它们之间存在千丝万缕的联系，权利人名誉上遭受的侵害会造成长远眼光下经济的巨大损失，而经济上的损失也会对权利人的名誉造成不利影响。例如，经济上的流失会造成上市公司股市的动荡，从而进一步影响其名誉。因此，计算侵权人对权利人权利造成的损害，不应当仅仅着眼于暂时的经济上的损失，也不能忽视长远的、名誉上的损害。

（1）侵权人造成权利人经济上巨大损失。侵权人对权利人造成经济上的巨大损失基本属于可视的，在具有相关账簿流水的情况下，权利人的实际损失可以得到较为准确的估算。当侵权人的侵权行为造成权利人利益的巨大流失时，可以视为某种程度上对权利人造成巨大损失。对于这一类侵权行为应当予以惩罚性赔偿以体现法律对权利人权利的维护。然而，笔者认为，对侵权人造成权利人经济上巨大损失的与侵权人因侵权获得巨大经济利益的情况应当分别考虑。由于侵权人造成权利人经济上巨大损失并不意味着侵权人本身获得了巨大利益，侵权人因侵权行为所得的获益与权利人因侵权行为受到的实际损失并不等同，因此，在侵权人并未因侵权行为的实施而获得较高经济收益时，以倍数的方式计算侵权人的赔偿数额是否会造成侵权人过重的负担仍需进一步的探讨。在侵害植物新品种权纠纷中，由于侵害植物新品种权的行为主要包括未经品种权人许可，为商业目的生产或者销售授权品种的繁殖材料，而当被授权品种与其名称之间产生特定的对应性，且该品种具有一定知名度时，侵权人冒用其名称对品种权人造成较大损害，应当构成不正当竞争。例如，江苏明天种业科技股份有限公司（以下简称"明天种业公司"）诉江苏省泗棉种业有限责任公司（以下简称"泗棉种业公司"）不正当竞争纠纷案中，泗棉种业公司实际销售了白皮包装的"宁麦13"小麦种子（其品种权已经授予明天种业公司），使得购买者误以为其为被授权品种，经法院判定其行为构成不正当竞争。❶ 此时，法院适用惩罚性赔偿是十分正确的。这是因为，种子作为农业的"芯片"，对于国家粮食安全意义重大，因此在涉及种子侵权行为时，应当予以严厉打击，依法加强对种业知识产权的保护，维护国家粮食安全。侵害植物新品种权行为的损害后果主要体现在权利人以及消费者、使用者的权益受损。从权利人角度而言，侵权人的库存、销售时间、产品质量等都会对其利益造成影响。如若侵权人库存巨大，并且在销售旺季进行销售，无形之中损害了权利人的利益；如若侵权人销售的产品质量出现问题，更是会对植物新品种权利人销售产品的口碑带来难以预计的影响。从消费者、使用者角度而言，如若购买到质量低劣的种子，则会对全年的农业生产收益造成不可挽回的巨大打击。同时，鉴于对消费者、使用者造成的损失潜藏在长期过程之中，其危害后果不可小觑。因此，对于行为人出售伪劣种子的行为，应当以其是否带来了巨大损失的风险为判断标准，而不一定出现实际损害才构成严重危害后果。

（2）侵权人对权利人名誉造成不利影响。名誉是权利人能够将权利产品出售并获得预期价值的前提，一旦名誉受到影响，也必然会影响到权利人经济上的利益。由于影响侵权人名誉的侵权行为对权利人应得利益存在潜在的消极影响，可能造成权利人利益的流失，因此让其承受惩罚性赔偿合乎情理。判定侵权人的侵权行为是否已经达到造成权利人名誉损失可以参照侵权人实施侵权行为跨越的地域范围、侵权行为传播渠道等因素综合得出结果。如若侵权人的侵权地域广，侵权产品的制造地、销售地覆盖多个相关领域，或者侵权人通过网络等渠道传播侵权产品，可以判定侵权人造成侵权损害后果遍及范围广泛的后果。这一负面影响在商标权侵权中体现得格外明显。由于商标权的特殊性，一旦商标受到损害，不仅会给权利人带来直接财产损失，还会导致商誉受损、消费者信任度降低、市场占有

---

❶ 二审裁判文书号：江苏省高级人民法院（2018）苏民终字第 1527 号民事判决书。

率下降等无法弥补的损失。❶ 例如在内蒙古鄂尔多斯资源股份有限公司诉北京米琪贸易有效公司侵害商标权纠纷案中❷，原告的"鄂尔多斯"商标属于驰名商标，被告将涉案商标进行突出使用，并将其商品在"天猫"店铺中销售。由于相较于淘宝中的其他普通店铺而言，"天猫"店铺对于消费者而言是经过权威认证的店铺，其可信度更高，质量更具保障。消费者在"天猫"店铺中购买到虚假的产品后极有可能以虚假产品的质量判断真正权利产品的质量，从而对该商标产生不良印象，对权利人权利产品的名誉造成消极影响。同时，在"天猫"店铺中售卖的产品利润率可能更高，且侵权人实施的侵权行为给权利人造成的不良影响更为严重。被告在自营网店中突出使用与涉案商标几乎完全相同的"鄂尔多斯"标志，且侵权时间较长，主观恶意明显，侵权情节严重，最终法院做出惩罚性赔偿的裁判。该案中，由于侵权人实施侵权行为的对象为驰名商标且实施侵权的地点在网络平台中较权威的店铺，这给权利人的名誉造成较大损失，为权利人之后的业务开展埋下了隐患，且假冒商标的行为本身就可以初步推断出其侵权故意，因此判定其适用惩罚性赔偿合理合法。

7. 侵权行为可能危及国家安全、公共利益或者人身健康

这一判断要素界定难度较大，应当以怎样的标准认定"侵权行为可能危及国家安全、公共利益或者人身健康"并不明确。类似的不确定的法律概念具体化的过程既要去价值化，将其转化为经验法则，也要考虑到无法经验化的地方再进行价值补充。❸ 因此，认定标准还需要在司法实践中总结经验，不断细化。在司法实践中，侵权人实施侵权行为对公共利益的危害主要体现在损害消费者的合法权益、破坏市场竞争秩序，影响社会公共安全或者其他公共利益。侵权行为对人身健康的损害通常体现在食品医药

---

❶ 赵丽莉，单婷婷. 商标侵权惩罚性赔偿制度适用研究［J］. 新疆财经大学学报，2017（4）：70.

❷ 裁判文书号：北京知识产权法院（2015）京知民初字第 1677 号民事判决书。

❸ 周文康，费艳颖. 专利惩罚性赔偿构成要件的适用控制与解释进路［J］. 科技进步与对策，2022，39（5）：156.

行业，侵权人通过假冒仿制他人权利产品，侵害他人知识产权，并对使用此类产品的消费者的生命健康造成威胁。例如在北京同仁堂股份有限公司、廖某某侵害商标权纠纷中❶，法院认为，廖某某通过假冒北京同仁堂公司涉案商标的方式销售安宫牛黄丸假药的行为，不仅侵害北京同仁堂公司的注册商标专用权，而且销售假药的行为已经构成犯罪，具有极为严重的社会危害性。廖某某作为药材经营者，无视国家对于销售假药行为的打击，侵犯他人商标权，依法应当承担刑事责任和侵权责任。假冒北京同仁堂公司的注册商标，向社会不特定人员销售假药，对国家、社会也造成了严重的危害，甚至危及消费者生命健康。基于此，法院选择采取惩罚性赔偿。由于药品的特殊性，侵犯药品商标权的行为人无视消费者的生命健康，严重危害了人民群众的生命安全和利益，危害了社会公共安全，应当受到严惩。司法可以通过对此类案件加重处罚的方式向社会提供明确的信号，表明对人民生命健康的重视，遏制类似侵权行为的再次发生。

虽然"故意"与"情节严重"的判断都具有主观因素，但客观而言，前者受到主观因素的影响更大，后者则客观色彩更浓烈。因此，为了追求司法裁决的效率，笔者建议法官在判决是否应当适用惩罚性赔偿时，可以优先考虑客观要件，即侵权人的侵权情节是否属于严重，得出肯定结果的情况下，再考虑侵权人侵权时的主观心理状态是否为故意。如若侵权人实施的侵权行为不包含可以被认定为"情节严重"的要素，则也就不需要考虑其主观上是否存在"故意"，从而能够避免大量时间精力的耗费。

### （四）适用动态的评价体系

鉴于动态评价理论所带来的弹性化法律效果可以很好弥补情节严重判断标准难以明确这一问题，并且引导综合性全局性思维在知识产权惩罚性赔偿案件判决中的适用，因此，笔者认为可以考虑在知识产权惩罚性赔偿领域引进动态体系理论。

---

❶ 裁判文书号：广州知识产权法院（2017）粤 73 民终 1528 号民事判决书。

奥地利学者瓦尔特·维尔伯格提倡的动态体系论，其基本思想是"特定在一定的法律领域发挥作用的诸'要素'，通过'与要素的数量和强度相对应的协动作用'来说明、正当化法律规范或者法律效果"。❶ 动态体系论由两根支柱支撑起其评价框架，包括要素以及基础评价和原则性示例。其中的要素需要具备"要素的协动"、限定性以及"体系"性。❷ 要素的协动要求要素之间具有互补性，这就要求各个要素背后存在与之相对应的原理。一般而言，要达到使得要素具有互补性的特征，则要素背后的原理应当相互制约。尽管这并不意味着存在同质要素的可能性，但更多情形中各种要素应当是相互制约的，这就要求我们在价值理念可能相互违背的原理间作出权衡。由于动态评价体系的特殊性——只存在相互协动的诸多要素而不存在固定的要件，但权衡所要依据的标准应当尽可能处于稳定的状态以保障法律的稳定性，因此要构成一个可以为司法实践借鉴的完整的动态体系规定，还需要基础评价体系乃至原则性示例。❸

由于"情节严重"属于规范性不确定概念，本身不存在一个固有的客观标准。❹ 动态体系论的适用可以在某种程度上达成动态的案件事实与静态的评判标准之间的平衡。动态评价论中要素的限定性是动态体系论与自由法学相区别的要点，动态评价体系虽然不像固定构成要件一样受到全然的束缚，但其自由性也应当有所限制。它可以将《知识产权惩罚性赔偿司法解释》中并未明示的"情节严重"情形纳入评价的范围，使得法官在裁决过程中能够最大程度上根据个案的不同情形作出判决，从而保障个案公正的最大化。但无限制的要素纳入也会导致体系的不稳定性增强，法官自由裁量空间过大，不利于树立法律的权威性与公正性。因此，要达到保障

❶ ［日］山本敬三. 民法中的动态系统论［M］. 解亘，译//梁慧星. 民商法论丛（第23卷）. 香港：金桥文化出版（香港）有限公司，2002：177.

❷ 解亘，班天可. 被误解和高估的动态体系论［J］. 法学研究，2017（2）：47.

❸ ［日］山本敬三. 民法中的动态系统论［M］. 解亘，译//梁慧星. 民商法论丛（第23卷）. 香港：金桥文化出版（香港）有限公司，2002：231.

❹ 舒国滢，王夏昊，雷磊. 法学方法论［M］. 北京：中国政法大学出版社，2018：94.

基本稳定前提下的合理动态指数，需要限制所有的要素处于同一基础评价体系，并且注重构建要素的"体系"性。

简单看来，对侵权人侵权行为情节严重程度与否的判断主要从两个方面展开，即对权利人造成的损失和对社会造成的不良影响。从对权利人造成的损失角度来看，完全依据侵权人造成的损害结果来进行判断实质上难以体现侵权人侵权的"恶性"，即"情节严重程度"，巨大的损害后果往往与严重的情节相剥离。知识产权惩罚性赔偿制度不仅具有惩罚功能，其威慑功能也应当得到体现。威慑作用主要体现在通过对严重侵权行为的处罚达到降低侵权行为发生概率的效果，主要是对潜在侵权人侵权故意的遏制，因此，侵权人实施侵权行为所采取的手段、侵权人在司法裁决时的态度等都应当是惩罚性赔偿的重点关注对象。恶劣的侵权手段与对司法裁决不予配合的态度都应当受到更高的赔偿额度的惩罚，从而从根本上遏制"情节严重"侵权行为的发生。而公共利益的内涵多变，在不同的案件中往往存在不同的表现形式。在知识产权领域，侵权行为涉及公共利益主要体现在对两大主体利益的侵害中，即对消费者利益的损害以及对同属于该行业的其他从业者利益的损害。对商标权、地理标志等标志性类别知识产权而言，其包含的公共利益主要表现为消费者与竞争厂商的利益以及在此基础上激励有效竞争、维护公平竞争秩序的公共利益。❶

# 三、当事人请求适用

尽管惩罚性赔偿某种程度上具有公法的特征，而大陆法系也由于对传统公私法二元划分理论及司法的立法宗旨、民事赔偿的填平原则相悖而选择拒绝在知识产权领域采纳惩罚性赔偿制度，但我国为了更好保护知识产权，遏制知识产权侵权行为的实施而将知识产权惩罚性赔偿制度划入了民法的范畴。因此，属于民法体系内的知识产权惩罚性赔偿诉讼也应当符合

---

❶ 冯晓青．利益平衡论：知识产权法的理论基础［J］．知识产权，2003（6）：17.

民事诉讼法的"不告不理"原则，惩罚性赔偿责任只有在当事人提出请求时方能适用，法院不能主动做出被告应当承担惩罚性赔偿责任的判决。鉴于惩罚性赔偿制度利用公权力强制侵权人对其侵权行为作出超出实际损失额度的赔偿，如若将是否适用惩罚性赔偿的选择权交给法院，则可能造成公权力对私权利的侵害，这显然与民法的基本理念相悖。为了避免这一问题的出现，惩罚性赔偿必须交由权利人提出，并且按照民事诉讼法"谁主张，谁举证"的原则，这也意味着在举证责任的分配问题上，须由原告提供证据证明侵权人主观过错程度、侵权情节严重程度以及实际造成的损害后果等方面的证据来支持自己的赔偿主张。❶

在知识产权惩罚性赔偿中，由于被告所承受的惩罚性赔偿责任较重，因此法院在裁决上往往会选择采取谨慎的态度。权利人要证明侵权人存在侵权故意且其侵权行为确实对其合法权益造成了损害，就需要列举出足以令法官信服的证据。这也造成部分权利人由于沉重的举证责任而直接做出不采取惩罚性赔偿的选择。权利人向法院提出对侵权人适用惩罚性赔偿的申请是法院适用惩罚性赔偿的必然要件，因此，要提高惩罚性赔偿在知识产权侵权案件中的适用以达到制度设置的目的，需要降低权利人的举证难度。由于权利人举证时往往需要侵权人的配合，例如适用"情节严重"中的"侵权人获得巨大收益"需要权利人了解到侵权人因实施侵权行为获得的收益的具体数额。因此，司法机关应当采取措施鼓励侵权人对权利人的举证行为予以配合。《知识产权惩罚性赔偿司法解释》中就将"伪造、毁坏或者隐匿侵权证据"作为判断情节与否的要件之一。除此之外，在确定惩罚性赔偿数额时，也可以将是否配合权利人举证作为判定因素之一，例如对于相对较为配合的侵权人可以酌情降低其惩罚性赔偿的倍数等。同时，鉴于举证妨碍规则由于门槛过高导致权利人基于举证成本的考虑而怠于就侵权人侵害自身知识产权的行为举证，转而寻求相对而言诉讼成本与举证责任更低的补偿性赔偿的救济。对此，司法机关在司法实践中可以根据不同的案情适当降低对举证责任的要

---

❶ 季连帅.中国知识产权侵权惩罚性赔偿责任探析［J］.学习与探索，2016（5）：84.

求，帮助权利人责令侵权人提交相关证据，着力解决知识产权惩罚性赔偿案件中"举证难"的问题，通过降低举证门槛达到鼓励权利人积极举证的目的。2020 年 11 月 16 日最高人民法院颁布《最高人民法院关于知识产权民事诉讼证据的若干规定》第 1 条之规定，"知识产权民事诉讼当事人应当遵循诚信原则，按照法律及司法解释的规定，积极、全面、正确、诚实地提供证据"，并且对常见的证据材料进行了细化规定，这不仅为当事人有效举证提供了方向与指引，也为法院的裁决提供了依据。

此外，对知识产权惩罚性赔偿制度进行宣传，提高权利人的维权意识也是提高权利人选择适用惩罚性赔偿概率可采取的措施。部分权利人由于对知识产权惩罚性赔偿制度的不了解而选择不适用惩罚性赔偿制度，不仅使得自身的利益遭到了损害，还在某种程度上纵容了侵权行为的发生，不利于惩罚性赔偿制度功能的实现。因此，笔者认为法院可以告知权利人其存在提起惩罚性赔偿的权利，鼓励遭到情节较为严重的故意侵权行为的权利人采取惩罚性赔偿制度来维护自身权益，打击违法行为。同时告知侵权人妨碍权利人举证并不能帮助其脱罪，反而是知识产权惩罚性赔偿认定"情节严重"的标准之一，以此促使侵权人积极配合。

# 第三章　知识产权惩罚性赔偿的数额确定

知识产权惩罚性赔偿数额的确定包括两个方面：一是惩罚性赔偿的基数问题，二是惩罚性赔偿的倍数问题。

## 一、知识产权惩罚性赔偿基数的确定

就现阶段我国惩罚性赔偿基数确定而言，作为惩罚性赔偿基数的几种赔偿计算方式具有不同的功能。例如，权利人实际损失与侵权人侵权获益二者基于填平原则的指导，一般而言都是最大程度上还原权利人所受到的损失与侵权人所得到的利益，从而使一切回归本原，可以说，权利人实际损失与侵权人侵权获益两种赔偿计算方式的功能一般认为是填平损失。而权利许可使用费的倍数与法定赔偿两种赔偿计算方式尽管也是为了填平权利人损失这一基本目的，但在某些情况下也兼顾了抑制与惩罚功能的实现。而惩罚性赔偿的计算方式则主要是为了达到抑制、惩罚的目的，作为其基数的计算方式应当最大程度上还原权利人的实际损失，而后再在此基础上进行倍数计算，得出最终赔偿数额。这就意味着具有惩罚性质的计算方式不可以作为惩罚性赔偿适用基数，否则将造成"双重惩罚"而使得侵权人的合法利益受到极大损害。而补偿性赔偿与惩罚性赔偿之间不管是从其赔偿功能来看，还是从保护法益的角度来看，都有着明显区别，二者泾渭分明。因此，严格探讨分析可以作为基数的赔偿计算方式是惩罚性赔偿制度自身完善的必经之路。

## （一）实际损失与侵权获益适用顺序之确定

实际损失与侵权获益适用顺序问题的出现是随着最新修订的《专利法》与《著作权法》中规定的补偿性赔偿数额确定的第一顺位是实际损失与侵权获益二选一出现的。由于《商标法》中规定的顺序仍然是"实际损失、侵权获益"，因此书中仅讨论《专利法》与《著作权法》中的顺序问题。当然，根据立法趋势，我们可以推定在实际损失和侵权获益中二选一是立法所选择的方向，也应当是《商标法》的修订方向。但在其修订之前，应当按照其规定的顺序进行适用，但也不应当过于拘泥于现有规定，在依据《商标法》规定得出的裁决结果对于当事人显然不公平时，应当允许法官根据司法具体实践情况在不违背法律原则的前提下做出一定变通。

### 1. 权利人实际损失

权利人实际损失是赔偿损失的首选计算方式，是侵权人以自己的财产补偿因其行为给权利人所造成的经济损失，它是以侵权行为给权利人造成实际经济损失作为承担这种责任方式的前提。[1] 作为司法最为倾向于使用的计算方式，其计算过程较为复杂，涉及的因素较多，这也导致司法往往不得已而求助于侵权获益、权利使用费的倍数抑或法定赔偿等计算方式。实践中，有关权利人实际损失的计算往往借鉴了传统民法上直接损失与间接损失的分析框架，[2] 认定实际损失的范围包括：侵权行为导致权利人未能实现销售业务而损失的；侵权行为的竞争迫使原告降低价格或者无法实现较高的价格而导致销售利润的损失；侵权行为导致权利产品在未来损失的销售利润、侵权行为导致的权利产品附带产品的销售损失、侵权行为引起的商誉的损害等。[3] 因此，详细而言，实际损失计算的难点体现在以下

---

[1] 孔祥俊. 积极打造我国知识产权司法保护的"升级版"——经济全球化、新科技革命和创新驱动发展战略下的新思考 [J]. 知识产权，2014（2）：13.

[2] 商建刚. 知识产权侵权损害赔偿中实际损失的司法认定 [J]. 电子知识产权，2020（4）：92.

[3] 张鹏. 商标侵权损害赔偿数额计算的现状与展望 [J]. 知识产权，2021（5）：18.

几个方面。

（1）对于权利人实际损失的计算往往是包括有形的财产损失与无形的损失，例如口碑、社会影响等，其中涉及经济学、会计学、评估学等方面，这就决定了赔偿数额计算的特殊性。因此，对于实际损失数额的计算专业性较高，涉及方面较多，这显然是法官无法解决的问题，无疑需要更为专业人员的介入，这就意味着权利人需要在专家鉴定与估算上额外花费时间与精力。例如，在江苏伊例家食品有限公司、呼和浩特市每天食品有限公司侵害商标权纠纷二审中❶，伊例家公司、每天公司的被控侵权产品同样使用了与海天公司商标类似的黄色底色、红色圆形、平行的贯穿红色圆形的红色条形设计，两款被控侵权产品装潢的细节、整体布局均与海天公司主张权利的装潢相近似，足以造成消费者混淆，基于此，法院认为，"为恢复商誉原告实际支出广告费 4 076 644 元，法院在判定原告因产品下降导致利润损失 350 万元外，还将原告为消除影响、恢复名誉而支出的广告费用中的 300 万元纳入赔偿范围"。但是二审上诉的每天公司认为，海天公司并未提交证据证明每天公司使用"每天"字号足以导致市场混淆。这一问题在二审中经过庭审对比最终解决，但这也说明权利人就商誉受损这一问题举证难度较大。

（2）权利产品与侵权产品在同一市场中进行竞争，只有能够相互替代时，才能计算出权利人的实际损失。❷ 这意味着如果权利产品与侵权产品并不处于同一市场或其中某一产品并未投入市场，或者两者虽然存在交叉点，但无法相互替代时，权利人的实际损失就无法准确得出。此时，侵权行为导致权利人未能实现的销售业务而损失的数额、侵权行为的竞争迫使原告降低价格或者无法实现较高的价格而导致销售利润损失的数额、侵权行为导致权利产品在未来损失的销售利润的数额均无法得出。权利产品实际损失的计算需要符合的条件过多，虽然是使得惩罚性赔偿数额更为准确

---

❶　裁判文书号：广东省高级人民法院（2016）粤 06 民终 8698 号民事判决书。

❷　蒋华胜. 知识产权损害赔偿的市场价值与司法裁判规则的法律构造 [J]. 知识产权，2017（7）：61.

的必要方式，但这给予侵权人操作空间，侵权人想要跳过实际损失的适用，只需要避开与权利产品在同一市场竞争或者直接生产与权利产品无法互补的产品即可。这样无疑不利于对权利人合法权益的保护，同时也不符合惩罚性赔偿制度的立法初衷，难以起到惩戒侵犯知识产权行为、鼓励创新的作用。

（3）要得出权利人的实际损失，作为权利人一方具有天然劣势。权利人在案件中本就承担着大部分的举证责任，且权利人的举证又与其实际损失的计算息息相关，然而大部分侵权人并不会完全配合司法程序，这使得权利人的维权之路尤其艰难。且由于司法的谦抑原则，权利人必须证明侵权行为与自身实际损失之间的因果关系。但实际并非理想状态，权利人的利益，例如销售量、产品口碑等，受到各方面的影响，无法通过排除其他变量影响得出单一变量下影响大小。从权利人角度难以证明其变动就是侵权人所导致，更难以确定由于侵权人的侵权行为所造成的危害后果。相反，侵权人反而可以从多个方面进行辩驳，也因此，大部分知识产权侵权案件，权利人请求惩罚性赔偿的，法院最终还是选择采取具有一定惩罚性质的法定赔偿。但该法定赔偿的数额相较于赔偿性惩罚而言，数额差异较大，且其惩罚性功能的实现与惩罚性赔偿相比更为悬殊，这无疑是不利于权利人利益保障以及惩罚性赔偿目的实现的。

（4）对于显性的损失的确定本就困难，但权利人的损失往往不只包括明面上的显性损失，甚至对于大企业而言，更多的是对于产品或品牌的名誉损失。口碑受到侵权行为的影响而造成隐性顾客流失，而这种损失是长期的、持续的且无法预估与计算的。在这种情况下，法院通过一时的损失予以判断对于权利人来说是不公平的，而司法显然对此也无法精准确定，贸然确定损失额度对侵权人也并不公平。并且，侵权行为导致权利人未能实现的销售业务而损失的数额、侵权行为的竞争迫使原告降低价格或者无法实现较高的价格而导致销售利润损失的数额、侵权行为导致权利产品在未来损失的销售利润的数额、侵权行为导致的权利产品附带产品的销售损失的数额都属于无形的流失，将其具体化、有形化的难度较大。在广州市杜高精密机电有限公司、广州心可工业设计有限公司侵害商标权纠纷二审中，❶ 多米诺公司就其被侵权产品与相关耗材销售量之间的密切关联性提出侵权人对其喷码机知识产权的侵害影响到该权利产品密切关联的相关耗材的销售量，因此给多米诺公司带来损失。就此，法院认为"由于喷码机此类产品与耗材具有较强的匹配性，被诉 E50 产品更改产品墨路系统这一核心部件直接影响到相关耗材的销售，因此多米诺公司主张的耗材利润损失与被诉侵权行为之间具有直接因果关系，属于明显可期待利益落空的间接损失，多米诺公司的该项赔偿请求依法支持"。

2. 违法所得

违法所得的确定相较于实际损失的计算较为简单。"违法所得"字面上的意思即侵权人实施侵权行为所获得的利益。根据最高人民法院发布的《最高人民法院关于审理非法出版物刑事案件具体应用法律若干问题的解释》第 17 条规定："本解释所称'违法所得数额'，是指获利数额"，尽管该解释是针对非法出版物刑事案件的审理，但其对于违法所得的认定对于知识产权案件的审理也具有一定借鉴意义。

然而，侵权人违法所得的确定对侵权人的依赖较大，需要侵权人提供准确的信息，但由于此种证据与侵权人的赔偿数额息息相关，侵权人往往为了逃避法律制裁或减轻赔偿数额而无法提供或者不愿提供其侵权所得的具体明确记录。对于侵权人的过度依赖使得侵权获益的计算难以趋于合理赔偿数额。此外，对于知识产权侵权行为的普通惩罚即补偿性赔偿本身就以填平权利人损失为原则，而侵权获益往往与权利人实际损失不匹配。例如，侵权人以低价售卖权利产品，仅有部分盗版产品流入市场，但对正常的市场秩序造成了巨大影响，使得权利产品的口碑直线下跌，对其后期发展十分不利，造成无法预估的损失。但此时，侵权人所获得的利益可能与权利人实际损失天差地别。抑或，侵权人利用权利人的专利、产品等，获得了巨大利益，而权利人的实际损失与侵权人实际损失并不匹配。这是否

---

❶ 裁判文书号：广东省高级人民法院（2017）粤民终 2659 号民事判决书。

就给予了权利人不当获利的空间？权利人在此种情况下是否会选择在发现侵权行为后并不及时制止，而等待其获得更大利益后再诉至法院以期得到更高的赔偿数额？这些都应当被纳入考虑空间。司法实践中，并不乏此类案件。例如在"三洋"案中，江苏省高级人民法院在判决中指出"鉴于原告并未生产电梯产品，即注册人在电梯产品上长期未使用注册商标，涉案注册商标对电梯产品的识别功能并未实现，被告的侵权行为并不会实际造成原告在本不存在的电梯产品市场份额方面的丧失或减少，亦不会实际造成原告在本不生产的电梯产品的利润方面的损失，故损失额不宜以侵权人的经营获利为标准确定"❶。该案对赔偿数额的衡量考虑到了商标在相关市场中的份额，综合确定的数额更为合理，值得司法实践的借鉴。

由于传统民法理论"任何人都不得从其违法行为中获利"的观点，意味着不仅侵权人不能通过其侵权行为获益，权利人也不得从侵权人的侵权行为中获得额外收益，这样才符合民法的公平正义原则。这也就引申出权利人实际损失与侵权人实际获益不相匹配时应当如何确定侵权人赔偿数额的问题。对于权利人实际损失与侵权人侵权获益难以准确计算以及二者不相匹配，不符合民法的"填平原则"的问题，新修订的《专利法》与《著作权法》确定在实际损失与侵权获益之间"二选一"的改变一定程度上给了司法实践更多的选择空间，扩大了法官的裁量权，但更大的选择空间所带来的不稳定性也应当予以重视。第一，新法尽管给予法官更多的自由裁量空间，使其可以在实际损失与侵权获益之间选择更为合适的一方。但立法对于如何选择，如何判定"合适"与"合理"并未有详细的解释与规定，这使得选择标准中法官的主观因素占比过大，不同的法官基于不同的自身经历作出截然不同的判断，裁判结果的不稳定性增加。第二，如若根据修订前的计算顺序，法官只需要按照"实际损失""侵权获益"的顺序进行尝试，能够计算得出实际损失便不需要再调查侵权获益。然而新法律

---

❶ 一审裁判文书号：江苏省无锡市中级人民法院（2007）锡民三初字第 0072 号民事判决书；二审裁判文书号：江苏省高级人民法院（2009）苏民三终字第 0129 号民事判决书。

规定在实际损失与侵权获益之间进行选择，一定程度上意味着法官在裁判之前需要将权利人的实际损失与侵权人的侵权获益都进行计算，两相比较从而得出最为合理的结果。这意味着法官需要在此类案件上花费更多的时间与精力，不仅增加了法官的工作量，还延长了权利人维权的周期，降低了权利人的维权信心。第三，修订前的法律对于知识产权赔偿数额计算顺序的规定符合民法的"填平原则"，是对权利人因侵权人侵权行为所受到损失的合理补偿；如果无法得出实际损失，则依次适用侵权人的侵权获益、权利许可使用费的倍数以及法定赔偿。由此可见，司法追求最大程度上还原权利人的实际损失而给予合理补偿。但新修订法律对于赔偿适用顺序的改变实质上包括四种情况，即实际损失与侵权获益都可以准确计算得出；实际损失可以准确得出，但侵权获益无法准确得出；侵权获益可以准确得出，但实际损失无法准确得出；实际损失与侵权获益都无法准确得出。实际损失或侵权获益其中一个或者两个都无法准确得出时，情况实质上与修订前的适用顺序类似，因此该条款的修订针对的应为侵权获益以及实际损失均可以准确得出的情况。那么，实际损失既然可以准确得出，依据修订前条款即直接适用实际损失，而根据修订后的条款则可以与侵权获益相比较，得出最终的赔偿数额。这是否是对补偿性赔偿的一种本质改变？

站在立法者角度上，实际损失与侵权获益比较得出最终赔偿数额在一定程度上可以缓解实际损失与侵权获益不相匹配的情况。侵权获益远远高于实际损失时，只根据实际损失判决确实符合填平原则，但对于从中获得巨大收益的侵权人而言，其是否会由于侵权行为不仅没有对其造成损失，甚至还带来了意想不到的收益而继续实施侵权行为？而此种判决对于社会的影响也应当被纳入考虑范围，社会民众是否会受到此类判决结果的影响而认为侵害他人知识产权很有可能获得额外收益而"放手一搏"？而若只根据侵权获益判决是否会使得权利人获得超出自身损失的收益，违背补偿性赔偿的初衷，同时也可能引起权利人的贪念，违背了"禁止得利"的理念。所谓禁止得利，是指通过损害赔偿，受害人的法律地位不得优于损害赔偿未发生时的应然状态。因此，司法裁判得出的赔偿数额应当与实际损失数额相近，并且尽全力恢复权利人未受侵害时的状态。而当侵权获益远远低于实际损失时，只根据实际损失计算很可能超出侵权人的承受能力，过重的惩罚不符合法律维护公平的初衷。因此，不管在二者中如何选择，都有可能造成不良影响。笔者认为，当实际损失与侵权获益差距较大，无论根据哪一方都难以确保公平性时，可以根据实际情况在差距过大的实际损失与侵权获益之间确定一个对于双方都较为合理的数额，尤其是对于权利人而言，应当选择最有利于权利人的一种计算方式。或者在与权利许可使用费倍数相比较的基础上，直接选择适用权利许可使用费的倍数。

此外，由于知识产权侵权案件赔偿数额进行计算时还强调侵权行为与损害结果之间的因果关系，这意味着在计算侵权人侵权获益时，需要考虑侵权获益与权利人被侵权知识产品之间的关系，计算权利人产品在侵权获益中的贡献程度。例如，商标权侵权人通过对驰名商标的仿冒行为获得大众的信任，从而获得利益与侵权人通过对某不知名商标的宣传使其在消费者中获得口碑，从而获利，两者因侵权行为所获得的利益是不一致的，销售利润不等于侵权获益，不可混同。贡献程度的判断标准不同，这也造成在某些知识产权侵权案件中，侵权人因侵权行为获得的利益难以确定的情况。例如，在"新百伦"案中，一审法院认为侵权行为对利润的贡献比例或分摊比例为50%，而二审法院认为侵权行为对利润的贡献比例或分摊比例仅为2.5%左右，这一区分导致最终赔偿数额从9800万元减少至500万元，其中相差将近20倍。如此巨额的差距，缺乏统一的裁判依据，难免造成司法公信力的降低。贡献程度的大小判断很大程度上与法官的主观因素密切相关，缺乏客观的评判标准，同时对当事人双方的举证依赖程度较高，这又变相增加了举证难度。笔者认为，对于知识产权这一类无形财产而言，对权利产品与侵权获益之间的因果关系判断应当以产品自身的价值进行判断。例如，商标权侵权案件中，可以根据该商标是否属于驰名商标，侵权产品销售的相关地域市场是否是该商标的主要销售市场等因素进行判断。而对于专利权侵权案件而言，主要可以参考该专利产品自身的核心盈利能

力是否基于其自身固有性能，还是其盈利能力与侵权人的二次改造密切相关等。❶

## （二）权利使用费倍数的确定

### 1. 产生原因

知识产权侵权救济的实效性往往取决于损害赔偿金额计算规则的设置，与禁令救济不同，损害赔偿更多体现了救济的"回溯性"，也就是面向既已发生的"损害"进行评价。❷ 由于知识产权的"无形性"，注定了其与有形财产受损时的"可视化"损害不同，意味着知识产权侵害损失赔偿计算的难度较大，影响因素较多，需要考虑到市场需求、经济发展情况、法规政策等多种因素，而这些因素又大多是变量，稳定性较差。在知识产权侵权案件赔偿数额确定案件中，考虑到侵权行为的隐蔽性与权利人取证难度、权利人实际损失与侵权人侵权获益确定难度都较大，需要侵权人的配合。因而，相较于其他的赔偿方式，"权利许可使用费"的倍数可能是最合理的有利于权利人的方式，但是在司法实践中的适用并不广泛，甚至在绝大多数知识产权侵权案件中，司法实践倾向于适用法定赔偿，而非合理许可使用费计算方式。❸ 其中原因还大致包括以下几点。

第一，法院在司法实践中，通常以知识产权所有人与第三人签订的知识产权实施许可合同中的许可使用费为衡量标准，但不是所有的知识产权都签订了许可使用费合同，即使签订也不是都具有支付使用凭证。对于没有具体确切的权利许可使用费的知识产权而言，如何确定其权利许可使用费成为司法实践的一大难题。权利许可使用费的确定涉及因素较多，包括该知识产权的创新价值、市场收益、价值回收周期等，需要专业人员的介入，这对于权利人而言无疑是增加了其额外费用，不利于权利人维权的积

---

❶ 裁判文书号：广东省高级人民法院（2015）粤高法民三终字第 444 号民事判决书。

❷ 张鹏. 商标侵权损害赔偿数额计算的现状与展望［J］. 知识产权，2021（5）：15.

❸ 吴汉东. 知识产权损害赔偿的市场机制基础与司法裁判规则［J］. 中外法学，2016（6）：1482.

极性。由于我国知识产权价值评估体系并不完善，且相关行业从业人士较少，知识产权价值评估机构分布不均，专业水平不一，因此其对于涉案知识产权的价值评估难以同时得到当事人双方的认可。同时，这也增加了法院的工作量，延长了裁判时间。在广州天赐高新材料股份有限公司、九江天赐高新材料有限公司侵害技术秘密纠纷一案二审❶中，法院还强调了侵权赔偿数额按照侵权人因侵权所获得利益确定时，侵权人的侵权获益应当与侵权行为之间具有因果关系，因其他权利和生产要素产生的利润应当合理扣减，即在计算侵权损害赔偿额时，应考虑涉案技术秘密在被诉侵权产品生产中所占的技术比重及其对销售利润的贡献。尽管该案中所涉及的并非知识产权而是商业秘密，但该裁判文书也具有较高的参考价值。这意味着要追求知识产权侵权类案件裁判质量的提高，需要法官在确定赔偿数额时根据案件的实际情况，综合考虑各种因素。

第二，权利许可使用费倍数的确定应当依据的标准没有明确规定。首先需要确认的是，权利使用费的倍数不应当具有惩罚性色彩，而应当是为了更为接近合理的赔偿数额的一种计算方式。因而它不能违背填平原则，这就意味着如何确定权利使用费的倍数十分重要。一般来说，适用权利许可使用费意味着赔偿数额至少应当大于等于一倍的权利许可使用费，哪些因素应当在确定权利许可使用费时纳入考虑才能使得最终的赔偿数额更为合理呢？其中的技术困难较大，且倍数的计算方式使得其具有较强的"破坏性"，从而引发了其潜在的"惩罚性"，这显然不符合司法裁判中所遵循的"谦抑原则"。此时，侵权人的侵权获益很有可能无法支付权利许可使用费，从而导致侵权人的经济状况急剧恶化。然而，在许多侵权场合中，侵权人正是因为无法获得超出权利许可使用费的利润或无法承担高昂的权利许可适用费，才选择放弃与权利人的合同谈判，转而直接实施侵权行为。

### 2. 建　议

基于此，法院往往更倾向于将权利许可使用费作为法定赔偿的参考要

---

❶ 裁判文书号：最高人民法院（2019）最高法知民终 562 号民事判决书。

素，从而确定最终的赔偿数额。在我国，合理的权利许可使用费计算方式的适用，是指赔偿金额"参照该专利或者商标许可使用费的倍数合理确定"或"权利交易费用的合理倍数"认定。为了充分发挥权利许可使用费在知识产权侵权案件的赔偿数额确定中的作用，我们应当破解权利许可使用费的技术难题，深入分析其技术上的适用困难，并为此提供一定参考意见。著作权、专利权、商标权同为知识产权，其性质相近，因此在某些方面可以统一进行规定。

第一，根据相关法律的明确规定，只有在权利人实际损失与侵权人侵权获益无法确定的情况下才能适用权利许可使用费。因此，在实际损失与侵权获益的数额可以确定或者实际损失与侵权获益的数额显然更为合理的情况下，不应当考虑权利许可使用费的适用。权利许可使用费的计算可以避免实际损失与侵权获益计算中的不确定因素，当该权利产品具有明确的权利许可使用费时，则司法人员不需要通过权利人进行多方举证，也无须依靠侵权人得出准确的侵权获益数额，将此种方式排在实际损失与侵权获益之后就说明其计算方式与前二者存在差异，但也是得出最合理的赔偿数额的途径之一。

第二，所适用的权利许可使用费数额应当明确、合理。只有作为基数的权利许可使用费数额在合理范畴之内，才能使得加以倍数之后的最终赔偿数额不至明显高于侵权人对权利人可能造成的实际损失。如若缺乏明确合理的权利许可使用费，要适用权利许可使用费意味着法院需要根据权利人知识产权的特殊性对其权利许可使用费进行合理预估，抑或需要专业知识产权价值评估机构的介入。这不仅增加了权利人的维权成本，是对权利人的额外负担，而且无法保证其数额的合理准确性。价格是商品的交换价值在流通过程中的体现，因此市场对基于价值基础上的价格具有较强的话语权，是将价值实体化的重要途径。未经市场检验的权利许可使用费无法取得各方的认可，以其作为权利许可使用费进行倍数计算对于侵权人和权利人而言都是不公平合理的。判断权利许可使用费是否明确的标准是判断是否存在数额既定的权利许可使用费即可，但如何定义权利许可使用费的

"合理"值得商榷。对于其合理性的判断依旧需要参照案件的不同情况得出。例如，在好孩子儿童用品有限公司与中山宝宝好日用制品有限公司侵犯专利权纠纷案❶中，好孩子公司系"婴儿推车的车轮毂"外观设计专利的权利人，宝宝好公司未经其许可生产销售带有该专利的婴儿车，构成侵权。而根据好孩子公司与昆山小小恐龙儿童用品有限公司（以下简称"小小恐龙公司"）签订的《专利实施许可合同》，双方约定好孩子公司以普通许可方式许可小小恐龙公司实施该专利，有效期为 2006 年 4 月 18 日至 2008 年 4 月 17 日，许可使用费为每年 50 万元。2006 年好孩子公司向昆山市地方税务局缴纳营业税等税费 5.1 万元，并将该许可合同在国家知识产权局备案。基于此，好孩子公司主张以专利许可使用费作为赔偿依据。法院认为，好孩子公司提交的《专利实施许可合同》在国家知识产权局备案并已实际履行，且该合同、专利实施许可使用费、银行进账单、发票和纳税凭证相互印证，形成一个完整的证据链，足以证明涉案外观设计专利许可的事实。并且以该合同约定的许可使用费作为确定赔偿数额的依据。但仅仅依靠一份涉案专利的许可合同便确定该专利在市场中的价值，是否缺乏更多的考量？单一的交易并无法证明该专利在相关市场中的价值，因此其参考价值也有限，法院在以此决定赔偿时应当更为谨慎。

第三，关于权利许可使用费倍数的确定，应当在确定合理明确的权利许可使用费后，基于侵权情节、侵权行为持续的时间以及所涉及的范围、侵权行为对权利人造成的损失、侵权行为对社会造成的不良影响等综合计算，除却侵权人一方的因素，还应当将权利人的权利产品知名度、权利人的主观意见等因素纳入考虑。但由于倍数确定自身的局限性，所得出的数额差异性较大，要使得权利许可使用费的倍数与惩罚性赔偿之间区分开来，就意味着把握好权利使用费的倍数是得出合理准确赔偿数额的要素。因此，笔者认为权利许可适用费的数额如若要以倍数进行计算，恐怕无法精准地达到补偿权利人，恢复原状的目的。解决途径有二：其一，放弃将权利许

---

❶ 裁判文书号：江苏省高级人民法院（2007）苏民三终字第 0102 号。

可使用费倍数计算的方式，选择参照权利许可使用费的数额，结合实际情况，由法官在一定范围内自由裁量；其二，制定明确的权利许可使用费标准，利用要素分析法，严格遵循比例原则。将案件中涉及的要素一一列举出，并结合司法实践细化倍数计算标准，将倍数精确至 0.1 倍，这样才能最大程度上弱化采用倍数计算方式准确性较低的弊端，达到司法精确化的要求。

鉴于不同类型知识产权的差异性，细化的标准不可完全相同，接下来将分别从著作权、专利权、商标权三个方面就其特殊性进行阐述。

（1）著作权。

在著作权中，合理许可使用费是指著作权人在发现他人有对其作品的侵权行为以前曾将作品善意有偿许可他人使用时所收取的费用（一般指集体管理组织所知悉新的收费标准）。这也意味着一旦该著作权在遭受侵权之前并未善意有偿许可他人使用，则法官可以选择不适用权利使用费。这对于没有权利许可使用费的知识产权而言无疑是最快捷的解决方式，在现阶段，也可以将权利许可使用费作为法定赔偿的参考因素。著作权许可使用费模拟了侵权人与权利人之间就被侵犯权利的"协议"，假定侵权人是获得权利人许可，并以此作为合理赔偿数额，其根本目的还是最大程度上还原侵权行为对权利人的损害。

根据《著作权法》第 10 条之规定，著作权包括发表权（决定作品是否公之于众的权利）、署名权（标明作者身份，在作品上署名的权利）、修改权（修改或者授权他人修改作品的权利）、保护作品完整权（保护作品不受歪曲、篡改的权利）、复制权（以印制、复印、拓印、录音、录像、翻录、翻拍、数字化等方式将作品制作一份或者多份的权利）、发行权（以出售或赠予方式向公众提供作品的原件或者复制件的权利）、出租权（有偿许可他人临时使用视听作品、计算机软件的原件或者复制件的权利，计算机软件不是出租的主要标的的除外），等等。以上权利主要分为可转让与不可转让两种，根据第 10 条第 2 款之规定，著作权人可以许可他人行使第五项至第十七项规定的权利，并依照约定或者著作权法有关规定获得报酬。由此可知，第一项至第四项权利均为不可转让的权利，即该项权利的主体只能是著作权人，所以侵犯这一类不可转让的权利的侵权人的主要赔偿对象只有著作权人，司法也只需要考虑著作权人，但是对于其他的可以转让的权利，由于市场中的竞争主体极有可能不止提出诉讼的权利人，由此造成的损失也难以确定。著作权的前身为版权，19 世纪后半叶，日本融合大陆法系的著作权法中的作者权，以及英美法系中的版权，制定了《日本著作权法》，采用了"著作权"的称呼。而在中国，中文最早使用"著作权"一词，始于中国第一部著作权法律《大清著作权律》。著作权在我国的发展时间较为长远，相关制度与价格评估也更为完善，形成了一定约定俗成的商业惯例。由此可见，在无法确定权利使用费时，也可以参考行业内相关的管理确定数额，或者通过相关行业协会这种方式更为清晰快捷，能够迅速理清双方之间的关系。但这也无法覆盖所有著作权，在我国，明确可以参照国家规定或者行业制定的报酬标准进行支付的基本只涵盖书籍、美术出版物、记录（故事、科学教育）影片。❶ 由于在侵犯他人知识产权时，侵权人往往会在其中作出一定改动，这些改动部分或锦上添花，或画蛇添足，因此也应当将侵权人的改动对于权利人权利产品获益的影响贡献大小纳入考虑范畴。一部作品被侵权人单纯地进行复制或一部作品虽然被侵权人非法使用了但是侵权人在此基础上加入了自己创造性的劳动又形成新的作品，在这两种情况下，从公平角度来说，它们所确定的损害赔偿标准应当是不一样的。除此之外，著作权、商标权与专利权不同的是，前两者相较于后者而言，具有更强的社会属性，这也意味着著作权人与商标权人的行为可能会导致著作权与商标权价值的波动。

（2）专利权。

专利许可使用费是指专利权人将其专利使用权许可他人而取得的对价。专利许可使用费是专利价值的体现，在专利权遭受侵权损害之后，许可使

---

❶ 姜明坤.浅议合理许可使用费方法在著作权侵权损害赔偿中的适用［J］.传播与版权，2017（11）：189.

用费可以用来衡量权利人的损失。❶ 从专利法规定来看，我国在专利方面适用合理权利使用费的规定较为严格，且只是将其作为实施损失与侵权获益均难以确定时的一种补救措施，在此方面法律与司法解释对于何种情况可以适用权利许可使用费的倍数并没有明确规定。司法实践中，一般以知识产权人就涉案知识产权与他人签订的许可使用协议所约定的许可使用费作为可适用的权利许可使用费，并且该许可使用费必须已经履行。由此可见，对于适用权利许可使用费的条件较为严格，适用范围较为局限。最高人民法院颁布的《关于审理专利纠纷案件适用法律问题的若干规定》（2015 年）指出，在实践中适用使用费为标准计算赔偿数额，要注意使用费的给付方式、数额等要与侵权的范围、时间等情形相适应，双方许可使用费的约定要合法有效。对经审查发现明显不合理的使用费的约定，不能作为计算赔偿额的标准，也要注意防止有的当事人采取倒签合同等办法骗取高额赔偿。就此问题的解决，司法实践一般选择已经实际履行的专利实施许可合同，需要相关合同签订的时间、合同中确定的权利使用费是否合理、合同约定内容是否真实履行等方面的证据，这也提高了权利人的维权难度，造成大部分适用权利使用费倍数的请求被驳回。对于倍数问题，选择适用权利许可使用费的倍数实质上在一定程度上限缩了法官的自由裁量空间，同时也降低了法官裁量的难度，如若仅以权利许可使用费作为参照，在此基础上再根据侵权后果等情况得出赔偿数额，相较于倍数计算方式其不稳定性更高，裁判难度更大，且易造成同案不同判的局面，不利于司法的公正与权威性。因此，倍数计算方式犹如一把"双刃剑"，稍有不慎则可能导致赔偿数额的偏差，造成司法的不公正。

　　由于我国的专利合理许可使用费确定经验较少，因而在此方面我们可借鉴美国较为成熟的司法经验弥补不足，予以完善。美国在具体确定合理许可使用费方面存在三种方法：第一，根据已经确立的合理许可使用费来

---

　　❶ 范晓波. 以许可使用费确定专利侵权损害赔偿额探析［J］. 知识产权，2016（8）：99.

确定；第二，通过假想谈判方式确定；第三，采用分析法确定。❶ 对于已确立的许可使用费，美国学者理查德·霍尔茨曼（Richard T. Holzmann）描述为一个通过自由谈判并由足够数量的被许可人支付的统一费率。这意味着这一使用费不仅应当于侵权行为发生前就已经交易完成，并且足够数量的被许可人意味着市场对这一费用数额予以肯定，这是对其合理性的一种确定。联系上述的好孩子诉好宝宝公司案可知，该案仅采用单一的权利许可人所与权利人之间的许可使用费数额确定最终权利许可使用费的倍数作为赔偿数额确实有失合理。法院在权利人只存在与唯一的权利许可人之间权利许可使用费数额情况下，可以考虑放弃适用权利许可使用费倍数或者根据案件实际情况以及专业建议，在原有的数额基础上作出一定调整，但此类调整应当具有合理支撑理由，这就提高了法官说理的难度，是对法官的进一步考验。而美国法院在专利侵权案件中，常常选择适用虚拟谈判法确定合理的许可使用费。在 *Georgia – Pacific v. U. S. Plywood – Champion Papers, Inc.* 案中，美国法院确立了在专利许可谈判中许可人与被许可人可能会加以考虑，从而会影响达成合理许可使用费的 15 个要素，包括：权利人许可涉案专利已收取的许可使用费；被许可人使用与涉案专利相类似专利所支付的许可使用费；许可的性质及范围；许可方的既定许可策略；许可人与被许可人的商业关系；销售专利特色产品对于被许可人其他商品促销的影响，专利的存续期限以及许可的期限；由于专利而生产的产品的获利程度；与旧的方法和设备相比，专利所具有的优势；专利的性质与专利为使用者带来的利益；侵权人侵害发明的程度以及任何可证明该利用的价值的证据；在特定行业或类似行业应用发明通常可获得利润或售价；在所实现利润中应归功于发明的利润比例；适格专家的意见、许可方与被许可方愿意接受的数额等，所包含因素涉及范围广泛，考虑较为周全，所得出的赔偿数额也具有较高的合理性。该准则被称为"Georgia‑Pacific 要素"，

---

❶ Russell L. Parr: Intellectual Property Infringement Damages ［M］. 2nd ed. John Wiley & Sons, Inc, 2003: 99.

被包括美国联邦巡回法院在内的多个法院采用来确定一个通过虚拟谈判可能形成的合理权利许可使用费，主要是以专利侵害者利用专利所获得的预期利润为基础，扣除同行业标准利润后，所剩余部分为合理许可使用费。❶ 参照该标准，我国在确定合理权利许可使用费时也可以根据合理性不够的而不予执行的权利许可使用费数额以及时间、专利在市场中的价值、相关领域专业学者以及专业知识产权价值评估机构的意见、侵权人对专利所做出的改造在侵权获益中的贡献等因素纳入司法实践考虑，或者制定相关的司法解释进行细化规定。

（3）商标权。

在商标权案件的司法实践中，"法定赔偿"的计算方式在大部分案件中得以适用，占据主导地位，使得其他计算方法难以立足。由于法定赔偿主要依靠法官对于案件事实的认识，对法官的主观依赖性较强，而法官在裁判过程中多数秉持着"谦抑原则"，更为倾向于较低的赔偿数额，这在避免司法过度干预的同时也易造成权利人的合法权益难以得到全面保护，侵权人难以得到惩罚，而社会对于侵权行为认知不清的后果。相较而言，权利人更倾向于适用实际损失、侵权获益，以及对权利人相对更为有益的权利使用费的倍数。为此，《商标法》的司法解释就如何计算权利人损失及侵权人获利规定了计算公式，其中权利人损失的计算公式为："因侵权造成商品销售量减少×注册商标商品的单位利润"或者"侵权商品销售品×注册商标商品的单位利润"；侵权人获利的计算公式为："侵权商标品销售量×侵权商品单位利润"。由于没有建立完善的会计制度，加之注册商标商品的销售量减少与侵权行为之间的因果关系及比例系数难以确定，权利人很难举证因侵权行为影响而减少的销售量。❷ 要予以适用，需要侵权人的绝对配合，这显然在现阶段是不现实的。为了能够在实际损失与侵权获益

---

❶　范晓波 . 以许可使用费确定专利侵权损害赔偿额探析［J］. 知识产权，2016（8）：103.

❷　欧阳福生 . 参照商标许可适用费倍数确定商标侵权赔偿额的司法适用［J］. 中华商标，2017（10）：15.

难以得出情况下，还能够得出较为准确公正合理的赔偿数额，《商标法》于 2013 年修订时新增了"参照商标许可使用费的倍数"来确定赔偿数额的条款。尽管如此，该计算方式在司法实践中也是备受冷遇。

参照商标许可使用费的难点与著作权、专利权中权利许可使用费的适用难点类似，都是围绕权利许可使用费的确定以及如何在权利许可使用费基础上确定倍数展开。在司法实践中，提交商标许可使用费合同作为证据的案件并不罕见，真正被法院采信并作为最终赔偿数额确定依据的却少见。商标许可使用合同的真实性、合理性、与案件的相关性都需要更多证据的佐证，而合同中确定的商标许可使用费数额是否合理也需要另行证明，这足以说明适用权利许可使用费的举证难度相较于权利人实际损失与侵权人侵权获益并不具有优势，这与权利许可使用费的出现目的并不相符。而被作为证据的商标权利许可使用合同可能并不只包括被侵权的商标，对于大型企业来说更是如此。规模较大的商标所有企业旗下使用该商标的产品较多，而被侵权的权利产品仅一项，在此种情况下，对侵权人适用包括所有权利产品使用费在内的商标许可使用费对侵权人来说确实有失公平。

不仅如此，商标之间的地域差异也很有可能导致许可使用费之间的较大差异。我国疆域辽阔，各地区发展水平相差较大，市场发展情况存在差异，也就意味着商标许可使用费不可在不同区域以同一价格适用。此时，商标许可使用费的参照意义较低，经过倍数计算作为最终的补偿性赔偿数额，再作为惩罚性赔偿的基数，其中经过两次倍数计算，而作为最初基数的商标许可使用费参考意义存疑，这将导致最终赔偿数额的准确性大大降低。例如在"开心人"商标侵权纠纷案中，原告主张以"开心人"大药房品牌在江西省境内的特许经营加盟费作为参照赔偿的依据。法院认为，侵权案件发生在浙江省宁波市，而原告品牌尚未进入宁波市场，"开心人"商标在宁波无知名度，故原告提交的特许经营加盟费与该案不具有可比性，不宜作为确定商标侵权赔偿数额的参照标准，该案注册商标在侵权地无知名度，且特许加盟合同并非单纯的商标许可使用合同，特许加盟费涉及多个权利，因而，法院认为特许加盟费与案件的可比性，关联性不强，没有

采纳原告的主张。❶

不同于专利法，商标法主要保护的是来源识别功能，著作权法则主要是对于独创性表达本身的保护。❷ 如若商标权人不使用该商标，则该商标无法发挥其识别功能，此时适用权利许可使用费的倍数作为赔偿计算方式对侵权人而言并不合理，也不符合填平原则。例如日本最高法院在"小僧寿司"案中指出，"商标权的本质是通过商标识别来源的功能维护商标权人业务上的信用，同时依靠维持商品的流通秩序谋求一般消费者的保护，它不像特许权或实用新型权那样本身具有财产价值。因此，即使使用与注册商标近似的商标作为第三方生产和销售的产品的商标，也不会导致该注册商标完全不具备顾客吸引力，当使用该注册商标近似的商标完全不会促进第三方产品的销售时，应认为没有发生作为应获利润的实施费用相应额的损害"❸。

## （三）法定赔偿额作为赔偿基数

司法实践中，往往很难确定权利人损失、侵权人获益以及许可使用费，理论上有观点提出适当考虑以法定赔偿作为惩罚性赔偿的基数。但是反对者认为，法定赔偿不能作为基础赔偿数额。根据知识产权法体系一系列法律规定情况，就《商标法》《专利法》和《著作权法》对于侵害知识产权行为的规定，《商标法》《专利法》规定，侵犯知识产权的赔偿数额，按照权利人因侵权所受到的实际损失确定；实际损失难以确定的，可以按照侵权人因侵权所获得的利益确定；权利人的损失或者侵权人获得的利益难以确定的，参照许可使用费的倍数合理确定。而《著作权法》则规定，"侵犯著作权或者与著作权有关的权利的，侵权人应当按照权利人因此受到的实际损失或者侵权人的违法所得给予赔偿；权利人的实际损失或者侵权人

---

❶ 袁博. 商标侵权案件赔偿额的计算首选"权利人损失计算法"？未必！[EB/OL]. [2022-05-31]. http://www.360doc.com/content/16/1123/21/13421702-608900325.shtml.

❷ 张鹏. 商标侵权损害赔偿数额计算的现状与展望 [J]. 知识产权，2021 (5)：25.

❸ 最判平成 9.3.11 民集 51 卷 3 号 1055 页。

的违法所得难以计算的，可以参照该权利使用费给予赔偿"。在此基础上，对故意侵权行为，情节严重的，则在按照上述方法确定数额的基础上加倍进行赔偿，即为惩罚性赔偿。由此可见，知识产权相关法对于侵权行为的处罚层层递进，先确定了对侵权行为的赔偿数额计算方式，再在此基础上确定惩罚性赔偿计算方式。尽管惩罚性赔偿以独立的形式确定而与一般赔偿以及法定赔偿相区分，但现阶段司法实践中法定赔偿还兼有部分惩罚性色彩。例如在深圳市华润管理顾问有限公司、华润（集团）有限公司侵害商标权纠纷一案中，华润顾问公司认为一审判决适用法律错误，违反了《商标法》等相关法律法规规定，错误认定涉案被保护的商标达到 6 个之多，未能按照"一案保护一商标"的审查原则进行审理查明，且其判决华润顾问公司赔偿华润集团经济损失 100 万元缺乏事实和法律依据，并认为其判决程序中出现了逻辑前后矛盾，无法自洽的错误。然而二审法院在充分了解案情后，驳回了华润顾问公司的请求，认为一审法院考量惩罚性赔偿，并综合考量各种因素情况下酌情决定的 100 万元的赔偿损失数额合理合法，且其裁判过程中并未出现适用法律错误的问题。尽管裁判文书中提到"主观恶意强烈，对侵权人酌定判赔金额也应相应提高，故在酌情判赔时应提供被告侵害知识产权成本，予以惩罚性赔偿"❶，但最终的裁判结果并未体现惩罚性赔偿特征，也并未说明惩罚性赔偿的基数与倍数为几何，如何进行判定等，这使得该案的裁判更像是法定赔偿而非惩罚性赔偿。由此可见，惩罚性赔偿的作用并未完全发挥出，并由于惩罚性赔偿计算方式较为复杂，成倍赔偿机制难以精确掌握赔偿额度与惩罚力度，可能造成惩罚力度与侵权行为不符的情况，难以达到最佳的惩罚效果，法院相比之下更倾向于采用与法定赔偿更为相似的赔偿机制。

　　法定赔偿是法官依据其自由裁量权综合各个方面而得出的赔偿，因而很难避免判决中存在一定的主观性。法定赔偿对于法官的职业水平要求较高，对其时间、精力消耗也较大，甚至需要法官对所受理案件涉及的知识

---

❶　一审裁判文书号：广东省深圳市中级人民法院（2015）深中法知民初字第 556 号民事判决书；二审判决文书号：广东省高级人民法院（2017）粤民终 701 号民事判决书。

产权范围有一定的了解程度。对法官的过高要求显然不符合各地现实情况，在法官能力、时间、精力无法与法定赔偿所需能力相匹配的情况下，就使得法定赔偿数额具有较大的不确定性与不准确性。例如在艾维泰克销售有限公司与大连义锐进出口代理有限公司案中，根据已有证据得出原告的实际损失为 543 560 元，且鉴于被告主观侵权恶意明显，侵权情节严重，法官希冀适用法定赔偿以实现惩戒目的，最终判决被告承担 543 560 元及合理开支 18 万元，共计 723 560 元的赔偿金。❶ 这实质上依旧只是赔偿实际损失，而法院对于额外的 18 万元并未作出合理解释，因此该惩罚是否起到了相应的惩罚目的，是否存在过度惩罚或者惩罚力度不足的情况难以判断。如若以该缺乏可靠的依据数额作为惩罚性赔偿的基数，则会导致最终结果的不准确性增加，司法裁判的公正合理受到冲击。由于惩罚性赔偿的成倍计算方式使得其对于基数准确性要求极高，只有准确的基数才能确保裁判结果的公正合理。不准确的基数将会导致最终赔偿数额的巨大差距，特别是在倍数较大的情况下，出现的误差更大，对权利人，尤其是侵权人的影响更大。

实证研究表明，绝大多数知识产权案件适用法定赔偿。❷ 权利人举证不充分对于法定赔偿使用比例高的现象，在某种程度上可以说是互为因果。❸ 当前司法实践中出现的法定赔偿和惩罚性赔偿交叉混用的局面，使得本该适用惩罚性赔偿的案件往往被法定赔偿取代，甚至大有法定赔偿沦为带有惩罚性因素的赔偿方式之势。❹ 不可否认，在现阶段的司法实践中，法定赔偿与惩罚性赔偿在惩罚性功能这一点上具有重叠的法律价值取向，

❶ 裁判文书号：北京市石景山区人民法院（2016）京 0107 民初 16771 号民事判决书。

❷ 詹映. 我国知识产权侵权损害赔偿司法现状再调查与再思考［J］. 法律科学，2020（1）：191.

❸ 宫晓艳，刘畅. 知识产权惩罚性赔偿适用的要见解构与路径研究——以上海首例知识产权惩罚性赔偿案件为研究范例［J］. 法律适用，2020（24）：156.

❹ 董婕，池中莲. 我国商标侵权惩罚性赔偿制度的适用困境与思考［J］. 新疆社科论坛，2021（3）：58.

实现相同的法律目的。● 由此也引发了司法实践中出现法定赔偿与惩罚性赔偿混用的局面，因此，明确法定赔偿与惩罚性赔偿之间的关系有助于发挥惩罚性赔偿制度的制度功能，同时也给司法实践明确的指引，有助于减少"同案不同判"的局面，从而增加司法的公信力。

现阶段，惩罚性赔偿与法定赔偿的关系存在三种样态，分别是单一模式、融合模式、分立模式。第一，单一模式主张以法定赔偿代替惩罚性赔偿，赋予法定赔偿惩罚性的功能。然而我国提出惩罚性赔偿的概念显然是基于现实情况的。惩罚性赔偿采取将赔偿金额翻倍的方式实现其惩罚、威慑功能，同时，也解决了法官由于精力有限等因素而对案件的了解受限，难以确定法定赔偿惩罚性因素"变现"问题，以法定赔偿对其进行代替显然是不可取的。第二，融合模式则主张将法定赔偿融入惩罚性赔偿中，将法定赔偿与权利人因被侵权所受到的实际损失、侵权人获得的利益、许可使用费并列作为惩罚性赔偿数额的计算基数。具体而言即为先适用前三种计算方式，无法计算的，则适用法定赔偿；如果行为人存在故意、严重侵权行为则适用惩罚性赔偿制度，则将根据法律计算所得的计算基数翻倍计算出惩罚性赔偿数额。然而根据《知识产权惩罚性赔偿司法解释》第 5 条前两款之规定，我国法律以及司法解释并不认同融合模式。❷ 第三，分立模式主张法定赔偿与惩罚性赔偿相互独立存在。该模式中，法定赔偿并不作为惩罚性赔偿的基数，而是与惩罚性赔偿并立，共同实现惩罚性功能。

司法实践中，有些法院虽然在说理部分提及对侵权人的惩罚，但最后

---

❶　孙那. 民法典视阈下知识产权惩罚性赔偿与法定赔偿的司法适用关系［J］. 知识产权，2021（4）：69.

❷　《知识产权惩罚性赔偿司法解释》第 5 条前两款规定："人民法院确定惩罚性赔偿数额时，应当分别依照相关法律，以原告实际损失数额、被告违法所得数额或者因侵权所获得的利益作为计算基数。该基数不包括原告为制止侵权所支付的合理开支；法律另有规定的，依照其规定。前款所称实际损失数额、违法所得数额，因侵权所获得的利益均难以计算的，人民法院依法参照该权利许可使用费的倍数合理确定，并以此作为惩罚性赔偿数额的计算基数。"

则是适用法定赔偿规则裁判。例如，在艾维泰克公司诉北新钢联公司一案中，❶ 二审法院认可一审法院对于侵权人采取惩罚性赔偿的判断，然而在判决书正文部分并未作出赔偿数额上的惩罚，其确定的对被告的赔偿数额包括原告艾维泰克公司的经济损失及维权合理开支，即赔偿其实际损失。因此，该案判决属于法定赔偿，而非惩罚性赔偿。

根据《种子法》第 73 条之规定，侵害植物新品种权惩罚性赔偿以权利人因被侵权所受到的实际损失、侵权人获得的利益、该植物新品种权许可使用费的倍数合理确定。然而，基于知识产权的特殊性，权利人因被侵权所受到的实际损失往往难以计算，权利人就此难以举证；而侵权人又基于逃避惩罚的侥幸心理等不愿意将侵权所获利益公开。例如，在江苏省金地种业科技有限公司诉徐州市地王恒鑫农资有限公司一案中，在原告提供采购、销售"金粳818"种子发票以证明其销售涉案种子的利润，进一步证明因被告侵权导致原告受损失的关联性，从而主张侵权人的侵权行为至少带给权利人 200 万元以上损失的情况下，尽管法院承认原告的赔偿请求及其主张的计算方法有一定的事实和法律依据，却仍然"酌定赔偿数额为75 万元"，并且以 75 万元作为惩罚性赔偿的基数。而判决书中并未表明以75 万元作为惩罚性赔偿基数的依据。❷ 而大多情况下，以植物新品种许可费作为参考标准也存在诸多不合理之处。若品种权人并未决定将新品种权转移，则植物新品种许可费难以计算；即便品种权人将新品种权转移，以植物新品种许可费作为标准而不考虑品种权人利益受损程度及侵权人获利情况也是对于品种权人暗藏不公。由于植物新品种权许可费是在合法情况下市场经济自由交易的结果，而权利人植物新品种权的许可费往往难以确定，从而导致以植物新品种权许可费作为计算基数难以实现。

从立法论角度而言，知识产权惩罚性赔偿的基数可以适当考虑以法定赔偿作为其基础。其一，这样有利于实现惩罚性赔偿的惩罚功能，实现对

---

❶ 二审裁判文书号：北京知识产权法院（2018）京 73 民终 2132 号民事判决。

❷ 一审裁判文书号：江苏省南京市中级人民法院（2020）苏 01 民初 226 号民事判决书。

侵权人侵权行为的制裁与惩罚，实现对权利人权利更好的保护，也能够实现营造风清气正的创新环境。其二，法定赔偿虽然在理论上具有一定的"惩罚性"，但其惩罚性更多的是制裁侵权行为的体现，其本质上属于人民法院对权利人实际损失的预估，本质上属于实际损失，可以作为惩罚性赔偿的确定基数。❶

## 二、惩罚性赔偿倍数的确定

惩罚性赔偿最为特殊的是成倍赔偿，这也是其惩罚性的体现。这一方面对侵害知识产权行为严厉打击，是我国重视知识产权，鼓励创新的体现，有利于创新驱动发展战略的贯彻与发展；但另一方面也很有可能造成赔偿力度过高而导致侵权人利益受损甚至走向破产，特别是在侵权数额巨大情况下，倍数惩罚更是影响巨大。基于上述因素，考虑到惩罚性赔偿的"双刃剑"性质，有必要在赔偿数额的界定中充分做好平衡，在保障权利人合法权益的同时，也应防止因赔偿力度过高而导致侵权人走向破产，不利于社会经济的稳定。对于倍数的确定，理论界与司法实践都认为惩罚性赔偿倍数应当与情节严重程度相挂钩。在广州天赐高新材料股份有限公司、九江天赐高新材料有限公司侵害技术秘密纠纷一案二审❷中，最高人民法院指出，惩罚性赔偿倍数与情节严重程度具有对应关系，方符合法律适用时的比例原则。针对一般侵权行为，采用补偿性赔偿制度便能达到基本矫正目的，而在侵权情节严重、侵权人赔偿力度明显低于权利人受损程度时，便适用惩罚性赔偿，用于补充其中差距。因此，惩罚性赔偿中应当重视情节严重程度的判定。

---

❶ 汤敏，胡恒．商标侵权行为惩罚性赔偿与法定赔偿之关系［J］．南京理工大学学报（社会科学版），2020，33（4）：27.

❷ 裁判文书号：最高人民法院（2019）最高法知民终562号民事判决书。

## （一）"要素分析法"

### 1. 缩小裁判自由裁量空间

为了减少"同案不同判"的现象，增强司法公信力，最大程度保证司法的公正性，应当进一步细化裁判标准，最大程度缩小法官的自由裁量空间。尽管《知识产权惩罚性赔偿司法解释》第 3 条、第 4 条已经对故意和情节严重的认定作出了更为细致明确的规定，对于惩罚性赔偿数额的倍数确定提供了一定裁判指引与思路，但仍未就如何判断情节严重得出结论和具体统一的标准。这导致法官在确定赔偿倍数时难以分辨主客观因素的占比，从而使得惩罚倍数与案件实际情况之间难以契合。例如，在莫里斯科技诉周某某一案中，人民法院认为侵权人明知购入产品系假冒产品却仍然销售，其主观具有侵权故意，虽然所造成的权利人实际损失较小，但仍判决侵权人承担 3 倍的赔偿数额。❶ 该案中，法院的裁决依据更强调行为人的主观恶意，在主观恶意较强的情况下忽视了对侵权情节严重性的考量，这样得出的惩罚倍数的准确性与合理性难以保证。因而，从整体看，对于惩罚倍数的确定，无论是从主观状态推至客观状态，还是从抽象原则推至具体行为，法院对于其中的转变一贯说理不足，缺乏有条理的论证，❷ 需要立法给予更细致准确的规定与解释。

### 2. 细化惩罚性赔偿倍数的判断标准

现行知识产权相关法，例如《商标法》《专利法》《著作权法》，规定的惩罚性赔偿数额均为 1 倍以上 5 倍以下，相较于之前的 1 倍以上 3 倍以下，范围更为广泛，裁判难度相应上升。而各个倍数之间如何适用、如何判断，相关法律与司法解释并未言明。因此，法官对惩罚倍数的认定基础存在差异。要控制法官自由裁量范围，细化惩罚性赔偿倍数的判断标准无

---

❶　裁判文书号：广西壮族自治区桂林市叠彩区人民法院（2017）桂 0303 民初 774 号民事判决书。

❷　钱玉文，李安琪. 论商标法中惩罚性赔偿制度的适用——以《商标法》第 63 条为中心［J］. 知识产权，2016（9）：60.

疑是简明扼要的途径之一。而如何将主观恶意程度与侵权行为严重程度实体化即笔者此处着重探讨的问题之一，在此问题上，笔者通过查阅相关文献资料，了解国内外学者的学说，最终认为应当采取要素分析法对其进行量化分析。要素分析法实质上就是通过设置不同的标准，对主观恶意程度以及侵权严重程度与制定的标准一一对应，从而得出最终的惩罚倍数。这一方式用具体的标准替代了法官的主观判断，提高了案件判决的公正合理性，同时也减轻了法官负担。但如何设置合理的标准成为新的问题。要素分析法中不同的要素所对应的惩罚倍数应当如何衡量，对于难以量化的要素如何处理，如何使得最终结果的误差最小化都成为要素分析法适用的障碍。对于要素分析法的困境，笔者认为可以通过对知识产权侵权案件的大数据分析得出大部分法官对于要素对应的意见、考虑因素，同时结合客观实际综合考虑。

接下来，笔者将从主观故意衡量与侵权行为严重程度判断两个方面分别阐述。由于《知识产权惩罚性赔偿司法解释》已经对主观故意与情节严重作出了一定判断，其中第 3 条列举出了"客体类型、权利状态和相关产品知名度、被告与原告或者利害关系人之间的关系等"作为裁判时的参考因素，并明确规定了几种可以初步认定为具有侵害知识产权主观故意的情况，例如"被告经原告或者利害关系人通知、警告后，仍继续实施侵权行为的""被告或其法定代表人、管理人是原告或者利害关系人地法定代表人、管理人、实际控制人的""被告实施盗版、假冒出切商标行为的"等。我们可以将其划分为"明知故犯""关系特殊""故意明显"三种情形。在得知行为侵权并收到警告后仍然持续侵权，说明其对侵权的认知程度不够或者对侵权行为的违法性认知不清晰，这不仅是对权利人的不尊重，也是对法律的漠视，因此应当加大惩罚力度。侵权人与权利人关系特殊，例如侵权人为权利人或利害关系人的法定代表人、管理人、实际控制人，或与权利人或者利害关系人之间存在劳动、劳务、合作、许可、经销、代理、代表等关系，且接触过被侵害的知识产权的。权利人与侵权人之间的特殊关系使得其侵权行为更为简单，且易造成较大损失，并且也可以证实其侵权故意。不仅如此，由于该类侵权主体侵权较为简单，如若不给予惩罚，则易导致此类主体侵权严重。因而，此种情况应当酌情予以惩罚，以达到威慑效果。而被告实施盗版、假冒注册商标此类主观意图明显的侵权行为，易造成较为严重损失，在社会公众中的影响较大，对权利人影响较大，应当结合最终造成的实际损失决定赔偿倍数。

对于侵害知识产权情节严重的认定，《知识产权惩罚性赔偿司法解释》第 4 条认为法院应当考虑"侵权手段、次数，侵权行为的持续时间、地域范围、规模、后果，侵权人在诉讼中的行为等因素"，并列举出"因侵权被行政处罚或者法院裁判承担责任后，再次实施相同或类似侵权行为""以侵害知识产权为业""伪造、毁坏或者隐匿侵权证据""拒不履行保全裁定""侵权获利或者权利人受损巨大""侵权行为可能危害国家安全、公共利益或者人身健康"等情况。由此可见，惩罚性赔偿中的情节严重包括侵权人主观上屡教不改或以此为业、侵权人阻挠司法程序正常进行以及侵权人客观上造成个人或国家的巨大损失等。其中，侵权人屡教不改，在因侵权被行政处罚或者法院裁判承担责任后，再次实施相同或者类似侵权行为中又可以根据侵权行为的次数对倍数进行分级。例如，对于两次屡教不改的处以 0.5 倍赔偿，两到三次的 1 倍赔偿，三次以上的处以 1.5 倍赔偿等。而以侵害知识产权为业又可以根据其侵权次数、时长、侵权获利或实际损失、社会影响程度等进行分级，累计得出最终的赔偿倍数，在累计的同时也应当考虑到各个因素之间的联系，例如侵权次数与"从业时长"之间的关系等，最大程度上做到公平公正。对于侵权人扰乱司法流程正常进行的行为应当予以重罚，这不仅提高了权利人的举证难度，不利于权利人维护自身权益，而且提高了维权成功后权利人的补偿实现风险。这也是扭转权利人由于举证难度过大转而选择法定赔偿情况的解决路径之一，有利于改变法定赔偿代替惩罚性赔偿的现状，从而使得惩罚性赔偿真正发挥其最大效用。在侵权人客观上造成个人或者国家巨大损失的情况下，侵权人的主观故意也应当纳入考虑，与侵权造成的后果相结合，否则将高额的赔偿金额加诸主观故意不明显的侵权人，这显然也有些不太公平。综上，要完成一个面面俱到、公正合理的要素与侵权故意、侵权行为的对照表涉及较多因素，难度较大，需要投入更多的时间与精力。

由于判定侵权故意以及情节严重程度的各个影响因素之间相互影响，牵一发而动全身，不能割裂各个因素之间的联系，且人类受制于有限的理性，制度的制定者难以做到面面俱到，制定的要素分析对应规则难以包含所有的侵权情况和主观故意表现形式，因此，构建动态化的认定标准十分重要。动态体系化思想的基本主张是明示价值基础，提炼寻求合理解决方案时的相关考量因素，在个案裁判中则需要对各个考量因素进行综合评价，具体结果取决于各个考量因素相比较后的综合权衡。❶ 将动态化的评判体系与要素分析法相结合，能够更好兼顾到司法实践中不同情况，最大程度维护司法结果的公正合理。动态化的体系并不代表着动态的标准，而是在统一标准的指引下根据不同的情况进行一定改动。在动态化体系下，对于主观故意与情节严重的判断应当综合考虑权利人的利益损害程度与对社会公共利益的损害程度。

因此，要完成一个面面俱到、公正合理的要素与侵权故意、侵权行为的对照表涉及较多因素，难度较大，需要投入更多的时间与精力，进行更为细微卓著的研究。

3. 综合考量倍数与基数

对于惩罚性赔偿倍数的考量应当将基数大小也纳入考虑。一般认知之下，情节严重程度越高，主观恶意程度越大，则惩罚倍数越高。然而实施情况与之不同。惩罚性赔偿的目的在于对侵权人施以惩戒，因此赔偿数额应当以达到惩戒为目的，而赔偿数额由基数和倍数共同决定，在赔偿基数过大情况下，法院可以在与权利人协商后，酌情降低侵权人惩罚性赔偿的倍数。例如在小米科技诉中山奔腾案中，法院认为侵权人的侵权获利巨大，影响范围广且规模大，侵权人的侵权行为极为恶劣，❷ 但由于其计算基数

---

❶ 朱虎. 侵权法中的法益区分保护：思想与技术 [J]. 比较法研究，2015（5）：44.

❷ 裁判文书号：江苏省南京市中级人民法院（2018）苏 01 民初 3207 号民事判决书。

过大，在此基础上再加以过高的倍数则会造成最终赔偿数额过高，惩罚力度过大，导致侵权人利益受损，甚至难以承担高额的赔偿金，最终造成经济的不稳定，也不利于产业的持续健康发展。这说明惩罚性赔偿以倍数作为赔偿计算方式的机制存在一定弊端与不稳定性，由于基数的不同而导致倍数的差异过大，且难以达到最为合理的惩罚后果。因此，对于惩罚性赔偿数额的确定，基数与倍数之间不应当是割裂的，而是相互影响的。倍数的计算固然应当有一套独立的标准，但也应当存在一套机制弥补倍数计算的不足，仅仅依靠对 1~5 倍的简单限制是不够的。笔者认为，倍数可以与基数相挂钩，确定一定数额的基数最高不得超过某一倍数或者某一数额。例如 50 万元以下可以适用 1~5 倍，50 万~100 万元最高倍数为 4 倍，100万~300 万元最高倍数为 3 倍，等等。或者设置惩罚性赔偿与补偿性赔偿之间的最大差额，用以做惩罚性赔偿的"风筝线"。当然，设置赔偿上限并不意味着削弱了惩罚性赔偿的作用，相反，赔偿上限的存在正体现了法律的公正性，是对惩罚性赔偿制度的完善之举，与倍数机制相辅相成实现完成惩罚性赔偿的制度目的。

　　当然，在确定倍数的同时考虑基数并不意味着对知识产权侵权行为的"轻处罚"倾向，只是为了防止由于基数过大而导致侵权人所无法承受的天价赔偿数额的出现。基于惩罚性赔偿的制度目的是实现公法上的惩罚目的，从而起到警戒与教育作用。因此，根据刑法上的罪刑均衡原则及行政处罚法上的过罚相当原则，惩罚性赔偿的适用应着重考虑行为人所受惩罚的适当性。❶ 即在确定惩罚性赔偿数额时，应当综合考虑该数额是否与侵权人的侵权行为相适应，而不应拘泥于倍数确定标准而不顾不同案件之间赔偿基数的差异性。惩罚性赔偿数额作为体现惩罚性特征的核心特征，过低的数额无法达到惩罚的效果，而过高的数额则会造成对侵权人的不公。例如，在美国，早期惩罚性赔偿制度的推行，高赔偿额判赔曾导致诉讼爆炸，其滥诉现象不仅浪费司法资源，还很大程度上扰乱了市场秩序。❷ 在

---

❶ 朱广新 . 惩罚性赔偿制度的演进与适用 ［J］. 中国社会科学，2014（3）：105.

❷ 陈瀛洲，高仁宝 . 惩罚性赔偿制度初探 ［J］. 法律适用，2001（5）：57.

我国，此类现象已经初步显露。在知识产权领域，随着法定赔偿上线数额的提高和惩罚性赔偿制度的实施，"反侵权经营、批量维权诉讼"的现象开始出现，一些没有实体生产的公司，通过抢注、从他人处购买专利，然后专门通过诉讼赚取巨额和解金或者赔偿款，因此有必要对此种"专利蟑螂"行为保持警惕。❶ 应当明确惩罚性赔偿制度的初衷是保护知识产权，引领社会尊重知识产权、保护知识产权，而不能偏离其本身的目的。

### 4. 坚持审慎谦抑原则

由于惩罚性赔偿具有公法责任上的惩罚、威慑等功能性质，将其适用于知识产权领域须持审慎谦抑的司法立场。所谓审慎谦抑，是指审度和慎行、限缩和抑制，这是刑法理论研究中经常强调的法律理念。❷ 惩罚性赔偿制度以其公法属性，适用于知识产权这一本应属于私法调整的领域，是基于近年来知识产权侵权行为频发的情况，为了遏制知识产权侵权行为的发生，更好保护知识产权而出现的。这一制度由于其惩罚性，一旦适用，对侵权人的财产情况影响极大。现阶段惩罚性赔偿制度赔偿数额的确定仍缺乏明确统一的标准，而即便对于数额确定有了明确的指引，也会由于知识产权的特殊性以及市场的瞬息万变导致最终裁决数额的差异。统一明确的确定标准存在的意义只是为了更为精准地确定赔偿数额，减少同案不同判情况发生的可能性，从而最大程度上保障当事人双方的利益。但这并不意味着有了细化的标准就能够阻止惩罚性赔偿数额确定的司法实践中出现错误适用，而一旦错误适用，其导致的损害将是无法弥补的。

知识产权惩罚性赔偿作为一把"双刃剑"，适用不当所造成的损害难以预估。这不仅体现在案件当事人一方的侵权人需要承担的高额赔偿上，更体现在其对社会所传达出的信息上。过度的惩罚性赔偿的适用易造成市场主体活力不足，影响市场交易与创新。以专利为例，由于专利范围的模

---

❶ 谢光旗. 遏制专利蟑螂：美国专利诉讼费用转移规则的新发展［J］. 法律科学，2017（1）：170.

❷ 吴汉东. 知识产权惩罚性赔偿的私法基础与司法适用［J］. 法学评论，2021（3）：28.

糊性以及专利侵权标准的复杂性，处于灰色地带的某些行为，可能实现对现有技术的累计创新，包括规避涉及或窄化、优化现有专利等，这即是所谓的"边际合法行为"。● 过度严格地在知识产权领域适用惩罚性赔偿制度不利于社会持续创新力量的涌动，因此如何把握好惩罚性赔偿的"度"需要司法实践的不断探索。现阶段，缺乏明确统一的惩罚性赔偿数额确定标准，法官基于谦抑原则而对惩罚性赔偿制度的适用慎之又慎，导致该制度无法发挥其本应具有的作用，因此，明确的规范指引也能够给予法官适用惩罚性赔偿的底气与信心。

### （二）完善以知识产权市场价值为基础的侵权损害赔偿司法定价机制

惩罚性赔偿作为一种加重赔偿，其数额高于实际损失，因而如何得出合理的惩罚性赔偿数额，精准达到惩罚目的成为目前知识产权侵权司法实践中的一大问题。这一难题的关键在于知识产权的无形性导致量化侵权行为的难度较大，针对这一难点，著名经济学家康芒斯的"合理价值学说"将"合理的交易、合理的惯例和相当于公共的社会效益"作为无形财产损害赔偿裁判标准的思想基础。● 因此要实现对知识产权价值的合理判断，得出合理的赔偿数额应当注意以下方面。

第一，以知识产权的市场价值为基础，引入专业评估机构，准确评价不同知识产权的不同竞争地位和不同独占利益所形成的资产变量。● 知识产权侵权所造成的损失与该知识产权本身的价值息息相关，而知识产权的市场价值波动较大，易受到技术革新、法律法规、政府政策的变动与影响。特别是对于初步进入市场的或仍未进入市场的知识产权而言，其在遭受侵

---

● 李晶，林秀芹. 专利侵权惩罚性赔偿的法经济学分析［J］. 国家行政学院学报，2016（3）：93.

● 康芒斯. 制度经济学（下册）［M］. 于树生，译. 北京：商务印书馆，1962：310.

● 吴汉东. 知识产权惩罚性赔偿的私法基础与司法适用［J］. 法学评论，2021（3）：29.

权的情况下，市场尚未对其价值进行判断，而知识产权的定价本身就对技术含量有着较高要求，法院在缺乏专业评估机构的情况下，难以对其作出合理的、为市场所认可的定价。法官在裁决相关案件时，精力显然不足以支撑其对涉案知识产权作出专业的评估，因而引入专业的评估机构或者寻求专家的帮助显得必不可少。然而，现阶段我国专业的知识产权价值评估机构数量较少，几乎集中分布在沿海的大城市，这对于缺乏专业评估机构的地区来说难度较大，且增加了权利人维权的负担。在兼顾案件判决效率与准确率的同时，又在价值评估方面出现了人才缺口，一般的法院不会由于零星的知识产权惩罚性赔偿相关案件而作出较大的转变。因此，加快建设专业化的知识产权法院不失为一种解决方案。知识产权法院与其他法院相比较以其专业性脱颖而出，既能够解决普通法院法官的专业性问题，又能够弥补不同地区之间的人才差异。

第二，知识产权被侵占后的实际损失不只是现阶段的损失，更有着较为深远的市场影响和社会影响。例如侵害商标权的行为，对商标所造成的影响并不仅存于现阶段，更多的是潜在影响，而此种影响是难以预估的。将此种影响量化为具体的赔偿数字需要侵权过程中的大部分相关数据的支持，例如侵权时间、商品售出数量、售出商品覆盖范围、在公众中造成的影响等，然而这些都需要侵权者、权利人双方共同提供。而提供完整准确的侵权信息无疑是违背侵权者意愿的，大部分侵权者都拒绝提供或者故意提供错误的信息以达到逃脱惩罚或者减轻惩罚的目的。尽管根据最高人民法院在 2020 年 9 月颁布的《关于依法加大知识产权侵权行为惩治力度的意见》第 7 条规定，"人民法院应当充分运用举证妨碍、调查取证、证据保全、专业评估、经济分析等制度和方法，引导当事人积极、全面、正确、诚实举证，提高损害赔偿数额计算的科学性和合理性，充分弥补权利人损失"。除此之外，其他知识产权保护相关司法文件也规定了当事人双方的举证义务，但仍然不排除侵权人基于侥幸心理隐瞒不报或者提供虚假证据等情况的出现。只有让侵权人意识到，拒绝承担举证责任并不能使其逃脱法律的制裁，而只会增加其受到的惩罚，才能减轻权利人的举证责任及维权难度。因此，建立完善的举证机制以及妨碍举证的惩罚机制是推进惩罚性赔偿制度发展所需要的。只有利用制度使得侵权人意识到拒绝提供相关证据并无法逃脱或是减轻惩罚，反而可能导致自身利益的更大损失，侵权人才会自愿配合调查。在得出较为准确数据的基础上才能确定该侵权行为造成的潜在影响，从而得出准确的惩罚数额。

第三，综合考虑多方价值影响因素，以期得出最合理的惩罚数额，达到最佳的惩罚效果。在市场价值理论分析中，侵权行为的成本效益包括实施行为过程中所付出的物资耗费，即必然成本；实施行为后果而依法承受的制裁，即法定成本；以及实施行为预期得到的非法利益，即必然收益。在一般情况下，侵权行为发生的原因与成本、收益之间的比值有密切关系，即成本越低、收益越多，侵权行为发生的概率越高、程度越严重。惩罚性赔偿制度意在提高违法侵权的法定成本，抑制侵权"收益"大于"成本"的预期，促使理性经济人放弃侵权行为，❶ 以惩戒侵权人达到遏制知识产权侵权行为的目的。

对于侵害植物新品权损害后果较大的案件，单倍的赔偿往往难以起到惩罚和预防的作用，而高倍的赔偿又极有可能造成企业资金困境，易造成罪责罚不适应的情况，也不利于市场经济大环境下企业的创新发展。由于法律上对于赔偿倍数缺乏明确的指引，而法官的裁决受制于个案的特殊事实和情节，以及个人的精力、信息等方面不完备这一实际情况，加重了法官的办案压力，导致法官在司法实践中更倾向于适用法定赔偿。甚至在已经确定采用惩罚性赔偿的情况下，名义上的惩罚性赔偿实质上则是法定赔偿，从而弱化了惩罚性赔偿的惩罚功能。

为了减少"同案不同判"的现象，增强司法公信力、对于赔偿数额倍数的确定应当依照科学客观的标准，尽可能缩减法官的自由裁量范围。对于惩罚性赔偿倍数的确定，应当细化标准。由于惩罚性赔偿的倍数为 1～5 倍，过于宽泛，导致司法实践中难以确定赔偿倍数，容易造成"同案不同

---

❶ 吕忠梅，刘大洪．经济法的法学与法经济学分析［M］．北京：中国检察出版社，1998：369.

判"的情况，不利于司法公信力的树立。

为了解决惩罚性赔偿倍数的问题，司法实践中，法官在处理此问题时，可以考虑如下因素。第一，可以根据该侵权行为中行为人的故意程度、情节严重程度采取要素积累的方法进行综合判断。例如，根据涉及要素的数量，涉及一种情节严重的要素则采取一倍计算，涉及两种则按照两倍计算，涉及三种及三种以上则采取更高倍数计算。第二，可以按照情节严重程度适当调整，对于相对较轻的情节，采取一倍赔偿等。在确立明确标准的情况下，给予法官一定的自由裁决空间，二者相结合从而得出更为合理的惩罚倍数。第三，可以考虑侵权人的赔付能力。在赔偿基数过大，以侵权人的财产状况绝无可能负担多倍赔偿的情况下，依旧使用多倍赔偿对于权利人而言意义不大，而对于侵权人而言，则陷入无法清偿的债务深渊，惩罚性赔偿的惩罚性功能过于强势使得侵权人丧失了清偿债务的信心，也不利于社会的安定。

不得不承认的是，惩罚性赔偿倍数的确定最终仍然需要依赖于法官的自由裁量，法官在裁量时可以适当考虑上述因素，综合考量，从而作出相对公平合理的裁判结果。

# 实践篇

# 第四章　商标权侵权纠纷

美盛农资（北京）有限公司与常州市大地肥业
科技有限公司侵害商标权纠纷案[*]

## 一、一审法院查明事实

美盛公司经国家工商行政管理总局商标局（以下简称"国家商标局"）核准注册了第 4228482 号"美盛"商标，核定使用商品类别为第 1 类"肥料；磷酸盐；氮；碳酸钾；农业用钾；磷酸盐（动物饲料成份）；氮（动物饲料成份）"，注册有效期自 2007 年 8 月 14 日至 2017 年 8 月 13 日止。美盛公司与美盛北京公司签订《商标使用许可合同》，约定美盛公司将第 4228482 号"美盛"商标许可美盛北京公司使用在第 1 类商品上，许可使用期限自 2008 年 8 月 1 日至 2017 年 8 月 13 日止。2011 年 10 月 13 日经国家商标局对上述商标使用许可合同进行了备案。2013 年 11 月 20 日美盛公司授权美盛北京公司以自身的名义提起并参加诉讼。

美盛化肥（烟台）有限公司（甲方）与镇江市永盛肥料有限公司（乙方，以下简称"镇江永盛公司"）分别于 2011 年 8 月 16 日、2012 年 8 月 19 日及 2016 年 1 月 12 日签订《区域销售代理协议》，约定乙方代理销售甲方生产和经营的"美盛""美可辛""稼镁"牌系列肥料。2015 年 5 月 25 日，中国农业生产资料流通协会掺混肥料分会出具证明，2010~2014 年

---

* 裁判文书号：江苏省高级人民法院民事判决书（2017）苏民终 220 号。

"美盛"牌掺混肥料产品的产销量、销售收入、利润、税收等综合经济指标连续五年在全国同行业排名前五位。2015年6月2日，国际化肥工业协会出具证明：按照2010~2014年生产能力，美盛公司是世界最大的综合性高浓度磷肥生产商，为世界第二大钾肥生产商。

江苏嘉吉农资有限公司（以下简称"嘉吉有限公司"）系第3105266号"Cargill"商标注册人，注册有效期自2003年6月21日至2013年6月20日止。嘉吉有限公司系第1104995号"嘉吉"商标注册人，注册有效期自2007年9月21日至2017年9月20日。嘉吉有限公司于2003年3月14日核准注册，住所地在江苏扬中，2005年3月16日更名为江苏美盛农资有限公司、2010年6月7日更名为扬中环太农资有限公司，2015年4月28日注销。

霸州市南孟购销合作有限公司福顺化肥供应站、北京美盛嘉吉国际贸易有限公司、山东贝德丰生物科技股份有限公司（以下简称"山东贝德丰公司"）分别于2007年4月19日、2009年5月21日、2015年6月15日申请注册"Margill美盛嘉吉"商标，分别于2009年6月4日、2010年5月19日、2016年5月17日被驳回。2015年5月5日，金坛市大地复合肥制造有限公司（后更名为常州市大地肥业科技有限公司，以下简称"大地公司"）申请第16877528号"Margill美盛嘉吉"商标，2016年3月24日被驳回，2016年5月19日商标注册申请等待驳回复审。2015年5月5日，该公司申请第16877583号"美盛嘉吉Margill"商标，于2016年4月21日被驳回，2016年6月15日商标注册申请等待驳回复审。2016年3月15日，国家商标局对大地公司的第16877583号"美盛嘉吉Margill"商标出具商标驳回通知书，理由如下：该商标中文部分与许某某在类似商品上已注册的第6714621号"美化嘉吉"商标近似。该商标英文部分与嘉吉有限公司在类似商品上已注册的第3105266号"CARGILL"商标近似。2016年8月1日，北京市高级人民法院在作出的（2016）京民终字第149号民事判决书中认定，美盛公司曾是"嘉吉"商标的权利人。

2009年9月18日，美盛北京公司在印制的宣传资料上声明，2004年美国美盛嘉吉作物营养部和美国 IMC 公司合并成立美国美盛公司，原嘉吉化肥更名为美盛化肥；美盛公司目前在中国市场销售的化肥产品已全部采用"Mosaic 美盛"商标，现在除云南三环中化嘉吉化肥有限公司外，美盛化肥的所有产品已停止使用嘉吉公司商标；美盛公司特别提醒广大用户，市场上出现的美国产"嘉吉""美国嘉吉""××嘉吉""美盛嘉吉"等产品，均不是美盛公司产品，美盛公司对上述产品不承担任何责任等。

2016 年 4 月 8 日，盱眙县市场监督管理局的行政处罚决定书载明，2016 年 2 月 18 日，盱眙县河桥供销社农药第一门市（负责人王某）从盱眙县海丰化肥经营部处购进 1.2 万千克外包装标注"Margill 美盛嘉吉"字样的复合肥料（当天未付款、也未约定价格），准备以 2.2 元/千克（110 元/袋）的价格对外销售；该 1.2 万千克复合肥料都是同一批次的，出厂日期为 2015 年 11 月 6 日，生产企业为金坛市大地复合肥制造有限公司。2 月 18 日之后，王某与供货方谈及价格，约定为 1.85 元/千克（1850 元/吨）。

美盛北京公司于 2016 年 6 月 2 日出具委托书，委托镇江永盛公司对江苏常州金坛市场销售的大地公司生产的"美盛嘉吉"牌肥料做保全证据公证。2016 年 6 月 6 日上午，江苏省扬中市公证处公证人员及申请人镇江永盛公司委托代理人朱某来到常州市××区××供销合作社街北代销点，朱某以普通消费者身份购买"美盛嘉吉"复合肥 1 袋，取得销货凭证、名片各 1份。公证员对所购物品进行了封存。所购物品留存于申请人处。上述购物过程，江苏省扬中市公证处出具了（2016）镇扬证民内字第 550 号公证书。经打开上述复合肥包装袋，内有合格证一张，显示出厂日期为 2015 年 11月 10 日。

经比对，美盛北京公司认为，被诉侵权商标完整包含了"美盛"商标，两者构成近似，并且"嘉吉"和"Cargill"是美盛公司及其在华子公司之前所使用的两个商标，足以使相关公众对商品的来源产生混淆和误认。大地公司经比对认为，被诉侵权商标与美盛北京公司的"美盛"商标有较大区别，不会引起一般公众的混淆。

2016 年 8 月 11 日，北京市长安公证处出具的（2016）京长安内经证字第 22325 号公证书指出，工业和信息化部地址/域名信息备案管理系统显示，网站名称、主办单位名称为金坛市大地复合肥制造有限公司、网址为××、审核通过时间为 2013 年 8 月 19 日。美盛嘉吉图像网页属性显示创建时间为 2015 年 10 月 9 日。温州豪正实业有限公司实物出库凭证显示：2015 年 10 月 17 日该公司销售给大地公司"美盛嘉吉产品"的包装袋 9939 只。金坛市华城人为峰网络服务工作室于 2016 年 10 月 10 日出具的情况说明载明：大地公司企业网站由该公司进行维护与管理，经查所附图片的上传时间为 2015 年 12 月 10 日。

2016 年 6 月 13 日，镇江永盛公司支付公证费 2000 元。2016 年 7 月 20 日，美盛北京公司与江苏江洲律师事务所签订委托代理合同书，约定美盛北京公司支付代理费 12 万元。2016 年 8 月 12 日，美盛北京公司支付北京市长安公证处公证费 2496 元。

# 二、一审法院观点

## （一）关于大地公司是否构成侵犯美盛北京公司商标专用权

被诉侵权产品与涉案注册商标核定使用的商品均为化肥类商品，故在商品类别上属于相同。大地公司在其生产、销售的复合肥外包装上标注"Margill 美盛嘉吉"字样，经比对，被控侵权商标与涉案注册商标均为文字商标，其中"美盛"二字相同，即被控侵权商标包含涉案注册商标，而被控侵权商标与涉案注册商标均使用在化肥类商品上，易使相关消费群体误认为被控侵权产品与涉案注册商标的商品存在特定的联系，两者属于在相同商品上的近似商标，因此，大地公司未经美盛北京公司许可，生产、销售涉案侵权产品的行为，构成侵害美盛北京公司商标专用权。

## （二）关于侵权赔偿数额的确定

侵权人因侵权所获得的利益或权利人因被侵权所受到的实际损失均难

以确定，因此该案依法适用法定赔偿。

（1）关于双方争议的大地公司实施侵权行为的情况。因大地公司网站在工业和信息化部网站审核的时间是 2013 年 8 月 19 日，其时，该网站未有显示涉案侵权产品包装袋图片，美盛北京公司也未能提供大地公司于 2013 年 8 月 19 日上传涉案产品包装袋图片及大地公司实施侵权行为具体时间的其他证据，而大地公司提供的涉案产品包装袋图样文件的创建时间、金坛市华城人为峰网络服务工作室出具的情况说明、温州豪正实业有限公司实物出库凭证、大地公司涉案产品的出厂日期等证据，能够相互印证、具有关联性，虽然美盛北京公司对上述证据提出异议，但没有足以反驳的证据，因此，对美盛北京公司关于大地公司于 2013 年 8 月 19 日实施侵权行为的主张不予支持，对大地公司抗辩其仅于 2015 年 10 月生产了一批涉案产品的事实予以认定。

（2）关于美盛北京公司主张大地公司恶意侵权问题。因"嘉吉"和"Cargill"是嘉吉有限公司的注册商标，美盛北京公司提供了相关证据证明"嘉吉"与"美盛"相关联，北京市高级人民法院民事判决书中也已认定美盛公司曾是"嘉吉"商标的权利人，且从美盛公司的企业规模、销售情况及声誉等因素考虑，作为同行业的大地公司应知晓"Cargill""嘉吉"商标的权利人是美盛公司或与美盛公司紧密关联，而大地公司将与"Cargill"相近似的"Margill"与"嘉吉""美盛"组合在一起使用，其主观上侵权的故意明显，但尚不属于加重处罚的法定情形，故美盛北京公司主张加重处罚的意见不予支持。根据大地公司申请注册商标的时间、涉案产品包装袋图片的上传时间、大地公司涉案产品的生产日期等事实，综合考虑侵权行为的性质、期间、利润、范围、商标的声誉以及制止侵权行为的合理开支等因素确定赔偿数额 8 万元。依照《商标法》第 57 条第（2）项、第（3）项、第 63 条第 1 款，《最高人民法院关于审理商标民事纠纷案件适用法律若干问题的解释》第 16 条第 1 款、第 2 款、第 17 条，《民事诉讼法》第 142 条的规定，一审法院判决：第一，常州市大地肥业科技有限公司立即停止生产、销售侵害第 4228482 号"美盛"注册商标专用权的行为；第二，常州市大地肥业科技有限公司立即停止在互联网上对侵犯第4228482号"美盛"注册商标专用权产品的宣传行为；第三，常州市大地肥业科技有限公司赔偿美盛农资（北京）有限公司经济损失及合理费用8万元；第四，驳回美盛农资（北京）有限公司的其他诉讼请求。案件受理费16 050元，由美盛北京公司负担6050元，大地公司负担1万元。

# 三、二审中，美盛北京公司提交的新证据

二审中，美盛北京公司提交如下新证据：

（1）大地公司申请注册"美盛美德MESNMED"商标的网上查询信息，2018年2月28日国家商标局作出不予注册的决定，以证明大地公司恶意侵权，应加重赔偿责任。

（2）2005年6月14日新浪网转载现代快报报道的新闻《江苏查获百吨假冒复合肥》；

（3）2014年7月8日安徽日报网站发布的《安徽省工商局2014年上半年肥料质量抽检不合格商品表》；

（4）2010年2月9日江苏法院网站报道的新闻《太仓法院巡回审判凸显四个特点》；

（5）2016年10月19日南通市工商行政管理局网站发布的南通市通州区市场监督管理局通市监罚（2016）0535号行政处罚决定书；

（6）2012年9月25日江苏省环保厅网站报道的新闻《太湖流域"慧眼"实时捕捉污染信息上下联动快速处理水质异常波动》；

上述证据2~6以证明大地公司生产假冒他人品牌或不合格的肥料产品，且污染当地河流，对此类不法企业应提高其违法成本。

大地公司对证据1真实性予以确认，对关联性有异议。对证据2~6真实性有异议。

二审法院认证意见：大地公司对证据1真实性无异议，故二审法院对该证据真实性予以确认。证据2~6来源于相关网站，大地公司未能提供相

反证据推翻其真实性，故对上述证据真实性予以确认。对证据 1~6 的关联性将综合该案事实作出认定。

对一审判决认定涉案包装袋图样创建信息、温州豪正实业有限公司实物出库凭证以及金坛市华城人为峰网络服务工作室出具的说明涉及的相关事实，双方存在争议。对一审判决认定的其他事实，双方均无异议，二审法院对双方无异议的事实予以确认。对于有异议的事实，二审法院将综合该案事实作出认定。

# 四、二审法院查明事实

2004 年 5 月 18 日，美盛公司在美国注册成立。涉案"美盛"商标核准注册后，美盛公司许可美盛化肥（烟台）有限公司、美盛化肥（秦皇岛）有限公司、云南三环中化美盛化肥有限公司使用"美盛"商标。美盛北京公司于 2008 年 12 月 17 日注册成立，经营范围为：化肥、农药、农膜、动物饲料、饲料原料、化工产品的批发等。2010 年 8 月 13 日，美盛北京公司成为美盛公司在北京地区总部。2013 年 9 月，美盛北京公司在 2012 年度中国掺混肥料行业综合竞争力中排名第四。2011~2016 年，美盛化肥（烟台）有限公司（甲方）与镇江永盛公司（乙方）每年均签订《区域销售代理协议》，约定乙方在指定区域为甲方美盛、美可辛等品牌系列肥料产品的经销商。

2011 年 12 月 27 日，北京市高级人民法院作出（2011）高行终字第1649 号行政判决，认定争议商标"美盛嘉吉"完整包含了引证商标"美盛"，使用在化肥类商品上，易使相关公众误认为争议商标与引证商标之间存在某种关联性，或者认为使用两商标的商品来源存在联系，因此，两者属于使用在相同或类似商品上的近似商标。争议商标"美盛嘉吉"应予以撤销。

大地公司于 2002 年 11 月 5 日注册成立，经营范围包括复合肥料［合成复合肥料、复混（合）肥料］的研究、制造和销售；硫酸一铵、碳酸氢胺、氯化钾、硫酸铵及尿素的销售等。

江苏法院网站、南通市工商行政管理局等网站报道、发布大地公司因生产假冒他人品牌或不合格肥料产品等被行政查处或被诉讼至法院。主要内容如下：（1）2005年6月江苏省质监局发现丹阳5处涉嫌假冒江阴"阿波罗""佳特尔"复合肥为大地公司生产。在大地公司仓库和宿舍查获大量假冒"江阴市菲特莱复合肥有限公司""太仓汇丰化学肥料有限公司"复合肥包装袋，共计4400余只，可装化肥250吨。在查处过程中，执法人员还发现，大地公司复合肥的原料存在质量问题，过磷酸钙的生产许可证是过期的。（2）2014年上半年大地公司生产的氯离子复混肥料质量抽检不合格，2016年6月大地公司生产的"晶道"复合肥料、"美吉星"复合肥经江苏省产品质量监督检验研究院检测为不合格。（3）2008年5月159名农户购买使用大地公司生产的环太牌复合肥，造成所种植的800余亩大豆大面积减产甚至绝收。在协商未果情况下，被159名农户集体诉讼到法院。

2016年1月20日，大地公司申请注册"美盛美德MESNMED"商标。2018年2月28日，国家商标局作出（2018）商标异字第0000010315号决定书，认为被异议商标"美盛美德MESNMED"完整包含异议人在先具有一定独创性的引证商标"美盛"，且未形成明显区别于引证商标的新含义，双方商标构成使用于类似商品上的近似商标，决定对"美盛美德MESNMED"商标不予注册。

2016年3月11日，盱眙县市场监督管理局根据投诉对盱眙县河桥供销社农药第一门市销售涉案侵权产品进行调查。在查处过程中，生产者大地公司向该局提供了营业执照、商标注册申请受理通知书等材料。2016年11月2日，常州市金坛区市场监督管理局对美盛北京公司出具书面回复意见称，接到举报后，2016年10月27日对常州市金坛区汤庄供销合作社农业生产资料门市部进行现场检查，发现经营场所内堆放69袋美盛嘉吉牌复合肥料进行销售，涉嫌构成销售侵犯注册商标专用权商品的违法行为，当日进行立案调查，此案当时正在进一步调查中。

另外，经二审比对，涉案公证保全的实物包装袋与包装袋图样、大地公司网站宣传使用的产品包装袋图片主要存在以下差异：实物包装袋与包装袋图样标注的肥料登记证号不同，分别为苏农肥（2011）准字 0125 号和苏农肥（2009）准字 0163 号，网站宣传使用的产品包装袋图片上标注的生产企业并非大地公司，而是山东贝德丰公司及该公司肥料登记证号鲁农肥（2013）准字 2228 号。

# 五、二审争议焦点

二审法院认为：依据侵权损害赔偿责任法的一般原理，商标侵权损害赔偿制度具有弥补权利人损害、惩戒侵权人和预防侵权行为发生的功能。而上述功能的充分发挥应在赔偿额中予以体现。针对知识产权维权成本高、损害赔偿低，侵权屡禁不止的现状，2013 年修订的《商标法》第 63 条规定了惩罚性赔偿制度和最高赔偿额的上限为 300 万元。具体而言，侵犯商标专用权的赔偿数额，按照权利人因被侵权所受到的实际损失确定；实际损失难以确定的，可以按照侵权人因侵权所获得的利益确定；权利人的损失或者侵权人获得的利益难以确定的，参照该商标许可使用费的倍数合理确定。对恶意侵犯商标专用权，情节严重的，可以在按照上述方法确定数额的 1 倍以上 3 倍以下确定赔偿数额。权利人因被侵权所受到的实际损失、侵权人因侵权所获得的利益、注册商标许可使用费难以确定的，由人民法院根据侵权行为的情节判决给予 300 万元以下的赔偿。依照上述法律规定，要突出发挥民事损害赔偿在制裁侵权和救济权利中的作用，依法加大赔偿力度，增强损害赔偿的补偿、惩罚和威慑效果，提高侵权代价，努力确保权利人获得足够的充分的损害赔偿。该案中，美盛北京公司因被侵权所遭受的实际损失、大地公司因侵权所获利及涉案商标许可使用费均难以确定，故该案适用法定赔偿。在确定具体赔偿额时，二审法院重点考虑了以下几个因素。

## （一）涉案“美盛”注册商标的知名度和市场影响力

涉案“美盛”商标的注册人美盛公司于 2004 年在美国注册成立。根据国际化肥工业协会出具的证明，按照 2010～2014 年的生产能力，美盛公司是世界最大的综合性高浓度磷肥生产商，也是世界第二大钾肥生产商。2007 年经国家商标局核准注册"美盛"商标后，美盛公司通过在我国投资设立的子公司、合资经营公司、代理商等大力推广"美盛"品牌掺混肥料产品。根据我国农业生产资料流通协会掺混肥料分会出具的证明，2010～2014 年"美盛"牌掺混肥料产品的产销量、销售收入、利润、税收等综合经济指标连续五年在全国同行业排名前五位。2013 年 9 月，美盛北京公司在 2012 年度中国掺混肥料行业综合竞争力中排名第四。经过权利人及其关联公司多年经营和持续广泛的宣传，"美盛"牌肥料产品在我国掺混肥料行业内具有较高的知名度和一定的市场影响力，并因被侵权得到相关行政及司法保护。大地公司、山东贝德丰公司等农资经营者分别申请注册"Margill 美盛嘉吉""美盛嘉吉 Margill""美盛美德""美盛嘉吉"商标的一系列行为，亦可以印证涉案"美盛"商标确实具有一定市场影响力的事实。

然而，根据法院、工商行政机关等相关单位网站发布的内容显示，大地公司因生产假冒他人品牌或不合格的肥料产品曾受到行政查处，甚至被农户集体诉讼到法院。因此，大地公司在生产的肥料产品上使用与"美盛"商标近似的标识，不仅导致消费者对产品的来源产生误认，还会在一定程度上降低消费者对于"美盛"品牌的信任，对"美盛"商标的声誉造成一定的负面影响，从而导致"美盛"商标所承载的良好声誉受到损害，这在确定该案赔偿额时应予以考虑。

### （二）大地公司实施侵权行为的性质及侵权情节

1. 关于涉案侵权行为的性质

大地公司不仅在其网站上宣传侵权产品，还直接实施了生产侵权产品的行为，其是侵权产品的制造者，属于侵权源头，侵权性质与后果更为严重。

2. 关于大地公司生产侵权产品的数量

综合考虑该案事实和相关因素，二审法院认为，美盛北京公司主张大地公司生产了大量侵权产品具有较高的可信度。主要理由如下：

（1）大地公司具有一定的生产能力和经营规模。根据查明事实，大地公司在 2002 年成立，长期从事生产复合肥料产品的经营业务。通过十余年的经营，2013 年大地公司又开通了企业网站，其在网站上称，"公司拥有固定资产 800 万，员工 200 余人，年生产 10 万吨复合肥，3 万多吨过磷酸钙，产品畅销全国各地，现已成为农民朋友的首选肥料之一"。另外，涉案产品包装袋上标注了肥料的净含量、用途、用量，"每袋 50 千克""作基肥用，每亩 25 公斤左右"，而基肥主要是供给植物整个生长期中所需要的养分，为作物生产发育创造良好的土壤条件。由此可见，涉案肥料产品的用量亦比较大。

（2）大地公司主张其仅在 2015 年 11 月生产了一个批次的侵权产品依据不足。①根据该案出现的三种不同的产品包装袋样式，不能得出大地公司仅生产一批侵权产品的必然结论。具体而言，大地公司诉称的实物包装袋图样显示的肥料登记证号为苏农肥（2009）准字 0163 号，而实物包装袋上标注的肥料登记证号为苏农肥（2011）准字 0125 号；同时，企业网站宣传使用的产品包装袋图片与涉案实物包装袋上标注的生产企业、肥料登记证号亦不同，网站宣传产品图片上标注的生产企业为山东贝德丰公司及该公司的肥料登记证号鲁农肥（2013）准字 2228 号。大地公司辩称，包装袋图样上的登记证号有误，系另外一种肥料产品的登记证号，在正式印制时已更正为与涉案实物包装袋一致的登记证号。对此二审法院认为，一审中，大地公司提供该包装袋图样以证明实物包装袋的设计完成时间，但直到二审庭审法院询问两者包装存在的差异时，其尚未注意到登记证号问题，亦未能提供证据证明包装袋图样中使用的苏农肥（2009）准字 0163 号对应的肥料产品实际使用的包装袋样式。而对于网站宣传产品图片上使用山东贝德丰公司的企业信息、登记证号问题，大地公司未能向法院作出合理的解释。②对于大地公司提交的一份包装袋出库凭证，该凭证未加盖出具单位的印章，对其来源的真实性存疑。且即使该凭证属实，亦仅能证明大地公司在 2015 年 10 月曾购进一批包装袋，但不能据此排除其还另外购进包装袋的事实。③对于大地公司提交的包装袋图样创建信息，该证据系文件属性，创建的时间可以修改，且包装袋图样与实物包装袋存在差异，故不能据此认定涉案实物包装袋的设计完成时间为 2015 年 10 月。综上，大地公司提交的包装袋图样及创建信息、包装袋出库凭证、网络服务工作室出具的情况说明、产品合格证等证据无法相互印证，不能据此认定大地公司仅在 2015 年 11 月生产了一批侵权产品。

3. 关于大地公司的侵权主观过错

侵权人的主观过错对侵权事实和结果具有重要作用，应当作为确定赔偿额的一个重要考量因素。该案中，大地公司系长期从事肥料制造、销售的农资经营者，其理应知晓美盛公司的涉案"美盛"商标在农资行业内的知名度和市场影响力，仍擅自将涉案"美盛"商标与美盛公司另外两个关联商标"嘉吉""Cargill"，组合成新的标识"Margill 美盛嘉吉"使用在产品包装袋上。同时，还在包装袋上使用醒目的颜色、字体特别标注"美国阿波罗"等字样，诉讼中大地公司对该字样的使用未能作出合理的解释。由此可见，大地公司主观上明显具有攀附"美盛"商标商誉的侵权故意。不仅如此，大地公司曾经因生产假冒他人品牌的肥料产品被行政查处，但其并未引以为戒，再次实施生产假冒涉案"美盛"注册商标的侵权违法行为。更为严重的是，作为涉案侵权产品的生产者，大地公司在明知销售商因销售涉案侵权产品被行政处罚，其申请注册的"Margill 美盛嘉吉"商标亦被驳回的情形下，无视行政部门的行政处罚，未积极采取措施，尽可能地减少侵权损害范围，其生产的侵权产品仍然在市场上流通。直至二审庭审时，大地公司还坚持认为，其他销售商继续销售侵权产品的行为与生产者大地公司无关。因此，大地公司的侵权主观过错程度较深。

4. 关于涉案产品的价格、利润

大地公司主张其生产 1 吨产品的利润仅为 50 元，但未能提供充分证据予以证实。根据盱眙县市场监督管理局查处的事实，盱眙县河桥供销社农药第一门市销售涉案侵权产品 1 袋（50 千克）价格为 110 元（2200 元/吨），进货价为每袋 92.5 元（1850 元/吨），即 1 袋产品的毛利为 17.5 元（1 吨产品的毛利为 350 元）。而大地公司提交的一份包装袋出库凭证显示，一次购进包装袋约 1 万袋，参照上述价格计算，一批侵权产品的货值约 100 万元。二审法院认为，上述事实虽不能作为直接计算赔偿额的依据，但可以作为确定赔偿额的参考。

另外，关于大地公司在网站上宣传侵权产品的时间问题。美盛北京公司主张以大地公司企业网站审核通过的时间为侵权时间起算点，缺乏充分的事实依据，二审法院不予支持。

### （三）美盛北京公司为维权支出的合理开支

美盛北京公司主张为制止侵权行为支出的合理费用为 12.5 万元，其中包括 12 万元代理费和 5000 元左右的公证费。虽然美盛北京公司委托代理人表示该案系风险代理，代理费用实际尚未支出，但美盛北京公司主张诉讼标的额为 100 万元，且其地处北京。在案件审理过程中，其委派相关工作人员或律师参与了该案的诉讼活动，加之诉讼开始前所进行的调查取证等活动，美盛北京公司必然会为该案的异地维权行为支付相应的费用，并遭受一定的经济损失。因此，二审法院将酌情予以支持。

此外，要特别指出的是，该案系涉及农资行业的商标侵权纠纷。农资作为农业生产最基本的要素之一，是农业发展的重要环节。涉案产品为复合肥料，属于农业生产必需的农资产品，不仅关系到农产品的安全，更关系到农民的切身利益和人民群众身体健康与财产安全，而假冒伪劣复合肥料农资产品是农民群众反映强烈的突出问题。因此，我国对复合肥料的生产经营进行重点监督管控。该案中，大地公司在其生产的复合肥料产品上假冒涉案"美盛"注册商标，并在产品包装上虚假标注"美国阿波罗"字样。二审法院认为，对于此类"傍名牌"，以国产复合肥料冒充进口复合肥料等坑农害农的行为应予以重点打击，加大赔偿力度，从而保障农业发展和农产品的安全，维护农民的合法权益，净化农资市场环境。

# 六、二审判决

基于上述分析，一审判决认定大地公司仅生产一批涉案侵权产品，并据此确定赔偿 8 万元缺乏充分的事实依据，不足以弥补美盛北京公司的损失，不能有效惩治侵权，预防侵权行为的再次发生。而美盛北京公司主张赔偿 100 万元亦依据不足，不尽合理。综合考虑该案上述事实和相关因素，大地公司侵权主观故意明显，侵权情节较为严重，二审法院确定赔偿额（包括合理开支）为 70 万元，一审判决赔偿 8 万元不当，应予以纠正。

综上，美盛北京公司的上诉请求部分成立，二审法院予以支持。一审判决认定事实部分不清，适用法律错误，应予改判。依照《商标法》第 63 条，《民事诉讼法》第 170 条第 1 款第（二）项之规定，判决如下：

（1）维持江苏省常州市中级人民法院（2016）苏 04 民初 274 号民事判决第（一）项、第（二）项、第（四）项；

（2）变更江苏省常州市中级人民法院（2016）苏 04 民初 274 号民事判决第（三）项为：常州市大地肥业科技有限公司赔偿美盛农资（北京）有限公司经济损失（包括合理开支）70 万元。

如果未按判决指定的期间履行给付金钱义务，应当依照《中华人民共和国民事诉讼法》第 253 条规定，加倍支付迟延履行期间的债务利息。

一审案件受理费 16 050 元，由美盛北京公司负担 4850 元，大地公司负担 11 200 元。

二审案件受理费 14 205 元，由美盛北京公司负担 4205 元，大地公司负担 1 万元。

# 七、案例评析

在认定侵权行为是否严重时，法院考虑到大地公司直接实施了生产侵权产品的行为，属于侵权源头，因此侵权性质与后果更为严重。该案中，法院将是否为"侵权源头"作为认定"情节严重"的因素之一，进一步拓展了法院对情节严重要素认定的思维。源头的侵权行为说明侵权人是侵权行为的发起者，并且在整个侵权行为中起到了核心的作用。但由于侵权行为很多都是由单个自然人或法人发起，并不存在"侵权源头"的情况，因此这一因素只能作为在某些特定情况下认定情节严重的要素，并不能进行普遍适用。

法院还强调了侵权客体——农资产品商标权的重要性。农资作为农业生产最为基本的要素之一，是农业发展的重要环节。涉案产品为复合肥料，属于农业生产必需的农资产品，不仅关系到农产品的安全，更关系到农民的切身利益和人民群众身体健康与财产安全，而假冒伪劣复合肥料农资产品是农民群众反映强烈的突出问题。因此，法院决定加大惩罚力度，以维护农民的合法权益。

# 第五章 计算机软件著作权侵权纠纷

## 宿州市涛盛网络科技有限公司与常某某侵害
## 计算机软件著作权纠纷案[*]

# 一、一审法院认定事实及判决

2019年9月23日，国家版权局出具的证书号为软著登字第4401575号《计算机软件著作权登记证书》载明，名称为禾匠榜店商城系统V4.0.0，著作权人为浙江禾匠信息科技有限公司，权利取得方式为原始取得，权利范围为全部权利，开发完成日期为2019年6月1日。宿州市涛盛网络科技有限公司（以下简称"涛盛公司"）于诉讼中明确其主张权利的为该款计算机软件。

涛盛公司作为甲方与浙江禾匠信息科技有限公司签订的《合作开发许可合同》载明："（1）甲方同意乙方在甲方享有著作权的微擎软件平台上开发应用程序，乙方基于微擎平台开发的所有程序都独家授权甲方平台进行发布和销售，甲方享有独家代理权，甲方为独占许可人；……（3）乙方在甲方平台基础上开发的所有软件包括禾匠商城管理系统软件，都由甲方统一进行维权，包括但不限于取证、发送律师函、提起民事或刑事诉讼等。"

常某某提交的微信支付凭证显示，2020年5月7日，商品为酷商秀源代码，常某某向成都读书郎教育咨询有限公司两次转账，金额分别为329

---

[*] 裁判文书号：最高人民法院（2021）最高法知民终1549号民事判决书。

元、69 元。常某某提交的其他转账凭证均未提供原始载体。

2020 年 8 月 12 日，涛盛公司委托代理人张某某向北京市东方公证处申请保全证据公证，在公证人员的监督下代理人张某某输入 https：//www. microeco. net/，点击回车，搜索栏输入"禾匠"，点击"全网独家首发禾匠榜店商城 V44.3.12 独立 PHP 全开源版本商……"，点击"支付下载"，点击"立即下载"……返回页面，搜索栏中输入"人人商城"，点击"商城模块人人商城 V3ewei_shopv2 版本号：3.26.3 企业开源"，点击"商城应用人人商城 3.26.2 企业开源版修复小程序"，点击"支付下载"，点击"立即下载"……返回页面，点击"微擎应用模块人人商城 V3.17.26 企业开源版修复公众直播"，点击"支付下载"，点击"立即下载"……返回文件夹"下载文件"页面，展示全部已下载的压缩包，共计 44 个。公证处工作人员将上述录像视频文件及下载的文件储存至 U 盘并装入证物袋进行封存。上述事实由北京市东方公证处出具的（2020）京东方内民证字第 07199 号公证书予以确认，封存的 U 盘由涛盛公司于庭审诉讼时提交法庭。

2020 年 6 月 29 日，涛盛公司委托代理人张某某向北京市东方公证处申请保全证据公证，在公证人员的监督下代理人张某某输入 http：//www. microeco. net/，输入"微擎"，点击"最新纯净微擎框架 WeEnging 版本号：v2.6.2 稳定运营版…"进行下载……，输入"禾匠"，点击"独立 PHP 版本禾匠榜店商城 V44.2.73 商业无限版……"进行下载……输入"人人商城"，点击"商城应用模块人人商城 V3.24.0 企业开源版新增公众号手机端分……"进行下载。公证处工作人员将上述录像视频文件及下载的文件储存至 U 盘并装入证物袋进行封存。上述事实由北京市东方公证处出具的（2020）京东方内民证字第 04640 号公证书予以确认，封存的 U 盘由涛盛公司于庭审诉讼时提交法庭。

将涛盛公司享有的"禾匠"软件与公证书所附 U 盘中的软件运行进行比对，情况如下：禾匠榜店商城系统 v4.0.0 是独立功能，不需要微擎安装即可使用，具体功能演示没有界面，故直接比对源代码。一审当庭打开涛盛公司禾匠软件后端源代码，以记事本格式打开文件"versions"，代码中的字符"zjhj_bd"为涛盛公司"浙江禾匠-榜店"的标识。当庭打开常某某"禾匠4.2.73"软件源代码，进入"后台"文件夹，进入"forms"文件夹，以记事本格式打开文件"Menus"，代码注释中显示"http：//www.zjhejiang.com/""Copyright（c）浙江禾匠信息科技有限公司"，为涛盛公司合作开发许可相对方公司网址和公司名称，下方代码中存在字符"zjhj_bd"。

另外，涛盛公司提交的自动检索比对显示，涛盛公司涉案计算机软件解压后得到文件6984个，常某某软件解压后得到6899个，二者相同文件为5315个。

另查明：（1）濮阳市百码网络科技有限公司，法定代表人为常某某，注册成立日期为2016年11月17日，经营范围为计算机领域内的技术开发、推广、应用、广告设计、电子产品、计算机软硬件及周边辅助设备等，该公司于2020年12月14日注销；（2）信息备案管理系统显示，www.microeco.cn网站主办单位名称为常某某；（3）支付宝公司提供的常某某支付宝账户流水显示，从2019年3月16日至2020年10月16日，该账户共发生1271项入账记录，统计金额共计96 337.2元；（4）涛盛公司为证明其维权合理开支向一审法院提交北京市东方公证处向其出具的两张公证费发票，金额共计为20 200元；（5）根据公证书中显示，涛盛公司购买被诉侵权软件，涉及"禾匠榜店商城系统"的数量为21款，购买花费共计2183元；（6）关于被诉侵权产品的销售数量，涛盛公司统计销售数量为785个，金额为150 700元，常某某当庭演示其网站销售数量可以随意修改，但不能证明涛盛公司进行公证取证时常某某网站显示的销售数量曾进行过修改。

一审法院认为，根据著作权登记证书及合作开发合同，涛盛公司有权以自己的名义对侵犯涉案计算机软件著作权的行为提起诉讼。

关于常某某对公证取证过程计算机清洁性提出的异议，在涛盛公司申请北京市东方公证处进行公证取证过程中，代理人已在公证人员监督下对电脑清洁度进行检查，使用浏览器访问网页的操作流程并无不当。经一审法院庭审运行，被诉侵权软件源代码显示的"http：//www. zjhejiang. com/""Copyright（c）浙江禾匠信息科技有限公司""zjhj_bd"标识，足以证明被诉侵权软件系常某某在涛盛公司软件源代码基础上编辑完成的。

常某某未经涛盛公司授权许可，擅自将涛盛公司享有计算机软件著作权的"禾匠榜店商城系统 V4.0.0"的软件进行复制销售，其行为侵犯涛盛公司著作权，涛盛公司要求常某某立即停止侵害计算机软件著作权的诉请应予支持。

关于常某某主张的合法来源抗辩。常某某未获得涉案计算机软件著作权人的合法授权而销售被诉侵权软件，且常某某从案外人处购买价格与涛盛公司官网销售价格相差巨大，所购得的软件亦非正版软件，而常某某能够开设供软件爱好者交流的"百码云"网站，表明其系计算机软件领域具有专业技能的人，对此应当相比普通人员具有更高的判断能力。同时，常某某从其他平台购买软件后将其界面中的版权信息修改为自己网站，通过网盘分享的方式向不特定公众进行销售牟利，具有侵犯涛盛公司计算机软件著作权的主观恶意。因此，常某某主张的合法来源抗辩不能成立。

关于赔偿损失数额，涛盛公司、常某某软件销售价格均存在较大波动区间，鉴于现有证据无法证明涛盛公司的实际损失，也无法证明常某某的违法所得，综合涛盛公司软件销售价格、被诉侵权软件的销售价格、涛盛公司软件使用范围、常某某侵权的主观恶性、涛盛公司为维权支出的费用、涛盛公司在一审法院起诉的关联案件中主张合理费用均是基于同一公证取证行为等因素，酌定常某某需赔偿的经济损失及维权合理费共计 15 万元。

一审判决：

（1）常某某立即停止侵害涛盛公司享有的"禾匠榜店商城系统 V4.0.0"软件著作权的行为。

（2）常某某于判决生效之日起 10 日内赔偿涛盛公司经济损失及合理开支共计 15 万元。

（3）驳回涛盛公司其他诉讼请求。如果未按判决指定的期间履行给付金钱义务，应当依照《民事诉讼法》（2017 年修正）第 253 条之规定，加倍支付迟延履行期间的债务利息。一审案件受理费 13 800 元，由涛盛公司负担 6000 元，常某某负担 7800 元。

# 二、二审期间涛盛公司提交的证据

二审期间，涛盛公司向法院提交以下证据：

（1）微擎项目利润额专项审计报告（复印件）。

（2）杭州光云科技股份有限公司 2020 年年报（网页下载）。

（3）中国有赞有限公司 2020 年年报（网页下载）。

（4）微盟集团 2020 年年报（网页下载）。

（5）中国电子信息产业统计年鉴（软件篇）2018（复印件）。

证据 1~5 拟证明：禾匠商城的可比项目的净利润率为 38%，扣除"三费"后的税前利润率为 44.3%，仅扣除销售成本的利润率为 92.7%；具有类似业务的上市公司的业务毛利率为 53.2%~71.1%；内资企业的软件产品行业的总体利润率约为 17.4%，具有类似业务的上市公司的业务净利润率为 18.4%。

（6）（2021）京东方内民证字第 00912 号《公证书》，内容为禾匠商城在微擎平台的销售页面。

（7）禾匠商城官网关于软件的销售页面（电子打印件）。

证据 6~7 拟证明：禾匠商城软件根据不同的功能会收取不同标准的软件授权许可使用费。

（8）关于盗版商城服务软件破解源码分享的文章（电子打印件）。拟证明：盗版软件的分享者和获取者存在侵犯正版软件著作权的共同故意；网络上流传有大量涉及涛盛网络公司软件的盗版破解资源，与常某某在一审中自认的情况一致；常某某在获取涉案侵权软件时已经对相关情况进行了充分了解。

（9）百码云域名 microeco.cn 的 Whois 信息查询结果（电子打印件）。拟证明涉案网站自 2015 年 4 月即已创立经营。

（10）濮阳市百码网络科技有限公司工商信息查询。拟证明常某某为逃避责任、毁坏隐匿侵权及损害赔偿证据，注销了百码公司。

（11）禾匠商城主系统订单。拟证明非最高权限版禾匠商城主系统的可参考销售价格水平。

（12）《委托代理合同》（复印件）。

（13）代理费支付及收款回单（复印件）。

（14）代理费发票（复印件）。

证据12~14拟证明：涛盛公司在二审阶段支付了10万元律师费，结合一审主张的合理开支，共计支出15万元。

（15）百码云网站百度快照。拟证明截至一审首次开庭前后，常某某仍在百码云网站上保留了盗版禾匠商城软件的相关信息。

（16）涛盛公司宣传合同（复印件）。拟证明涛盛公司对微擎平台进行了大量的宣传推广，为平台和相关软件建立了较高的知名度。

常某某的质证意见为：

对证据1~5的关联性有异议，涛盛公司的利润率及软件行业产品利润率与该案无关。

对证据6~7的真实性有异议，网站公示的涉及软件的销售价格是可以随时修改的，没有销售合同及发票的证据，不能证明涛盛公司实际销售价格就是网站上公示的价格。

对证据8的关联性有异议，常某某对破解正版软件的其他渠道不知情，涛盛公司所述与事实不符。

对证据9的证明目的有异议，百码云网站的域名虽然注册于2015年，但直至2019年年底才开始使用。

对证据10的关联性有异议，证明目的有异议，常某某注销百码公司是因为该公司一直未运营，在涛盛公司起诉之前就已经在办理该公司的注销手续，该注销行为合法正当，与该案无关。

对证据11的证明目的有异议，该订单没有销售合同及发票，不能证明系涉案软件的真实销售价格，不具有可参考性。

对证据 12~14 的证明目的有异议，涛盛公司要求高额赔偿，进而导致其律师费极高，此项额外支出，应由涛盛公司自行负担。

对证据 15 的证明目的有异议，常某某在接到被诉通知后即删除涉案文章及链接，并关停网站，该证据来自第三方网站，与常某某无关。

对证据 16 的真实性有异议，证明目的有异议，该证据均系涛盛公司起诉常某某之后签订，内容也与该案无关，且没有支付凭证和发票，不能证明合同已经实际履行。

二审法院认证意见为：常某某对上述证据 1~5、8~15 的真实性予以确认，对证据 6、7 未能提供相反证据，故二审法院对上述证据的形式真实性予以确认，对其证明力结合该案案情综合作出认定；证据 16 系复印件且涉及案外人，二审法院对其真实性及证明力不予确认。

涛盛公司提交的其他证据及常某某提交的证据在一审均已提交，二审法院结合该案案情综合作出认定。

# 三、二审查明事实

一审查明的事实基本属实，二审法院予以确认。

二审法院另查明，一审法院于 2021 年 1 月 26 日开庭合并审理了（2021）豫 01 知民初 4 号、5 号、6 号案件，涛盛公司庭审辩论终结前未增加要求惩罚性赔偿的诉讼请求。一审庭审笔录记载：合议庭告知双方调解工作庭后另行组织，如调解不成，合议庭将在随后补充质证结束后，对该案充分评议后并择期宣判。双方当事人对此未提异议。该次庭审结束后，一审法院又分别于 2021 年 2 月 3 日、2021 年 4 月 20 日、2021 年 5 月 18 日进行了 3 次补充证据质证，涛盛公司在最后一次补充质证过程中主张增加惩罚性赔偿 50 万元。

另查明，涉案禾匠商城软件不能单独运行，需在涛盛公司开发的微擎软件基础上运行，常某某称其购买涉案软件时卖家提供的链接允许其免费下载微擎软件。涛盛公司称使用其禾匠商城软件的用户一般都有其微擎平台账号，涛盛公司是将禾匠商城软件提供给其微擎平台用户使用，涛盛公司会告知想使用禾匠商城软件的用户两套软件需要一并销售。

涛盛公司以常某某侵害其微擎软件著作权为由向一审法院提起诉讼，一审法院就该案作出（2021）豫01知民初5号民事判决书。该案中，涛盛公司提交的公证书显示常某某网站微擎软件下载量为112。

# 四、二审焦点及判决

二审法院认为，根据二审期间双方当事人的诉辩意见以及查明的事实，该案的争议焦点是：（1）一审法院确定的赔偿数额是否适当；（2）涛盛公司主张的惩罚性赔偿能否得到支持以及一审法院是否遗漏涛盛公司的诉讼请求。

关于焦点一，二审法院认为，《著作权法》（2010年修正）第49条规定："侵犯著作权或者与著作权有关的权利的，侵权人应当按照权利人的实际损失给予赔偿；实际损失难以计算的，可以按照侵权人的违法所得给予赔偿。赔偿数额还应当包括权利人为制止侵权行为所支付的合理开支。权利人的实际损失或者侵权人的违法所得不能确定的，由人民法院根据侵权行为的情节，判决给予五十万元以下的赔偿。"同时，《关于审理著作权民事纠纷案件适用法律若干问题的解释》（2020年修正）（以下简称《著作权法司法解释》）第24条规定："权利人的实际损失，可以根据权利人因侵权所造成复制品发行减少量或者侵权复制品销售量与权利人发行该复制品单位利润乘积计算。发行减少量难以确定的，按照侵权复制品市场销售量确定"；第25条第2款规定："人民法院在确定赔偿数额时，应当考虑作品类型、合理使用费、侵权行为性质、后果等情节综合确定。"

该案中，常某某在没有获得合法授权的情况下，以明显低价购买涉案软件复制后在其网站销售获利，侵权的主观故意明显，因此给涛盛公司造成的损失，常某某理应承担赔偿责任。

关于赔偿数额，涛盛公司主张其实际损失应根据《著作权法司法解释》第 24 条的规定，按侵权复制品市场销售量与权利人发行该复制品单位利润乘积计算，具体为：按常某某侵权软件的销售数量 785 套作为确认涛盛公司损失的下限数量，以浙江禾匠信息科技有限公司的官网和微擎平台对禾匠商城软标价确认单价，并根据其提交的微擎软件的利润率、具有相近业务的上市公司利润率以及 2018 年软件行业的平均利润率作为参考，确定其损失数额。

对此，二审法院认为，首先，涉案网站上虽然显示被诉侵权软件销售数量为 785 套，但该软件不能单独使用，必须在微擎软件基础上使用，而涛盛公司另案中提交的证据显示该网站的微擎软件下载量为 112，二者相差较大；其次，涛盛公司主张的软件销售价格仅是其官网标明的价格，而非其实际销售价格，涛盛公司也未提交相关合同、付款记录等证据证明软件的实际售价，且软件的售价中通常还包含安装、培训、咨询、维护、升级等技术服务的价格，故涛盛公司主张以其提交的软件售价计算损失依据不足；最后，涛盛公司未能证明发行该涉案软件复制品的单位利润，其提交的微擎平台及相关软件行业的利润率也不能反映单独发行涉案软件的利润，且涛盛公司主张涉案软件需在微擎软件的基础上运行，购买其涉案软件的用户都系其微擎平台用户，但其未能证明其微擎平台用户数量及微擎平台的利润率因常某某销售被诉侵权软件的行为而减少。

因此，涛盛公司的实际损失情况无法确定。在此情况下，一审法院根据涉案网站显示的销售数量、常某某的实际获利情况、涉案软件的使用范围、常某某侵权的主观故意及侵权持续时间等并考虑到涛盛公司的合理支出等因素，酌情确定常某某赔偿涛盛公司 15 万元经济损失及合理支出并无不当，涛盛公司关于赔偿数额过低的上诉理由不能成立。

对于常某某称该赔偿数额过高的理由，二审法院认为，常某某的支付宝流水账户显示了自 2019 年 3 月 16 日的入账金额，其网站上也显示了销售数量及金额，上述金额虽均不能完全确定系被诉侵权软件的实际销售收入，亦可作为确定赔偿数额的重要参考因素，常某某主张的 5888 元销售额与上述金额均有较大差距，其称应以该数额为据确定赔偿数额的理由不能成立；另外如前所述，常某某具有侵权的主观故意，其称不具有主观故意的理由亦不能得到支持。因此，常某某关于一审确定的赔偿数额过高的上诉理由不能成立。

对于涛盛公司另要求合理费用的主张，二审法院认为，一审法院在确定赔偿数额时，已将涛盛公司一审主张的合理费用作为确定赔偿数额的考量因素之一，涛盛公司二审中另行委托代理人支出的代理费用系其在一审主张的合理支出外自愿支付的费用，超出其一审诉讼请求的范围，二审法院对此不予支持。

关于焦点二，首先，《民法典》第1185条规定，故意侵害他人知识产权，情节严重的，被侵权人有权请求相应的惩罚性赔偿。惩罚性赔偿是侵权损害赔偿的一种特殊形式，对其适用应当进行一定限制，以防止该制度的滥用。适用惩罚性赔偿应当满足侵权人"故意"和"情节严重"的要件，其中对于"情节严重"的认定，应当主要考虑是否存在以下情节：侵权时间长、规模大、范围广；多次侵权或经行政处罚或法院判决后再次侵权等重复侵权；以侵权为业；对权利人产生了巨大的损害与消极影响；权利人损失巨大，包括因侵权行为导致权利人知识产权价值大幅降低、权利人商誉受损等情形；侵权人侵权获利巨大等。而该案中，常某某虽具有侵权的主观故意，但现有证据并不能证明其具有上述情形，其侵权情节尚不能达到适用惩罚性赔偿的严重程度，故涛盛公司主张的惩罚性赔偿不能得到支持。

其次，关于一审程序问题，《最高人民法院关于适用〈中华人民共和国民事诉讼法〉的解释》（2020年修正）第232条规定，在案件受理后，法庭辩论结束前，原告增加诉讼请求，被告提出反诉，第三人提出与本案有关的诉讼请求，可以合并审理的，人民法院应当合并审理。根据前述规定，原告增加诉讼请求应在一审法庭辩论结束前提出，但是该案中，涛盛公司未在一审法庭辩论结束前提出惩罚性赔偿的诉讼请求，而是在一审庭审结束后最后一次对补充证据质证中提出，虽然一审法院对此未予回应程序上存在瑕疵，但如前所述，涛盛公司主张的惩罚性赔偿并不能成立，故一审法院的处理并未影响该案的实体审理结果。

二审判决：

综上所述，涛盛公司和常某某的上诉请求均不能成立，应予驳回；一审判决结果适当，二审法院予以维持。依照《民事诉讼法》（2021 年修正）第 177 条第 1 款第（一）项之规定，判决如下：

驳回上诉，维持原判。

二审案件受理费 20 250 元，由涛盛公司负担 16 950 元，常某某负担 3300 元。

# 五、案例评析

本案中，常某某未经涛盛公司授权许可，擅自将涛盛公司享有计算机软件著作权的"禾匠榜店商城系统 V4.0.0"的软件进行复制销售，其行为侵犯涛盛公司著作权，涛盛公司要求常某某立即停止侵害计算机软件著作权的诉请应予支持。

首先，就是否应当适用惩罚性赔偿的问题，《民法典》第 1185 条规定，故意侵害他人知识产权，情节严重的，被侵权人有权请求相应的惩罚性赔偿。惩罚性赔偿是侵权损害赔偿的一种特殊形式，对其适用应当进行一定限制，以防止该制度的滥用。以此条法律为标准可知，适用惩罚性赔偿应当满足侵权人"故意"和"情节严重"的要件。

在对主观故意的判断上，法院根据侵权人的客观行为，了解到侵权人是在没有获得合法授权的情况下，以明显低价购买涉案软件复制后在其网站销售获利，其对自身行为的违法性不了解的说法并不能成立，因此可以认定为侵权的主观故意明显。

对于"情节严重"的认定，采取了《最高人民法院关于审理侵害知识产权民事案件适用惩罚性赔偿的解释》，在此基础上又对"权利人损失巨大"这一情形进行了细化，认为"因侵权行为导致权利人知识产权价值大幅降低、权利人商誉受损等情形"，对类似的案件裁决可以起到参考作用。

应当主要考虑是否存在以下情节：侵权时间长、规模大、范围广；多次侵权或经行政处罚或法院判决后再次侵权等重复侵权；以侵权为业；对权利人产生了巨大的损害与消极影响；权利人损失巨大，包括因侵权行为导致权利人知识产权价值大幅降低、权利人商誉受损等情形；侵权人侵权获利巨大等。而该案中，常某某虽具有侵权的主观故意，但现有证据并不能证明其具有上述情形，其侵权情节尚不能达到适用惩罚性赔偿的严重程度，故涛盛公司主张的惩罚性赔偿不能得到支持。

其次，关于赔偿数额的确定。法院认为一审法院的主张并无不当。

二审法院认为，该案中，常某某在没有获得合法授权的情况下，以明显低价购买涉案软件复制后在其网站销售获利，侵权的主观故意明显，因此给涛盛公司造成的损失，常某某理应承担赔偿责任。

关于赔偿数额，《著作权法》（2010年修正）第49条规定："侵犯著作权或者与著作权有关的权利的，侵权人应当按照权利人的实际损失给予赔偿；实际损失难以计算的，可以按照侵权人的违法所得给予赔偿。赔偿数额还应当包括权利人为制止侵权行为所支付的合理开支。权利人的实际损失或者侵权人的违法所得不能确定的，由人民法院根据侵权行为的情节，判决给予五十万元以下的赔偿。"二审法院认为，首先，涉案网站上虽然显示被诉侵权软件销售数量为785套，但该软件不能单独使用，必须在微擎软件基础上使用。其次，涛盛公司主张的软件销售价格仅是其官网标明的价格，而非其实际销售价格，且软件的售价中通常还包含安装、培训、咨询、维护、升级等技术服务的价格，故涛盛公司主张以其提交的软件售价计算损失依据不足。最后，涛盛公司未能证明发行该涉案软件复制品的单位利润，其提交的微擎平台及相关软件行业的利润率也不能反映单独发行涉案软件的利润，且涛盛公司主张涉案软件需在微擎软件的基础上运行，购买其涉案软件的用户都系其微擎平台用户，但其未能证明其微擎平台用户数量及微擎平台的利润率因常某某销售被诉侵权软件的行为而减少。因此，涛盛公司的实际损失情况无法确定。

该案中，涛盛公司、常某某软件销售价格均存在较大波动区间，鉴于现有证据无法证明涛盛公司的实际损失，也无法证明常某某的违法所得，由于权利人的实际损失无法确定，因此法院只能综合考虑涉案网站显示的销售数量、侵权人实际获利情况、涉案软件使用范围、侵权人侵权的主观故意及侵权持续时间等并考虑到权利人的合理支出等因素，酌情确定赔偿数额。综合涛盛公司软件销售价格、被诉侵权软件的销售价格、涛盛公司软件使用范围、常某某侵权的主观恶性、涛盛公司为维权支出的费用、涛盛公司在一审法院起诉的关联案件中主张合理费用均是基于同一公证取证行为等因素，酌定常某某需赔偿的经济损失及维权合理费共计 15 万元。这样的裁决方式实质上是考虑到侵权人的主观恶意、侵权情节严重程度最终作出的法定赔偿，其数额的确定仍掺杂法官的主观因素。并且可以看到，考虑到侵权人主观故意之后确定的赔偿数额实际上带有着一定的惩罚性色彩，只是以法定赔偿的方式展现出来。对于仅存在侵权故意但没有情节严重程度显示的案件是否应当适当提高赔偿数额仍需探讨。

# 第六章 实用新型专利权侵权纠纷

## 深圳市远洋翔瑞机械有限公司、东莞市宝华数控科技有限公司与安徽智诚光学科技有限公司侵害实用新型专利权纠纷案*

## 一、一审法院认定事实

涉案实用新型专利的名称为"雕铣雕刻机自动上下料装置"、专利号为 ZL201120482733.5，申请日为 2011 年 11 月 29 日，授权公告日为 2012 年 8 月 1 日，该专利现有效。专利授权时，专利权人是东莞市宝华数控科技有限公司（以下简称"宝华公司"）。2017 年 1 月 10 日，专利权人变更为李某某。2017 年 1 月 5 日，李某某与宝华公司签订《专利实施许可使用合同》，将涉案专利许可宝华公司独占实施，期限自 2017 年 1 月 5 日起至 2021 年 11 月 28 日止；许可费按机器上的雕铣雕刻机自动上下料装置使用个数计算，每个 1 万元。该许可合同于 2017 年 1 月 22 日在国家知识产权局备案。

涉案专利权利要求 1 的内容为："一种雕铣雕刻机自动上下料装置，其特征在于：其包括上下机构、翻转机构、上料框、下料框、雕铣台和移动工作台，所述上料框和下料框并排在移动工作台的前端，所述雕铣台对应上料框和下料框之间的后方位置设置在移动工作台上，所述上下机构设置

---

* 裁判文书号：最高人民法院（2020）最高法知民终 1417 号民事判决书。

在机头座上，所述翻转机构设置在上下机构上，并受该上下机构驱动而相应向上或向下运动。"专利说明书记载了唯一实施例，其中［0016］节记载：所述上下机构包括一固定座、一上下气缸、一导向支架和一固定块，所述导向支架竖直设置在所述固定座上，所述固定块固定在导向支架的下端，所述上下气缸的缸体固定在所述固定座上，该上下气缸的活塞杆连接在所述固定块上。［0017］节记载：所述导向支架包括一固定架、一导轴及一设有与该导轴相适配的滑槽的滑块，该滑块固定在所述固定架上，所述导轴的上端插入所述滑块的滑槽中，下端固定在所述固定块的中部。［0018］节记载：所述翻转机构包括一翻转块、一旋转气缸及多个吸盘，这些吸盘固定在所述翻转块的前端面，该翻转块的尾部通过一销轴滑动设置在固定座上，所述旋转气缸对应所述翻转块的位置设置在固定座上，并能驱动该翻转块以所述销轴的轴线旋转。

2016 年 12 月 9 日，应宝华公司的申请，广东省深圳市深圳公证处公证人员对深圳市福田区福华三路深圳会展中心 3 展馆的深圳市远洋翔瑞机械有限公司（以下简称"远洋公司"）展位进行证据保全，取得展位照片、视频，从展位取得名片，照片显示，展台上的机器型号为"RYG860IV_ALP"，公证处出具（2016）深证字第 179805 号公证书。

（2017）皖 01 民初 402 号案（以下简称"402 号案"）审理中，一审法院于 2018 年 3 月 9 日对被诉侵权产品进行现场勘验，拍摄了一组照片和两段视频，显示安徽智诚光学科技有限公司（以下简称"智诚公司"）内有多台被诉侵权产品，型号为 RYG580D_ALP。智诚公司当场提供一份精雕机采购协议设备采购合同，主张厂区内的被诉侵权产品由安徽智胜光学科技有限公司（以下简称"智胜公司"）采购于远洋公司，交由智诚公司使用，具有合法来源。2017 年 12 月 6 日签订的合同约定智胜公司向远洋公司购买 RYG580D_ALP 型精雕机 200 台，单价 147 000 元，总价款 2940 万元。三方当事人均认可采购合同的真实性。

2019 年 7 月 12 日，远洋公司提交录像视频，用于证明被诉侵权产品的结构，并由此为基础提出被诉侵权技术方案与涉案专利的比对意见。宝华公司认可上述视频的真实性，申请作为己方证据提交，并认为视频中产品的结构落入涉案专利权的保护范围。

2019 年 9 月 27 日，一审法院组织当事人前往智诚公司进行勘验。该公司与智胜公司使用同一厂区，无明显区分。一审法院查明，厂区有两种型号精雕机：RCG580D 型 399 台，RYG580D_ALP 型 600 台。RCG580D 型号的 399 台均未安装自动上下料装置，RYG580D_ALP 型 600 台中的 200 台均安装了自动上下料装置（以下简称"第一类装置"，包含结构相同的机械手 2 只，由上下机构与翻转机构组成的可动部件），各方确认与远洋公司 2019 年 7 月 12 日提交视频中显示的自动上下料装置结构相同；该型号剩余 400 台精雕机的结构相同且均安装了 9 套伺服电机驱动器，其中有 30 台安装了不同于第一类装置的自动上下料装置（以下简称"第二类装置"）；剩余的 370 台未安装上下料装置。

一审法院在 30 台安装了第二类装置的 RYG580D_ALP 型精雕机中随机指定一台进行勘验，经勘验，该精雕机工作舱内靠近前门的位置，横向水平布置有导轨，机械手安装于导轨，可沿导轨左右移动。上料框、下料框分别位于工作舱的左右两侧，上、下料框的下方均设有凹槽，凹槽内安装一滤网。演示结果表明滤网取放费时费力，很不方便。宝华公司主张该 400 台 RYG580D_ALP 型精雕机本来应当安装第一类装置，因诉讼临时拆除，在其中 30 台上改装为第二类装置。远洋公司进行了反驳。宝华公司经观察后认为 9 套伺服电机驱动器也存在改装迹象，要求进一步查看。一审法院在该 400 台精雕机中随机选择一台，该机上安装有 9 套伺服电机驱动器，现场拆移了其中一套驱动器，露出后面的安装面板，安装面板上该套驱动器的上下安装孔附近，各有一个与安装孔类似的圆孔。

就一审法院现场勘验发现的 999 台精雕机，智诚公司主张采购于远洋公司（或与该公司相关）。600 台 RYG580D_ALP 型精雕机中安装了被诉侵权的第一类装置的 200 台，是根据前述 2017 年 12 月 6 日订立的第一份设备采购合同而采购，该合同约定智胜公司采购单价 147 000 元的精雕机计 200 台、单价 63 000 元的双平台多轴数控系统 V3.0 计 200 套。2018 年 1 月

25 日订立的第二份设备采购合同约定智胜公司采购该型精雕机 200 台，单价 147 000 元。2018 年 2 月 22 日订立的第三份设备采购合同约定智胜公司采购该型精雕机 200 台，单价 147 000 元。2018 年 3 月 26 日订立的第四份设备采购合同，约定智胜公司采购 RCG580D 型精雕机 399 台，单价 342 970 元。远洋公司认为第四份合同名为采购，实则是该公司对智胜公司原有的 399 台旧精雕机进行返修，并提交编号为 JSB0001、JSB0002 的两份设备出售协议及相应两张送货单佐证其主张。该两份协议约定，智诚公司向远洋公司销售 CNC 精雕机 114 台、单价 190 020 元，智胜公司向远洋公司销售 CNC 精雕机 285 台、单价 243 150 元。第一张智胜公司的送货单记载所送产品为 285 台 CNC 设备，日期为 2018 年 3 月 26 日，备注"返至远洋维修保养"；第二张智诚公司的送货单记载所送产品为 114 台 CNC 设备，日期为 2018 年 5 月 8 日，备注"返至远洋维修保养"。

2020 年 4 月 15 日，远洋公司向一审法院提交第一类装置中的机械手实物。智诚公司无异议，宝华公司表示不认可，但未指出与 2019 年 7 月 12 日视频中第一类装置上的机械手相比之间的任何差别。一审法院经审查将其用于认定被诉侵权的第一类装置上的机械手结构的依据。

2020 年 3 月 26 日、6 月 9 日，宝华公司两次向一审法院提交意见，主张：（1）远洋公司 2019 年 7 月 12 日提交的视频是该公司"自己的专利产品视频"，远洋公司并未将其产品视频作为证据提交。（2）宝华公司针对智诚公司的侵权事实是在智诚公司车间现场勘验期间发现的被诉侵权产品，而非远洋公司的专利产品。远洋公司提交的视频只能证明视频对应的产品是否构成侵权，不能证明被诉侵权产品是否构成侵权。（3）一审法院 2019 年 9 月 27 日组织现场勘验时，设备已经被改装和损毁。

2020 年 3 月 27 日，宝华公司针对智诚公司、智胜公司涉及被诉侵权设备数量主张："智诚公司自认侵权设备数量为 200 台，原告予以认可""智胜公司主张，智诚公司的 200 台侵权设备是由智胜公司购买并由智诚公司使用的。据此，智胜公司使用的侵权设备为 400 台。原告予以认可""智胜公司返修设备 399 台暂未主张赔偿金额""现场侵权设备中有 200 台属于智诚公司使用，其余侵权设备属于智胜公司使用"。

# 二、一审法院观点及判决

虽然 2020 年 3 月 26 日及以后，宝华公司多次表示未主张将 2019 年 7 月 12 日视频作为己方证据，认为该视频中的自动上下料装置与被诉侵权装置无关，但该主张与当日质证及举证过程表现出来的真实意思不相符，构成对已认可证据的反悔。远洋公司 2019 年 7 月 12 日提供视频时已知的被诉侵权产品仅是一审法院 2019 年 9 月 27 日现场勘验时确认安装有第一类装置的 200 台 RYG580D_ALP 型精雕机，故远洋公司提供视频的真实意思是针对安装上述 200 台精雕机，即（2019）皖 01 民初 628 号案（以下简称"628 号案"）进行举证。在现场勘验中，对于上述 200 台精雕机，各方一致认可与 2019 年 7 月 12 日视频中自动上下料装置的结构相同；并基于一致认可未对该批被诉侵权产品作详细拆解和比对，该视频已经对后续证据产生影响，不应准许宝华公司反悔。另外，至少在现场勘验两个多月之前，宝华公司已经知晓视频内容，勘验时虽然未作详细拆解，宝华公司依然有充裕时间接触、观察该 200 台被诉侵权产品，但宝华公司在勘验现场仅质疑另外 400 台精雕机存在改装可能性，对 628 号案涉及的上述 200 台精雕机未提出质疑。综上，宝华公司的反悔及质疑没有事实依据和合理理由，违反诚实信用原则，一审法院不准许并予谴责。根据宝华公司 2020 年 3 月 27 日就被诉侵权产品的数量问题发出的书面意见，本案中宝华公司指控智诚公司使用被诉侵权设备数量为 200 台，即 2017 年 12 月 6 日采购合同所涉的 200 台 RYG580D_ALP 型精雕机，均安装了第一类装置。综合全案证据，能够认定该 200 台精雕机上第一类装置的结构与 2019 年 7 月 12 日视频中自动上下料装置相同。该案应审查第一类装置是否落入涉案专利权保护范围，为此应依序解决以下两个问题：确定涉案专利权的保护范围；确定第一类装置是否落入涉案专利权保护范围。

首先需要确定权利要求 1 记载的上下机构、翻转机构是否构成功能性特征。依据《最高人民法院关于审理侵犯专利权纠纷案件应用法律若干问题的解释（二）》（2016 年制定，以下简称《司法解释二》）第 8 条的规定，上下机构和翻转机构属于功能性特征；移动工作台属于《司法解释二》第 8 条第 1 款的功能性特征除外情形。

经一审法院 2019 年 7 月 12 日组织比对，第一类装置与涉案专利权利要求 1 的技术方案均具备以下相同技术特征，当事人对此无异议：属于雕铣雕刻机自动上下料装置；包括上下机构、翻转机构、上料框、下料框、雕铣台和移动工作台；雕铣台对应上料框和下料框之间的后方位置设置在移动工作台；上下机构设置在机头座上；翻转机构设置在上下机构上；翻转机构受上下机构驱动而相应向上或向下运动。

就存在争议的技术特征，逐一分析如下：

（1）上下机构。对上下机构应当以说明书实施例作为确定其范围的依据，第一类装置与说明书唯一实施例中的上下机构的不同在于：被诉侵权产品具有固定座，导向支架包括两导轴、导轴固定在固定座上，固定块固定在滑块上。固定座无关于上下机构的上下功能，双方在部件的组成方面相同。就连接关系来看，上下气缸、导向支架、滑块均可视为设置在机头座上，两者的连接关系相同。被诉侵权产品的导向支架的滑块、导轴设置与专利相反且为两导轴，但不影响等同的认定。综合来看，第一类装置的上下机构特征与涉案专利构成等同。

（2）翻转机构。对翻转机构应当以说明书实施例作为确定其范围的依据，说明书唯一实施例与第一类装置的区别在于，涉案专利使用旋转气缸驱动翻转块旋转，第一类装置使用笔形气缸推拉翻转块实现旋转。后者作为一种在工业上广泛应用的四杆机构即摇块机构，与旋转气缸驱动执行件实现旋转，均属于本领域技术人员熟知的运动变换机构，用后者替换前者属于惯常手段的直接替换。两者作为技术手段的主要特点均是采用了气动元件，通过气压变化实现传动和控制，属于基本相同的手段。两者在功能和效果上也看不出差别，因此应当认定构成等同。

（3）移动工作台。涉案专利的移动工作台属于《司法解释二》第 8 条第 1 款的功能性特征除外情形。远洋公司强调第一类装置移动工作台的功能与涉案专利存在差别，其主张没有依据，涉案专利没有限定其移动工作台的功能。远洋公司主张的第一类装置移动工作台功能完全属于移动工作台通常具备的功能，且未提及任何结构上的特别之处，应当认定第一类装置具备涉案专利的移动工作台特征。

（4）上料框和下料框的布局。涉案专利描述上料框和下料框并排在移动工作台的前端，这里的"并排"不能理解为两者的前后严格平行，更多的是强调两者相对于雕铣台之间的关系，即两者共同排列在雕铣台的一边，相对雕铣台呈大体上的对称关系即可，因为权利要求中没有要求两者的前后严格平行，这样的要求也没有技术意义。第一类装置的上料框、下料框前后有所错位的布局，应认定具备涉案专利的该特征。

综上，第一类装置具备涉案专利权利要求 1 限定的全部技术特征或等同技术特征，应当认定落入涉案专利权的保护范围。

涉案 200 台精雕机由远洋公司生产、销售，精雕机上的第一类装置由远洋公司生产和装配，远洋公司构成对第一类装置的生产、销售和使用，上述行为侵害宝华公司涉案专利权，依法应承担赔偿损失、停止侵权的责任。关于赔偿损失金额，第一类装置是精雕机的组成部件，确定赔偿数额时，应当考虑该组件本身的价值及其在实现成品利润中的作用等因素；另应注意，第一类装置的结构存在远洋公司的技术改进，因改进而提升的价值不应计入赔偿额；再结合精雕机的售价，一审法院确定远洋公司就每台精雕机上的自动上下料装置承担赔偿额 5000 元，赔偿总额为 100 万元。智诚公司提交的第一份设备采购合同于 2017 年 12 月 6 日签订，晚于该案起诉时间，但宝华公司起诉时主张的侵权产品型号为 RCG500D，该案产品型号为 RYG580D_ALP，没有理由认为智诚公司明知或应知该案产品涉及侵权。智诚公司证明其产品具有合法来源且支付了合理对价，不承担赔偿责任并可不停止使用。

据此，一审法院依照《侵权责任法》第 15 条第 1 款第（一）项、第（六）项、第 2 款，《专利法》第 11 条第 1 款、第 59 条第 1 款、第 65 条、

第 70 条,《最高人民法院关于审理侵犯专利权纠纷案件应用法律若干问题的解释》第 16 条第 2 款,《最高人民法院关于审理专利纠纷案件适用法律问题的若干规定》(2015 年修正)第 20 条,《司法解释二》第 25 条,《民事诉讼法》第 64 条第 1 款的规定,判决:(1)远洋公司于判决生效之日起,停止在其生产、销售、许诺销售的精雕机上装配侵害宝华公司就 ZL201120482733.5 号实用新型专利所享权利的自动上下料装置;(2)远洋公司于判决生效之日起 10 日内,赔偿宝华公司经济损失 100 万元;(3)驳回宝华公司的其他诉讼请求。如未按判决指定的期间履行金钱给付义务,应当依照《民事诉讼法》第 253 条规定,加倍支付迟延履行期间的债务利息。一审案件受理费 38 800 元,由宝华公司负担 8800 元,远洋公司负担 28 000 元,智诚公司负担 2000 元。

# 三、二审中宝华公司提交的新证据

二审中,宝华公司向法院提交了以下新的证据:《购销合同》、许可使用费支付凭证和发票,用于证明涉案专利产品的销售和许可费的支付。远洋公司的质证意见为宝华公司在二审程序以前从未提供许可费的支付证据,李某某和宝华公司之间的交易并非正常的市场定价机制,不应以双方签订的合同约定的许可费作为赔偿数额的计算依据。

二审法院经审核认为,《购销合同》与宝华公司在一审时提交的《专利实施许可使用合同》约定的内容不能相互对应,只能证明宝华公司曾向案外人销售过数控雕刻机。许可使用费支付凭证和发票可以证明宝华公司向李某某支付了相关款项,李某某开具发票,但由于涉案专利由宝华公司转让给李某某后,李某某又将涉案专利独占许可给宝华公司使用,仅凭一次没有对应合同的开票行为不能证明双方履行了《专利实施许可使用合同》。

远洋公司、智诚公司二审中未向法院提交新的证据。

各方对一审法院查明的事实无异议,二审法院予以确认。

# 四、二审法院查明事实

宝华公司以侵害实用新型专利权为由，向一审法院提起402号案及（2017）皖01民初403号案（以下简称"403号案"），一审法院对两案进行了合并审理。一审法院就403号案作出（2017）皖01民初403号民事裁定，驳回宝华公司的起诉。宝华公司不服向安徽省高院提出上诉，安徽省高院于2018年10月22日裁定撤销一审判决，发回重审。一审法院对该案重新组成合议庭进行审理，即（2019）皖01民初373号案（以下简称"373号案"）。

402号案件审理中，一审法院根据宝华公司的申请于2017年8月8日作出（2017）皖01民初402号民事裁定，对智诚公司工厂车间内涉案生产设备等证据采取查封、拍照、制作笔录等方式进行保全。2018年2月27日，远洋公司开庭审理中提交宣传册、采购订单、发票、送货单等证明RCG500D产品没有装配机械手，不构成侵权。2018年3月9日，在一审法院的主持下，双方进行现场勘验。笔录显示，勘验时才确定被诉侵权产品型号为RYG580D_ALP，远洋公司当场指出并非宝华公司指控的型号，并表示技术比对不是很了解；智诚公司表示机器没有正式使用，需要调试。

2019年7月12日，一审法院对本案及373号案组织双方进行技术比对，远洋公司在技术比对中提交产品视频。笔录记载，宝华公司的代理人表示认可远洋公司提交的被诉侵权产品视频的真实性，申请作为补充证据提交，证明侵权事实成立。

2018年4月19日，一审法院就（2017）皖01民初253号案（以下简称"253号案"）作出（2017）皖01民初253号之一民事裁定，以违反"一事不再理"为由驳回宝华公司的起诉。宝华公司上诉后，安徽省高院于2018年10月29日作出（2018）皖民终587号民事裁定，撤销一审裁定，指令一审法院审理。发回重审后，由于宝华公司未缴纳诉讼费，一审法院于2019年7月19日作出（2019）皖01民初1231号民事裁定，按宝华公司撤回起诉处理。

# 五、二审焦点

二审法院认为：该案为侵害实用新型专利权纠纷。被诉侵权行为发生在2009年10月1日以后、2021年6月1日前，故该案应适用2008年修正的《专利法》。各方在二审期间的争议焦点为：被诉侵权产品是否落入涉案专利权利要求1的保护范围；如果构成侵权，远洋公司、智诚公司应承担何种侵权责任。

## （一）关于被诉侵权产品是否落入涉案专利权利要求1的保护范围

### 1. 关于被诉侵权技术方案的确定

在专利侵权诉讼中，涉及被诉侵权行为的证据往往由被诉侵权人掌握，专利权人无法轻易获取被诉侵权技术方案的具体内容。在符合法定条件时，申请人民法院进行证据保全可以有效弥补专利权人举证能力的不足。人民法院进行证据保全时，可以根据具体情况采取录像、勘验等方式。在符合证据保全目的的情况下，应当选择对证据持有人利益影响最小的保全措施。专利侵权诉讼中，对被诉侵权产品进行证据保全的主要目的是固定被诉侵权技术方案以便进行技术比对，对于是否落入专利权保护范围的问题，由于涉及技术比对，并不是单纯的事实问题而需要通过适用法律来确定，应允许当事人在勘验后就是否落入保护范围的问题发表意见。诉讼中，为了便于了解被诉侵权技术方案，当事人提供的原理图、视频等在对方确认与被诉侵权技术方案具有一致性的前提下，也可以用于进行技术比对。

一审法院于2018年3月进行现场勘验时取得包括现场环境在内的照片、视频，制作了勘验笔录。应根据上述证据保全中取得的证据确定被诉侵权技术方案。由于现场勘验时没有运行被诉侵权产品，而涉案专利权利要求1记载的"上下机构""翻转机构""移动工作台"含有以功能表述的词语，上述照片、视频只能反映被诉侵权产品中相应部件的结构关系，不能反映不同部件的功能，尚不足以反映完整的被诉侵权技术方案。远洋公司在技术比对中提交了产品视频便于一审法院理解被诉侵权技术方案，宝华公司确认了视频的真实性，应当认为宝华公司确认视频与被诉侵权技术方案具有一致性，故该视频也可以用于确定被诉侵权技术方案。宝华公司在此后多次向一审法院和二审法院提出不应采信该视频，其未认可视频与被诉侵权技术方案具有一致性，属于推翻之前自认的事实，在确有证据证实其主张的情况下，可以允许。但是，宝华公司仅陈述其主张，未指出视频与现场勘验的被诉侵权产品在结构上的具体区别。宝华公司在二审期间还提出勘验时远洋公司自认被诉侵权产品构成侵害涉案专利权，但是其上述主张在勘验笔录中并未记载，且二审法院已经在先分析指出，是否落入专利权保护范围需要通过适用法律来确定，并非单纯的事实问题，一般不适用民事诉讼法关于当事人自认的规定。综合考虑上述原因，二审法院认定一审法院勘验时取得的照片、视频以及远洋公司提交的产品视频均可以用于确定被诉侵权技术方案。

2. 关于涉案专利权利要求 1 的解释

双方围绕涉案专利权利要求 1 记载的"上下机构""翻转机构""移动工作台"是否为功能性特征存在争议。

《司法解释二》第 8 条第 1 款规定："功能性特征，是指对于结构、组分、步骤、条件或其之间的关系等，通过其在发明创造中所起的功能或者效果进行限定的技术特征，但本领域普通技术人员仅通过阅读权利要求即可直接、明确地确定实现上述功能或者效果的具体实施方式的除外。"依据上述规定，功能性特征是以技术特征实现或者达到的功能、效果，而不是以实现该功能、效果的具体技术手段来限定权利要求的保护范围。同时，并非以功能、效果限定的技术特征都是功能性特征，在认定争议技术特征是否属于功能性特征时，应站在本领域技术人员的角度，不仅考虑技术特征文字本身是否使用了功能、效果的表述，还需将该技术特征纳入权利要求限定的整体技术方案中进行理解，如果本领域普通技术人员仅通过阅读权利要求即可直接、明确地确定实现该功能或者效果的具体实施方式的，则该技术特征不属于功能性特征。

根据说明书的记载，涉案专利是对镜片磨削雕刻机的改进，提供一种结构设计合理、结构简单且能实现自动上下料、效率高的雕铣雕刻机自动上下料装置。权利要求1记载了上下机构、翻转机构、上料框、下料框、雕铣台和移动工作台等部件，通过上下机构、翻转机构与具有上料框、下料框和雕铣台的移动工作台之间的配合，实现自动上下料。虽然权利要求1没有记载上下机构、翻转机构、移动工作台等之间的作用关系，但本领域技术人员从解决技术问题出发并对涉案专利技术方案的整体考量后可以理解，通过权利要求1的记载结合自动化控制等现有技术手段可以解决涉案专利所提出的技术问题，权利要求1中所记载的技术特征的总和已构成完整的技术方案。并且，涉案专利说明书已经对"上下机构""翻转机构"和"移动工作台"的结构和功能作出了示例性说明，本领域技术人员能够理解除了涉案专利说明书记载的具体实施方式之外，还存在其他结构形式的"上下机构""翻转机构"和"移动工作台"，能够实现上下机构、翻转机构和移动工作台之间的配合，解决涉案专利需要解决的技术问题，实现涉案专利的发明目的。综上，本领域技术人员通过阅读权利要求1结合"上下机构""翻转机构"和"移动工作台"本身的含义以及权利要求1的整体技术方案，即可直接、明确地确定所述特征的具体实施方式，"上下机构""翻转机构"和"移动工作台"不属于功能性特征。远洋公司、智诚公司主张应以涉案专利说明书记载的具体实施方式及其等同实施方式解释涉案专利权利要求1不能成立，二审法院不予支持。

至于涉案专利缺少必要技术特征的问题，应当在无效程序中认定，相反，历次无效决定均认定涉案专利权利要求1并不缺少必要技术特征，因此远洋公司、智诚公司的主张不能成立，二审法院不予支持。

3. 关于被诉侵权技术方案与权利要求1的比对

根据一审法院现场勘验时对被诉侵权产品拍摄的照片、录像以及远洋公司提交的运行视频，被诉侵权产品采用伸缩气缸配合轴接的机械臂带动翻转块翻转，上下机构带动两套翻转机构分别进行上料和下料。关于"翻转机构"，被诉侵权产品通过伸缩气缸配合轴接的机械臂来带动翻转块实现翻转，这与通过旋转气缸带动翻转块进行翻转都属于机床领域实现翻转的常用手段，被诉侵权产品具备涉案专利权利要求1记载的翻转机构。关于"上下机构"，被诉侵权产品通过滑块在导轨上下滑动来带动翻转机构做上下运动，与涉案专利权利要求1记载的"上下机构"构成相同。至于被诉侵权产品中上下机构带动翻转机构分别进行上料和下料的问题，根据权利要求1的记载，上下机构驱动翻转机构做上下运动使翻转机构运动到上下料所需的位置，翻转机构自己做翻转运动使得翻转机构前端设置的取放料装置，如吸盘等可以旋转到适当角度进行取、放料。权利要求1对于上下机构、翻转机构之间配合方式的记载并没有排除由两套上下机构驱动两套翻转机构分别进行上料和下料这一技术方案，被诉侵权人据此主张被诉侵权产品不同于涉案专利权利要求1记载的技术方案，不能成立。关于上料框和下料框的设置，涉案专利权利要求1记载"并排在移动工作台的前端"是为了便于加工后片料的放置，并不要求两者严格平行布置。虽然被诉侵权产品的上料框和下料框略微错开设置，但两者的位置仍属于并排在移动工作台前端，与涉案专利的该技术特征构成相同。综上，远洋公司关于被诉侵权产品与涉案专利权利要求1存在区别的主张均不能成立，被诉侵权产品落入涉案专利权利要求1的保护范围。

## （二）关于远洋公司、智诚公司的责任承担

### 1. 关于赔偿数额的确定

一审法院考虑被诉侵权产品为精雕机的部件，结合精雕机整体的销售价格，确定每台精雕机的赔偿数额为5000元，并无明显不当，二审法院予以维持。至于宝华公司主张的惩罚性赔偿问题，由于被诉侵权行为发生在2020年《专利法》修正之前，宝华公司主张适用该次修正时增加的惩罚性赔偿条款缺乏依据。适用法定赔偿时，有证据证明被诉侵权人获利超过法定赔偿上限时，人民法院可以考虑侵权行为情节在法定赔偿上限认定判赔

金额，远洋公司认为赔偿数额过高的上诉主张也不能成立。

**2. 关于销毁库存的责任**

宝华公司认为远洋公可能存有被诉侵权产品和制造被诉侵权产品的专用设备等，但并未提供证据证明被诉侵权人存有被诉侵权产品、持有侵权专用模具，故一审法院对其请求判令销毁有关产品和模具的诉讼请求不予支持并无不当，二审法院予以维持。

**3. 关于智诚公司的责任**

依据《专利法》（2008年）第70条、《司法解释二》第25条规定，使用不知道是未经专利权人许可而制造并售出的专利侵权产品，能证明该产品合法来源并证明使用者已支付该产品的合理对价的，不承担赔偿责任；对于权利人请求停止使用行为的主张，人民法院不予支持。在案证据可以证明智诚公司使用的被诉侵权产品来源于远洋公司，智诚公司使用被诉侵权产品应承担何种责任主要取决于是否符合"不知道""已支付合理对价"两个条件。

"不知道"包括实际不知道且不应当知道所售产品为未经专利权人许可制造而售出的。"不知道"是指实际没有认识到是未经专利权人许可而制造并售出的产品，表明主观上为善意。"不应当知道"是指已经尽到合理注意义务，对于实际不知道的事实主观上没有过失。一般而言，如果使用者能够证明其遵从合法、正常的市场交易规则，取得产品的来源清晰、渠道合法、价格合理，则使用者已经尽到合理注意义务，可推定其主观上无过失。此时，应由专利权人提供相反证据。在此基础上，如果专利权人提供的证据能够证明使用者知道或应当知道所用产品是未经专利权人许可而制造并售出这一事实具有较高可能性的，则使用者应当进一步举证证明其对所用产品是否经专利权人许可而制造并售出尽到了合理注意义务。该案中，虽然宝华公司于2016年在深圳中院、2017年在一审法院起诉胜利精密公司，但是宝华公司在深圳中院针对胜利精密公司的起诉已撤回。2017年在一审法院起诉胜利精密公司的案件与该案起诉时间大致相同。关于该案，宝华公司在2017年提起诉讼时确定的产品型号为RCG500D，远洋公司在 402 号案的开庭审理中提供了宣传册、采购订单、发票、送货单等证明 RCG500D 产品没有装配机械手，不构成侵权。直至 402 号案件开庭审理后，一审法院于 2018 年 3 月 9 日组织现场勘验时才确定被诉侵权产品型号并非 RCG500D，而是 RYG580D_ALP，在这次现场勘验时远洋公司还当场指出并非宝华公司指控的型号。因此，即使智诚公司、智胜公司、胜利精密公司为关联公司，涉案被诉侵权产品的合同签订时间晚于该案起诉时间，结合上述事实也不能认定智诚公司知道被诉侵权产品系未经权利人许可而制造并售出的侵权产品。此外，在案证据显示远洋公司销售的被诉侵权产品包括数控系统在内销售单价为 21 万元，与宝华公司在二审时提交的 2018 年 7 月签订的《购销合同》所载价格 22.5 万元（包括控制系统）大致相当，应当认定对价合理。

# 六、二审判决

综上，宝华公司上诉主张智诚公司明知被诉侵权产品系未经专利权人许可而制造并售出仍然进行购买并使用，应与远洋公司承担连带责任不能成立，一审法院没有判令智诚公司停止侵权或承担赔偿责任，并无明显不当，二审法院予以维持。

综上所述，宝华公司、远洋公司的上诉请求不能成立，应予驳回；一审判决认定事实清楚，适用法律正确，应予维持。依照《专利法》第 70 条，《司法解释二》第 8 条、第 25 条，《民事诉讼法》第 170 条第 1 款第 1 项之规定，判决如下：

驳回上诉，维持原判。

二审案件受理费 44 600 元，深圳市远洋翔瑞机械有限公司负担 13 800 元，东莞市宝华数控科技有限公司负担 30 800 元；保全费 5000 元，由深圳市远洋翔瑞机械有限公司负担。

# 七、案例评析

尽管由于被诉侵权行为发生在 2020 年《专利法》修正之前，权利人主张适用修正时增加的惩罚性赔偿条款缺乏证据，但该案中的涉及专利侵权诉讼中的证据保全问题，值得惩罚性赔偿制度进行借鉴。在专利侵权诉讼中，涉及被诉侵权行为的证据往往由被诉侵权人掌握，专利权人无法轻易获取被诉侵权技术方案的具体内容。在符合法定条件时，申请人民法院进行证据保全可以有效弥补专利权人举证能力的不足。人民法院进行证据保全时，可以根据具体情况采取录像、勘验等方式。在符合证据保全目的的情况下，应当选择对证据持有人利益影响最小的保全措施。这样的保全措施可以在一定程度上减轻权利人的举证责任，从而提高权利人维护自身权益的积极性，防止侵权人通过拒绝提供证据，或者伪造、篡改证据阻挠案件的审判。故该案中二审法院认定一审法院勘验时取得的照片、视频以及远洋公司提交的产品视频均可以用于确定被诉侵权技术方案，通过比对涉案专利权利说明书要求 1 记载的"上下机构""翻转机构""移动工作台"与司法解释的规定得出：远洋公司关于被诉侵权产品与涉案专利权要求 1 存在区别的主张均不能成立，被诉侵权产品落入涉案专利权利要求 1 的保护范围。

# 第七章  发明专利权侵权纠纷

## 平衡体公司与永康一恋运动器材有限公司
## 侵害发明专利权纠纷案*

# 一、一审法院认定事实

涉案专利系专利号为 ZL201080030684.X、名称为"便携式多功能全身训练装置"的发明专利，授权公告日为 2015 年 7 月 8 日，专利权人为平衡体公司。

2017 年 11 月 11 日，平衡体公司委托代理人从位于浙江省永康市东城街道经济开发区科源路 1069 号的"浙江佰宁"场所公证购买了 3 个被诉侵权产品，共支付 4284 元，并取得一本宣传册，北京市信德公证处就此出具（2017）京信德内经证字第 01322 号公证书。被诉侵权产品附送光盘一张及使用说明册一份，产品及使用说明册上均有"MOTR"标识，宣传册及名片上印有"elina"标识，名片上还印有永康一恋运动器材有限公司（以下简称"永康一恋公司"）名称、"徐某某""Olga"字样，领（付）款凭证显示领款人是永康一恋公司并盖有该公司合同专用章印鉴。一审庭审中，永康一恋公司确认前述场所是其租赁的生产场地，前述领（付）款凭证由其开具。

2017 年 12 月 19 日，平衡体公司委托代理人在公证人员的监督下，使

---

* 裁判文书号：最高人民法院（2020）最高法知民终 403 号民事判决书。

用公证处提供的手机登录微信，通讯录显示手机联系人有"一恋普拉提
Kelly_李某某""一恋普拉提 Mr. Li""一恋普拉提 Olga 佩佩"；点击查看
"一恋普拉提 Olga 佩佩"的朋友圈，显示永康一恋公司自 2017 年 10 月
6 日开始展示并推广销售被诉侵权产品，还为消费者提供产品使用的教学
视频。推广销售内容包括："价限预售期内 50 个被诉侵权产品单价 1680
元/个，50 个之后的售价恢复为 2680 元/个；首批销售 1000 个，第二期预
售 500 个，九五折预售活动价 1596 元。"平衡体公司委托代理人还使用前
述手机登录微信，关注了"一恋普拉提器械"微信公众号，微信认证时间
为 2017 年 9 月 23 日，账号主体为永康一恋公司，经营范围是运动器材及
配件制造，被标注为外国法人独资企业。该公众号内展示并销售被诉侵权
产品，标价 1680 元。北京市信德公证处对相关页面截屏后出具（2017）京
信德内经证字第 01323 号公证书。

2018 年 3 月 15 日，平衡体公司委托代理人与北京市信德公证处公证人
员一同前往位于上海市浦东新区的上海世博展览馆进行证据收集，发现永
康一恋公司参加了 2018 年第五届中国（上海）国际健身、康体休闲展览
会，现场展示的运动器材中包括被诉侵权产品。平衡体公司委托代理人还
从永康一恋公司展位取得了该公司两名销售经理李某某、徐某某的名片及
宣传彩页，北京市信德公证处就此出具（2018）京信德内经证字第 00398
号公证书。

一审庭审中，当庭拆封（2017）京信德内经证字第 01322 号公证书所
附实物证据，公证封存的纸箱内有四张发票、一张光盘、一份说明书以及
一个被诉侵权产品。其中，光盘内容为被诉侵权产品的使用说明视频，画
面上有"MOTRTM"和"balancedbody 及图"标识。

针对平衡体公司主张的损失赔偿数额，一审法院查明：2011 年 7 月
13 日，平衡体公司曾向永康一恋公司的股东，即案外人 PitkPelotasS. L. U
（以下简称"PITK 公司"）发出侵权警告函，主张：平衡体公司作为世界
上最大的普拉提器材设备制造商，对普拉提健身设备拥有多项国际专利，
其中两项专利涉及锻炼或治疗身体所有肌肉的地面支撑平台的技术方案。

互联网上信息显示永康一恋公司是侵害上述专利权产品的制造商，且与 PITK 公司拥有相同的网站地址和唯一管理者；要求 PITK 公司及其国外执行公司，即永康一恋公司均须作出停止实施侵权行为的承诺。2011 年 7 月 22 日，PITK 公司回函称，其已决定停止销售平衡体公司"所担心的机器设备"，且将着手删除网站上的销售报价；同年 9 月 2 日，PITK 公司再次回函称，建议双方签订协议，其中 PITK 公司承诺不再销售侵害平衡体公司所主张上述两项欧洲专利权的设备，同时平衡体公司放弃任何原因的索赔。因永康一恋公司制造的产品由 PITK 公司负责在欧洲经销，永康一恋公司也愿意一起签署上述协议。2012 年 2 月 20 日，平衡体公司与 PITK 公司、永康一恋公司签订和解协议，内容涉及永康一恋公司制造的"铝合金重组训练床、铝合金半高架重组训练床和 Clinic 重组训练床"的技术方案，永康一恋公司承诺不再制造涉及平衡体公司所有工业产权的产品，平衡体公司为永康一恋公司清理库存留出一段时间，并就假定的再次侵权行为约定有赔偿额计算标准。代表永康一恋公司在上述和解协议上签字的为其时任法定代表人王某某。

永康一恋公司成立于 2007 年 5 月 15 日，企业类型为有限责任公司（外国法人独资），注册资本 10 万欧元，经营范围包括运动器材及配件制造，2016 年销售总额为 833.353953 万元。公司股东为 PITK 公司，公司法定代表人原为 Miguel Ruiz Esquiroz，2011 年 8 月 1 日变更为王某某，2014 年 7 月 9 日又变更为胡某某。

一审法院另查明，2018 年 9 月，案外人浙江扬美工贸有限公司、浙江应晓工贸有限公司因生产、销售标有"MOTR"标识的普拉提滚筒而被诉侵权〔（2018）沪 0115 民初 64563 号〕。该案诉讼过程中，浙江扬美工贸有限公司、浙江应晓工贸有限公司委托诉讼代理人应某某向平衡体公司委托诉讼代理人胡某提供了清单、送货单及出库单等材料。前述材料显示，用以组装普拉提滚筒所需的发泡、弹簧发条、塑料件等零部件进货价格合计为 675.30 元/件。

平衡体公司在该案中主张的合理费用包括律师费和公证费，共计

137 182.90 元，但仅就其中的律师费提供账单及付款凭证。

此外，平衡体公司在该案中提交的侵权证据，以及证明损害赔偿数额的证据均与其在（2018）沪民 0115 民初 53351 号民事案件（以下简称"53351 号案"）中提交的相应证据基本相同。在 53351 号案中，法院关于侵权产品的销售数量、单价以及生产成本的计算参数所作之推断，完全基于前述证据。

一审法院认为：根据已查明的事实，永康一恋公司租赁场地大量装配被诉侵权产品，并通过多种渠道销售、展示，还以制造商的名义对外销售、许诺销售，由此可以认定其实施了制造、销售、许诺销售被诉侵权产品的行为。经比对，被诉侵权产品落入了涉案专利权利要求 1、3、5~12、19 的保护范围。

在民事责任承担方面，永康一恋公司未经许可，制造、销售、许诺销售侵害涉案专利权的产品，构成专利侵权，应当承担停止侵权、赔偿损失的民事责任。

关于赔偿数额，一审法院认为，虽然已生效的 53351 号案判决系平衡体公司针对永康一恋公司提起的侵害商标权纠纷，但该案所涉侵权行为指向的侵权产品与本案被诉侵权产品相同，该案中计算判赔金额所依据的证据与本案的赔偿证据也相同，平衡体公司在本案中也未提交其他证据证明存在超过 53351 号案所涉侵权产品范围的其他侵权产品。在 53351 号案中，法院没有将永康一恋公司基于侵权产品的获利进行商标权、专利权或其他知识产权贡献度的区分，即永康一恋公司制造、销售、许诺销售的全部侵权产品的全部获利均已计算入赔偿数额。因此，无论是基于损失补偿原则还是惩罚性赔偿原则，平衡体公司基于同一产品所应获得的赔偿已在 53351 号案中得到满足，在本案中，平衡体公司基于相同事实和证据提出的赔偿诉请，不应再予支持。

关于合理费用，平衡体公司仅提交了律师费账单、付款凭证等证据，虽未提供律师合同、律师费发票、公证费发票等进一步证据，结合平衡体公司确有律师出庭，并提交了公证书作为证据，综合考虑专利技术事实查明的难度、案件审理情况、律师费收费标准、平衡体公司委托的律师在案中的实际工作量、参加庭审的往返和住宿支出等因素，酌情确定合理费用数额。

鉴于平衡体公司未提供证据证明制造侵权产品的专用模具和设备的名称和型号，以及所谓半成品及零部件的具体名称、是否构成专利侵权等事实，一审法院认为平衡体公司要求销毁专用模具和设备，以及半成品及零部件的相关诉讼请求不明确，且缺乏事实与法律依据，故不予支持。一审法院依照《侵权责任法》第15条第1款第（1）项和第（6）项、第2款，《专利法》第11条第1款、第59条第1款、第65条，《最高人民法院关于审理专利纠纷案件适用法律问题的若干规定》第17条，《最高人民法院关于审理侵犯专利权纠纷案件应用法律若干问题的解释》第7条，《最高人民法院关于审理侵犯专利权纠纷案件应用法律若干问题的解释（二）》第5条之规定，判决：（1）永康一恋公司停止侵害平衡体公司享有的涉案专利权；（2）永康一恋公司赔偿平衡体公司合理费用10万元；（3）驳回平衡体公司的其余诉讼请求。一审案件受理费13 800元，由平衡体公司负担6210元，永康一恋公司负担7590元。

# 二、二审中提交的证据

二审期间，为证明2018年1月至2019年5月，永康一恋公司仍在制造、销售被诉侵权产品，平衡体公司提交了北京市信德公证处出具的（2019）京信德内经证字第01385号公证书，该份公证书在一审诉讼过程中已提交。（2019）京信德内经证字第01385号公证书记载的主要内容为名称为"一恋普拉提 Mr. Li"的微信用户在2018年1月至2019年6月的朋友圈文字及图片。其中，2018年1月23日，"一恋普拉提 Mr. Li"的微信朋友圈发布有"马婧普拉提 MOTR 教练证书课程培训"的广告信息；2018年4月4日，"一恋普拉提 Mr. Li"的微信朋友圈发布有"motr 正在火热促销中"的信息，并附有锻炼视频；2018年5月12日，"一恋普拉提 Mr. Li"

的微信朋友圈发布有"motr 最近很火，6月份又有一次培训""滚轴 MOTR 塑身机导师培训"的广告信息。永康一恋公司对平衡体公司所提交该份公证书的真实性、合法性无异议，但认为在微信朋友圈发布广告信息只是该公司前员工的个人行为，不能代表公司，且仅为普拉提培训机构的广告，无法证明永康一恋公司仍在制造、销售被诉侵权产品。二审法院认证：对平衡体公司所提交上述公证书的真实性、合法性予以确认，且名称为"一恋普拉提 Mr. Li"的微信用户自 2017 年 10 月起就在朋友圈发布永康一恋公司产品的广告信息，其中发布的产品价格、预售数量也为永康一恋公司所认可，故永康一恋公司关于该员工 2017~2018 年以相同方式持续发布相同广告内容的行为在 2018 年就从公司行为变为其个人行为的主张，不能成立。然而，"一恋普拉提 Mr. Li" 2018 年在微信朋友圈所发布信息中，涉及"motr"字样的部分仅与普拉提培训课程相关，其中关于"订购""发货"等表述并未显示与被诉侵权产品相关。故对平衡体公司提交的上述公证书关于永康一恋公司在 2018 年 1~6 月仍在制造、销售被诉侵权产品的证明力，不予采信。

永康一恋公司未提交新的证据材料。

# 三、二审法院审查及判决

二审法院经审理查明：一审法院查明的事实基本属实，二审法院予以确认。

二审法院另查明：本案于 2018 年 7 月 4 日由一审法院立案，2019 年 8 月 23 日公开开庭进行了审理，并于 2019 年 12 月 16 日作出一审判决；平衡体公司在该案中请求参考永康一恋公司的侵权获利来酌情确定损失赔偿数额。53351 号案于 2018 年 7 月 16 日由上海市浦东新区人民法院立案，2019 年 3 月 22 日公开开庭进行审理，并于 2019 年 9 月 6 日作出判决。平衡体公司在本案中主张的侵权期间与其在 53351 号案中主张的侵权期间相同。平衡体公司在本案中就其索赔金额所提交的证据材料亦与其在 53351

号案中就相同索赔主张提交的证据材料相同。

二审法院认为：该案为侵害发明专利权纠纷，因被诉侵权行为发生在2009年10月1日后、2021年6月1日前，故应适用2008年修正的《专利法》和2015年修正的《最高人民法院关于审理专利纠纷案件适用法律问题的若干规定》。

根据平衡体公司的上诉主张和事实理由，该案二审争议的焦点问题是：在先生效判决已针对同一侵权产品判令永康一恋公司就其侵害注册商标专用权的行为赔偿经济损失300万元后，一审判决未再判令该公司就其专利侵权行为进行赔偿，是否适当。上述争议焦点问题可具体细分并从以下三个方面进行评述。

（1）关于2019年5月永康一恋公司是否仍实施有制造、销售被诉侵权产品的行为，以及该行为给平衡体公司造成的损失是否已被纳入53351号案损失赔偿额计算范畴的问题。

平衡体公司在二审过程中提交了（2019）京信德内经证字第01385号公证书，用以证明2019年5月永康一恋公司仍在实施制造、销售被诉侵权产品的行为。上述公证书记载了2018年1月至2019年10月，名称为"一恋普拉提Mr. Li"的微信用户在其朋友圈发布的文字、图片等广告信息。一审诉讼时，平衡体公司已明确其在该案中主张永康一恋公司侵权的时间范围为2017年10月至2018年6月，故一审法院未对2019年5月是否仍存在侵权行为的事实及证据进行审查认定，亦未将平衡体公司主张的2019年5月侵权行为造成的损失纳入损害赔偿范围，并无不妥。

（2）关于就平衡体公司所主张侵权期间而言，一审判决确定的赔偿数额是否存在漏判的问题。

从一审判决查明的事实来看，永康一恋公司在2017年10~11月通过微信销售被诉侵权产品的数额为1500件。除此以外，针对永康一恋公司在2017年12月至2018年6月是否仍实施有制造、销售被诉侵权产品的行为，以及该行为给平衡体公司造成的经济损失情况，平衡体公司并未举出证据予以证明。平衡体公司提交的前述公证书仅显示永康一恋公司在2018年3

月参加的展会上展出了被诉侵权产品，以及普拉提培训课程的宣传广告中提及普拉提课程需要使用被诉侵权产品。从公证书记载的上述内容并不能得出永康一恋公司在 2017 年 12 月至 2018 年 6 月制造、销售被诉侵权产品的事实。因此，一审法院根据已查明的永康一恋公司在 2017 年 10 月至 2018 年 6 月销售被诉侵权产品的数量确定赔偿数额，具有事实依据，不存在遗漏。

（3）关于一审法院不再判令永康一恋公司赔偿经济损失是否恰当的问题。

《专利法》第 65 条规定，侵犯专利权的赔偿数额按照权利人因被诉侵权所受到的实际损失确定；实际损失难以确定的，可以按照侵权人因侵权所获得的利益确定。该案中，平衡体公司请求以估算永康一恋公司制造、销售被诉侵权产品所获利益的方法来确定平衡体公司的经济损失。考虑到提起该案及 53351 号案两起诉讼、寻求经济损失赔偿救济的权利主体皆为平衡体公司，侵权主体均为永康一恋公司，侵害涉案专利权与侵害注册商标专用权的行为内容虽然不同，但平衡体公司在两案中主张的被诉侵权产品重叠，主张的永康一恋公司侵权期间重合，被诉侵权产品的销售单价、数量亦相同，故永康一恋公司制造、销售同一批被诉侵权产品仅能获得一次非法利益，不应在两案中分别据此确定平衡体公司的损失，避免出现重复计算经济损失的状况。同时，审理 53351 号案的人民法院已对永康一恋公司制造、销售被诉侵权产品的行为予以了惩罚性赔偿，且惩罚性赔偿的计算基数已包括永康一恋公司因其商标和专利侵权行为所获得非法收益的总额。此种情况下，不应再基于相同的考量因素对永康一恋公司的制造、销售行为作二次评价。因此，一审法院在估算永康一恋公司的侵权获利时，将平衡体公司针对同一被诉侵权产品另案提起有侵害注册商标专用权之诉讼且已获得赔偿的情况纳入考量范围，公平合理，并无不妥。

综上所述，平衡体公司的上诉主张不能成立，应予驳回；一审判决认定事实清楚，适用法律正确，应予维持。依照《民事诉讼法》第 170 条第 1 款第 1 项之规定，判决如下：驳回上诉，维持原判；二审案件受理费

12 800 元，由平衡体公司负担。

# 四、案例评析

该案的主要争议焦点是永康一恋运动器材有限公司被判处应当支付的惩罚性赔偿数额是否合理，权利人对该案中法院所判定的惩罚性赔偿基数存在疑义，并且认为应当以权利人实际损失而非侵权人侵权获益作为惩罚性赔偿的基数。该案中，法院认为，根据《专利法》第65条之规定，侵犯专利权的赔偿数额按照权利人因被诉侵权所受到的实际损失确定；实际损失难以确定的，可以按照侵权人因侵权所获得的利益确定。当平衡体公司难以提供可信度高的证据证明自身因侵权行为所受损失时，适用侵权人侵权获益并无不可。但基于惩罚性赔偿制度的特殊性，被判处适用惩罚性赔偿的侵权人将面临经济上的巨大损失，我们不能排除侵权人为了降低自身损失选择提供虚假的公司账目以降低作为惩罚性赔偿基数的侵权获益的数额。因此，司法实践面对侵权人提供的证据应当保持高度的警惕。同时，由于惩罚性赔偿巨大的破坏性，司法在适用时采取十分审慎的态度。该案中，在平衡体公司无法证明永康一恋公司在 2017 年 12 月至 2018 年 6 月期间是否仍实施有制造、销售被诉侵权产品的行为，以及该行为给平衡体公司造成的经济损失情况的情况下，法院驳回了原告的诉讼请求。此外，该案的一大亮点还在于针对权利人就同一侵权人实施的客体存在重叠的侵权行为提起了两次诉讼并分别立案。因此，最高人民法院为了防止对侵权人利益的过度损害，在原告主张的被诉侵权产品重叠、侵权期间、侵权产品单价、销售数量也存在重叠的情况下，判决只适用一次惩罚性赔偿。

# 第八章 植物新品种权侵权纠纷

## 江苏亲耕田农业产业发展有限公司与江苏省金地种业科技有限公司侵害植物新品种权纠纷一案*

## 一、一审法院认定事实

### （一）金地公司主张的植物新品种权

2014 年 12 月 12 日，天津市水稻研究所提出"金粳818"水稻植物新品种权申请，2018 年 11 月 8 日获得授权，品种权号为 CNA20141476.3，品种权人为天津市水稻研究所。2015 年 1 月 19 日，农业部国家农作物品种审定委员会就该品种作出的审定证书（审定编号：国审稻 2014046）记载的审定意见为："该品种符合国家稻品种审定标准，通过审定。适宜河南沿黄、山东南部、江苏淮北、安徽沿淮及淮北地区种植。"

2017 年 10 月 1 日，天津市水稻研究所出具的《授权书》记载，"授权人天津市水稻研究所系'金粳818'权利人（审定编号：国审稻 2014046），品种权申请号：20141476.3，现依法授权江苏省金地种业科技有限公司独占实施'金粳818'，授权范围包括但不限于：一、江苏省金地种业科技有限公司以商业目的独占实施生产和销售'金粳818'该授权品种的繁殖材料。二、江苏省金地种业科技有限公司以自己名义对未经许可，为商业目的生产或者销售该授权品种的繁殖材料的单位和个人提起民事诉

---

* 裁判文书号：最高人民法院（2021）最高法知民终 816 号民事判决书。

讼……"。2019 年 9 月 12 日，天津市水稻研究所出具的《授权书》记载，"授权人天津市水稻研究所系'金粳 818'品种权人（品种权号 CNA20141476.3），现依法授权江苏省金地种业科技有限公司对'金粳 818'拥有独占实施许可权，授权范围包括但不限于：自行生产经营、以自己名义独立进行维权、诉讼、获得赔偿的权利等等。授权期限：自'金粳 818'植物新品种权申请之日起至'金粳 818'植物新品种权保护期终止之日止"。

### （二）亲耕田公司及其被诉侵权行为

江苏亲耕田农业发展有限公司（以下简称"亲耕田公司"）成立于 2013 年 4 月 27 日，类型为有限责任公司，经营范围包括农业项目开发，农业技术开发和技术转让，农业观光旅游，果蔬采摘，企业营销策划，企业管理咨询服务，人力资源管理服务，人才信息咨询服务，商务咨询，财务咨询，文化教育信息咨询，健康保健咨询，会务服务，展览展示服务，货运代理服务，物流仓储（危险品除外），绿化养护，病虫害统防统治，植保技术开发，农机收割，耕种服务，农副产品、农机具、不再分装的包装种子、农药、肥料销售，自营和代理各类商品和技术进出口业务（但国家限定公司经营或禁止进出口的商品和技术除外）。

2019 年 5 月 26 日，江苏省南京市石城公证处（以下简称"石城公证处"）指派公证员陈某、公证员助理周某英，陪同江苏舜点律师事务所代理人宋某某委托的一名农民，于 12 时 6 分左右来到江苏省宿迁市宿豫区农业大市场，门头有"宿迁供销亲耕田电子商务中心　宿迁市亲耕田农业专业合作社　宿迁市农民专业合作社联合会　金丰公社农业服务有限公司"等字样的店铺。随后，上述人员一起进入该店铺，受托农民与店铺工作人员对签署加盟协议及购买种子事宜进行沟通：受托农民询问"金粳 818"价格是否为 2 元；店铺工作人员表示确认，并询问何时需要；受托农民表示过几天。随后，受托农民以"王涛"的名义签署了《亲耕田联合农场加盟协议》一式两份，并以 10 元/亩/季向店铺工作人员交付 470 亩地的加盟服务费 4700 元，现场取得《亲耕田联合农场加盟协议》1 份，收据 1 张。12 时 51 分左右，上述人员离开店铺，公证人员使用该处手机对店铺外观门头、《亲耕田联合农场加盟协议》、收据进行拍照，共拍得照片 5 张。2019 年 6 月 13 日，石城公证处就上述公证事项出具（2019）宁石证经内字第 2651 号公证书。亲耕田公司认可该公证书记载的店铺由亲耕田公司经营。

上述公证书所附《亲耕田联合农场加盟协议》记载，协议签订时间为 2019 年 5 月 26 日，甲方为亲耕田公司、乙方为"王涛"，甲方打造农业产业链综合服务平台，包括农资集采、基地服务（耕、种、收、打药、施肥、无人机植保等）、信用支持（农业保险、农业贷款）、订单农业、粮食银行等种植一站式服务，目前服务 200 多万亩耕地，辐射苏、鲁、豫、皖四省 4600 多名大户，年交易超过 2 亿元，为降低生产成本，增加经济收益，乙方加盟亲耕田联合农场享受农资集采零差价；协议主要约定，甲方相当于是乙方的农资采购部，甲方全球采购优质价廉的农资投入品，并按照集采价（出厂价）供应给乙方，甲方承诺为乙方节省农资投入品 30～50 元/亩/年；乙方实际耕地面积 470 亩加盟亲耕田联合农场，并享受农资零差价集采服务，并承担 10 元/亩/季服务费用（年服务费用 20 元/亩），合计费用 4700 元；合同有效期一年（2019 年 5 月 26 日至 2019 年 11 月 15 日）❶，足额缴纳服务费用之日起生效，次年提前一个月足额交款者，该协议继续有效。协议签订当日，"王涛"向亲耕田公司支付加盟服务费（一季）4700 元，亲耕田公司向"王涛"出具收据 1 张（No.3529195）。江苏省金地种业科技有限公司（以下简称"金地公司"）陈述，该"王涛"系金地公司化名的调查人员。

2019 年 6 月 2 日，石城公证处指派公证员陈某、公证员助理周某英，陪同江苏舜点律师事务所代理人宋某某委托的一名农民，来到江苏省宿迁市沭阳县农户仓库处。12 时 56 分左右，一辆装载有种子的货车来到此处，

---

❶ 原裁判文书如此记载。

受托农民与送货人员沟通，部分沟通内容为：受托农民询问送货人员所送货物是否为白皮袋包装的"金粳818"；送货人员予以确认；随后，受托农民安排人员将车上种子卸货，共计250包。其间，受托农民使用号码为"178××××0513"的手机拨打移动电话"153××××5518"进行沟通，表示对货物包装袋有些担心，希望将种子款项转给对方；对方表示其不收款，种子是其他人生产的，如果有问题会帮助寻找生产者。卸货完成后，受托农民将2万元交给送货司机，送货司机出具收条1张。随后，公证人员使用手机对购买的种子及现场取得的收条进行拍照，共拍得照片6张，并抽取其中的四袋种子（白色包装2袋、红色包装2袋）进行取样（从其中一袋白色包装中取样两小包）、封存，封存结束后，公证人员使用手机对封存后的种子进行拍照，共拍得照片6张，封存件及现场取得的收条交给申请人保管。2019年6月14日，石城公证处就上述公证事项出具（2019）宁石证经内字第2684号公证书。公证书所附照片显示，前述种子部分包装袋上未标注任何信息，部分包装袋上有"北方特产""松花江珍珠米"等字样；收条记载，"加泰农业送稻种（金粳818）250包×40＝10000斤×2＝20000.00元""老板：周某""2019.6.2号139××××2389"等。

2019年5月，金地公司调查人员与亲耕田公司相关人员通过微信进行了如下沟通交流：5月21日，金地公司调查人员"闲田"询问：有无"金粳818"及其价格？有一个朋友有6000斤该种子需求；亲耕田公司总经理吴某某以微信账号"亲耕田吴某某微信186××××1870"回复，白袋子的9108只要3元，合法包装为3.8元；"闲田"表示，白袋9108要1万斤，金粳818多少钱一斤？吴某某回复，白袋每斤2元。5月25日，金地公司调查人员"文华"发送信息称：上次联系时要"金粳818"1万斤，另外朋友有1万斤9108的需求，下午正好去宿迁拜访；亲耕田公司总经理吴某某通过微信"亲耕田打造种植一站式服务站"回复：其没有在公司，会让邹总来联系。"亲耕田打造种植一站式服务站"在微信中发送的"亲耕田农业产业信息匹配"记载："请需方和供方提供资讯，亲耕田帮助匹配180××××1168""1.淮安大户有5000斤南粳2728；2.宿迁大户剩余南粳

9108 六千斤；3. 徐州大户剩余 9108 稻种一万斤……8. 我单位有剩余的南粳 46，约 1200 斤，有需要的请联系我，电话：138××××4016……10. 大户有四千斤金粳 818 稻种……您如有供货或需求请留言，姓名+电话+需求信息 186××××1870"。25 日晚，"文华"表示，希望明天签合同，询问种子到达时间；亲耕田公司员工"A 江苏亲耕田邹某某"回复，需要什么时候到；"文华"表示朋友的 9108 稍微急一些；"A 江苏亲耕田邹某某"回复可以。5 月 28 日，"文华"询问金粳 818 种源是否联系好；亲耕田公司员工"A 江苏亲耕田邹某某"回复，联系好了；"文华"表示等两天其收拾好了就可以发货了；"A 江苏亲耕田邹某某"回复，自己联系，了解清楚再发货，并提供电话号码"139××××2389 周某"；5 月 30 日，"文华"表示联系上了；"A 江苏亲耕田邹某某"回复收到。5 月 31 日，"亲耕田打造种植一站式服务站"在微信中向金地公司调查人员"四海"发送的农业产业信息匹配中仍然包括四千斤"金粳 818"稻种等信息。亲耕田公司总经理吴某某还在亲耕田公司运作的微信群中发送各类种源匹配信息，种源信息显示的种子数量通常在几千斤至一万斤，提供种子主体涉及淮安、宿迁、徐州、泰兴等地种植大户。金地公司主张，金地公司购买涉案 1 万斤被诉侵权种子的信息并未出现在相关微信群及微信聊天记录中。

根据金地公司申请，一审法院依法提取品种权号为 CNA20141476.3 的"金粳 818"水稻种子样品，并委托农业农村部植物新品种测试（杭州）分中心对被诉侵权种子品种真实性进行鉴定。该中心于 2020 年 9 月 30 日出具的《检验报告》记载，待测样品名称为"金粳 818"，样品描述为"种子，包装完好"；对照样品名称为"金粳 818"，样品描述为"对照样品由委托单位提供"；检验依据为《水稻品种鉴定技术规程 SSR 标记法》（NY/T1433-2014）；所用主要仪器设备为"离心机、普通 PCR 仪、测序仪（ABI3730XL）"；检验结果及结论为"比较位点数 48""差异位点数 0"，结论为"极近品种或相同品种"。金地公司、亲耕田公司对该《检验报告》均不持异议。

一审庭审中金地公司认为，亲耕田公司参与了涉案"金粳 818"水稻种子的销售，侵害了金地公司享有的该品种植物新品种权。亲耕田公司认为，亲耕田公司给所有农户提供服务，只是会员农户享受零差价集采服务，非会员农户无法享受该服务；2020 年年底，亲耕田拥有 200 多个群，近 10 万名种植大户，会员农户约为 3 万名，但 2019 年时会员农户仅有一两万名；农户自留种子很正常，有的富余、有的缺少，相互之间进行种子串换符合法律规定；亲耕田公司为会员农户提供种子富余与缺少的信息匹配是在保护消费者利益；亲耕田公司并不参与农户之间的种子销售；金地公司调查人员在亲耕田公司经营场所未发现侵权种子，涉案种子销售行为与亲耕田公司无关。

### （三）金地公司主张赔偿的依据

2018 年 11 月 19 日，发布于亲耕田公司"亲耕田农产品"微信公众号的《祝贺亲耕田农资集采零差价平台加盟大户会员突破 100 名！每亩节省 50~100 元农资成本》的文章记载：截至 2018 年 10 月 19 日亲耕田京东店合计交易 1.22 亿元，亲耕田公司唯一利润来源：加盟亲耕田连锁农场成为会员，收取的会员费用：10 元/亩/季；近期加盟亲耕田连锁农场的会员有 100 多个，以及对应的会员名称等信息；亲耕田服务全省大户 4000 多家，线上线下年交易 1.5 亿元以上，加盟亲耕田连锁农场享受种子、肥料、农药零差价供应，每年每亩节省成本 50~100 元。亲耕田公司认可，在该文章中前述 100 多个会员登记的身份、地域与其实际的身份以及从事农业种植的地域一致。

金地公司提交的"金粳 818"种子购销发票 6 张（No.06960670、No.98109389、No.25054775、No.50223935、No.90118590、No.66752699）记载，2018~2019 年，金地公司从江苏省方强种子有限责任公司和江苏省大华林业集团有限公司临海分公司采购种子的价格分别为 3.8 元/公斤和 4 元/公斤，即 1.9 元/斤和 2 元/斤；金地公司向江苏省大华林业集团有限公司临海分公司、山东润农种业科技有限公司（2 次）销售种子的价格分别为 7 元/公斤、12 元/公斤、8 元/公斤，即 3.5 元/斤、6 元/斤、4 元/斤；

泗洪县聚禾种业有限公司销售种子的价格为 14.66 元/公斤，即 7.33 元/斤。金地公司主张，其销售"金粳 818"种子的正常价格约为 4 元/斤，利润约为 2.1 元/斤，最低销售价格 3.5 元/斤。亲耕田公司主张，其系"金粳 818"种子的合法代理商，正常进价 3 元/斤，再零差价销售给会员农户，该种子的一般市场售价为 4~4.5 元/斤。

### （四）亲耕田公司主张不侵权的抗辩

亲耕田公司申请证人周某于 2020 年 12 月 3 日到庭，周某陈述，亲耕田公司介绍其销售了一批其种植后剩余的水稻种子，售价 2 元/斤，共计 10 000 元，其支付了 1200 元车费，自己剩余 8800 元，亲耕田公司未参与该交易过程，亦未就该交易收取任何费用；其种植"金粳 818"水稻 300 余亩，剩余该稻种 12 000 余斤；其电话号码归属地为连云港市、"王涛"的电话号码归属地为宿迁市，其不认识"王涛"，与"王涛"仅以电话联系过一次；其曾是亲耕田公司会员，现在不再加盟亲耕田公司，亲耕田公司向其销售化肥等产品时的售价比会员会贵些，但比市场价会便宜些。金地公司认为，被诉侵权种子的种源、价格、数量都是由金地公司调查人员与亲耕田公司工作人员协商确定，亲耕田公司全程参与了该种子的销售；亲耕田公司主张其为会员农户提供信息匹配服务，而周某并非亲耕田公司会员，不是亲耕田公司提供信息匹配的服务对象；有人称周某销售侵权种子数量很大，周某与该案具有利害关系，其证言的真实性存疑；综上，请求对周某的证言不予采信。亲耕田公司认为，周某的信息系由亲耕田公司提供给涉案购买种子人员，亲耕田公司曾制止过购买种子的人员，但是其执意购买便宜的种子，亲耕田公司无法干预他人自由，而且国家允许农户之间进行种子买卖；亲耕田公司未参与涉案"金粳 818"水稻种子的销售、收款、发货、送货等环节，涉案种子系周某销售，该种子销售行为与亲耕田公司无关。

# 二、一审法院观点及判决

## （一）亲耕田公司实施了侵害金地公司涉案植物新品种权的行为

该案中，金地公司经天津市水稻研究所授权，成为涉案"金粳818"水稻植物新品种独占实施许可合同的被许可人，亲耕田公司帮助他人实施了侵害该植物新品种权的行为。第一，金地公司系涉案植物新品种独占实施许可合同的被许可人，有权以自己名义提起该案诉讼。天津市水稻研究所系涉案"金粳818"水稻植物新品种权人，其出具的两份《授权书》能够相互印证，证明金地公司系涉案"金粳818"植物新品种独占实施许可合同的被许可人，其有权针对侵害该品种权的行为以自己的名义提起诉讼。

第二，亲耕田公司对他人销售被诉侵权种子的行为实施了帮助。首先，被诉侵权种子的销售价格为 2 元/斤，明显高于商品粮的售价，且金地公司提交的（2019）宁石证经内字第 2684 号公证书所附收条记载了送货内容为稻种，能够证明被诉侵权种子系作为种子而非商品粮进行销售。其次，（2019）宁石证经内字第 2684 号公证书记载，金地公司购买种子人员曾要求将购买涉案种子款项支付给亲耕田公司，但亲耕田公司的工作人员明确表示，种子是由其他人生产的，应把款项直接交给销售者，其后由送货司机代收了款项，并出具收条；收条上记载老板为周某以及其联系方式等内容，结合亲耕田公司员工"A 江苏亲耕田邹某某"于 2019 年 5 月 28 日与金地公司调查人员"文华"微信聊天时，告知"金粳818"种源联系人为周某及其联系方式，以及周某到庭作证承认被诉侵权种了系其销售等情况，能够证明被诉侵权种子来源于周某，周某销售了被诉侵权种子，但不足以证明被诉侵权种子系亲耕田公司直接销售。最后，亲耕田公司对周某销售被诉侵权种子的行为实施了帮助。根据金地公司提交的微信聊天记录，亲耕田公司总经理吴某某"亲耕田吴某某微信186×××× 1870"于 2019 年 5 月 21 日告知金地公司调查人员"闲田""金粳818"白袋价格，亲耕田公司员工"A 江苏亲耕田邹某某"于 2019 年 5 月 28 日告知金地公司调查人员"文华""金粳 818"种源联系人信息，结合亲耕田公司在微信聊天中发布种源信息，并在一审当庭陈述亲耕田公司为会员农户的种子供需关系提供信息匹配等情况来看，能够证明亲耕田公司为涉案种子交易的达成提供了积极有效的帮助。

第三，被诉侵权种子系使用涉案"金粳 818"植物新品种繁殖材料的种子。经一审法院委托司法鉴定，鉴定机构得出的检验结果及结论为"比较位点数 48""差异位点数 0"，结论为"极近品种或相同品种"，金地公司、亲耕田公司双方对该《检验报告》均不持异议，可以认定被诉侵权种子系授权植物新品种的繁殖材料。

第四，亲耕田公司提供种子供需信息匹配，并促成种子交易的行为违反了相关法律规定。根据《种子法》第 37 条规定，"农民个人自繁自用的常规种子有剩余的，可以在当地集贸市场上出售、串换，不需要办理种子生产经营许可证。"《植物新品种保护条例》（2014 年）第 10 条规定，"在下列情况下使用授权品种的，可以不经品种权人许可，不向其支付使用费，但是不得侵犯品种权人依照本条例享有的其他权利：（一）利用授权品种进行育种及其他科研活动；（二）农民自繁自用授权品种的繁殖材料"。亲耕田公司据此认为农户之间进行种子串换符合法律规定，为会员农户提供种子富余与缺少的信息匹配是在保护消费者利益。一审法院认为，根据《农作物种子生产经营许可管理办法》第 21 条第 1 款第 1 项、第 2 款规定，"有下列情形之一的，不需要办理种子生产经营许可证：（一）农民个人自繁自用常规种子有剩余，在当地集贸市场上出售、串换的……；前款第一项所称农民，是指以家庭联产承包责任制的形式签订农村土地承包合同的农民；所称当地集贸市场，是指农民所在的乡（镇）区域。农民个人出售、串换的种子数量不应超过其家庭联产承包土地的年度用种量。违反本款规定出售、串换种子的，视为无证生产经营种子"。该案中，亲耕田公司帮助销售的种子，从销售主体、销售地域及销售数量上均不符合前述规定。首先，就销售主体而言，亲耕田公司与"王涛"签订的《亲耕田联合农场加盟协议》约定，"王涛"实际耕地面积470亩；周某到庭陈述其种植"金粳818"的面积为300余亩；从金地公司提交的微信聊天记录等证据以及亲耕田公司的当庭陈述来看，亲耕田公司服务的均为种植大户，其种植面积远远超过以家庭联产承包责任制形式签订的农村土地承包合同约定的土地面积，故种植大户不应被认定为出售、串换剩余自繁自用常规种子的"农民"。其次，就销售地域而言，周某陈述，其电话归属于连云港市，"王涛"的电话归属于宿迁市，该二人的电话所属市级行政区划不同，相应的种子交易行为应已跨越不同行政区域；从金地公司提交的微信聊天记录等证据来看，加盟亲耕田公司的农户来源于徐州、泗洪、泗阳、沭阳、淮阴、淮安、洪泽、无锡等多个不同市县，亲耕田公司为这些农户提供种源信息匹配，导致种子的跨地域交易；前述跨地域种子交易行为均明显超出"在当地集贸市场上出售、串换"的地域范围。最后，就种子销售数量而言，周某在该案中销售的"金粳818"水稻种子达1万斤，数量巨大；亲耕田公司在微信中发布种源匹配信息时，相应的种子供需亦动辄几千斤，这些种子数量明显超出了一般"农民"家庭联产承包土地的年度用种量。

## （二）亲耕田公司应当承担停止侵权、赔偿损失的民事责任

亲耕田公司帮助他人未经涉案"金粳818"品种权人许可，销售被诉侵权种子的行为构成侵权，应当承担停止侵权并赔偿损失的民事责任，即应当立即停止帮助他人销售被诉侵权种子。

关于赔偿损失的数额，金地公司认为亲耕田公司系恶意侵权，主张适用惩罚性赔偿，即赔偿金地公司经济损失及合理费用共计300万元。一审法院认为，根据《种子法》第73条第3款、第4款规定，"侵犯植物新品种权的赔偿数额按照权利人因被侵权所受到的实际损失确定；实际损失难以确定的，可以按照侵权人因侵权所获得的利益确定。权利人的损失或者侵权人获得的利益难以确定的，可以参照该植物新品种权许可使用费的倍数合理确定。赔偿数额应当包括权利人为制止侵权行为所支付的合理开支。侵犯植物新品种权，情节严重的，可以在按照上述方法确定数额的一倍以

上三倍以下确定赔偿数额。权利人的损失、侵权人获得的利益和植物新品种权许可使用费均难以确定的，人民法院可以根据植物新品种权的类型、侵权行为的性质和情节等因素，确定给予三百万元以下的赔偿"。根据《民法典》第1185条规定，"故意侵害他人知识产权，情节严重的，被侵权人有权请求相应的惩罚性赔偿"。该案中，金地公司未提供金地公司因亲耕田公司侵权所受损失，以及亲耕田公司的侵权获利，也未提供涉案植物新品种权的许可使用费，但亲耕田公司的侵权故意明显，情节严重，金地公司主张适用惩罚性赔偿，具有事实与法律依据，一审法院予以支持。据此，一审法院综合考虑以下因素对金地公司主张亲耕田公司赔偿300万元的诉讼请求予以全额支持：（1）金地公司享有的涉案植物新品种权的类型。金地公司系涉案"金粳818"植物新品种独占实施许可合同的被许可人，金地公司提交的《授权书》记载的授权期限为"自'金粳818'植物新品种权申请之日起至'金粳818'植物新品种权保护期终止之日止"。该品种系水稻品种，适宜在河南沿黄、山东南部、江苏淮北、安徽沿淮及淮北地区种植，适宜种植范围广。（2）亲耕田公司侵权行为给金地公司造成的损失。该案中，亲耕田公司帮助周某销售侵权种子1万斤，单价2元/斤；金地公司主张，其销售"金粳818"种子的正常价格约为4元/斤，利润约为2.1元/斤，最低销售价格3.5元/斤；亲耕田公司主张，其系"金粳818"种子的合法代理商，正常进价3元/斤，该种子的一般市场售价为4~4.5元/斤。亲耕田公司帮助他人销售价格明显低于"金粳818"合法种子的侵权种子，易不当抢占合法种子的市场，给金地公司造成损失。（3）亲耕田公司侵权行为的性质、情节和后果。通过微信沟通信息可见，亲耕田公司在明知他人销售的是白皮袋包装的种子，仍然在对外发布供需信息，并提供信息匹配，其帮助他人销售侵权种子的故意明显。结合亲耕田公司微信公众号的文章记载，以及亲耕田公司与"王涛"签订的涉案《亲耕田联合农场加盟协议》记载，加盟亲耕田公司的农户数量众多，分布区域较广。亲耕田公司通过微信等方式发布种植大户种子供需匹配信息，影响范围广、情节严重；综上，可以按照正常赔偿数额的三倍确定赔偿数额。（4）金地公司支出的合理维权费用。金地公司就其合理费用主张虽未提交证据予以证明，但其实际组织人员进行了调查取证，申请并实施了证据保全公证，实际聘请律师到庭参加诉讼，故一审法院综合考虑该案调查取证及诉讼的难易程度、工作量等因素，酌情予以支持，在确定赔偿数额时一并予以计算。

综上所述，一审法院对金地公司主张亲耕田公司停止侵权、赔偿损失的诉讼请求均予以支持。依照《民法典》第1169条第1款、第1185条，《种子法》第28条、第73条第1款、第3款、第4款，《植物新品种保护条例》第6条，《最高人民法院关于审理侵害植物新品种权纠纷案件具体应用法律问题的若干规定》第1条、第2条第1款、第3条，《民事诉讼法》第142条规定，判决如下：（1）江苏亲耕田农业产业发展有限公司自一审判决生效之日起立即停止侵害江苏省金地种业科技有限公司"金粳818"植物新品种独占实施权的行为；（2）江苏亲耕田农业产业发展有限公司自一审判决生效之日起15日内赔偿江苏省金地种业科技有限公司经济损失及为维权支出的合理费用共计300万元。如果未按一审判决指定的期间履行给付金钱义务，应当依照《民事诉讼法》第253条规定，加倍支付迟延履行期间的债务利息。一审案件受理费30 800元，由亲耕田公司负担。

二审中，双方当事人均未提交新证据。

# 三、二审查明及焦点

一审判决事实认定基本属实，二审法院予以确认。

二审另查明：

亲耕田公司在一审中确认，机插秧的水稻种子用量为每亩地12～15斤，直播为20～30斤，即1万斤水稻种子用于直播可以播种400～500亩；亲耕田公司不统计类似本案的交易数据信息。

二审庭审中，亲耕田公司当庭确认其并未取得种子生产经营许可证；并确认对于其平台发布的种子供需信息均不审查购销双方身份，也不审查销售种子来源和用途。

二审法院认为，综合查明的事实和双方的诉辩意见，该案二审的争议焦点问题是：（1）亲耕田公司的行为是否构成侵害"金粳818"植物新品种权；（2）一审确定的赔偿金额是否合理。

## （一）亲耕田公司的行为是否侵害涉案植物新品种权

亲耕田公司上诉主张涉案交易行为不属于侵权行为，一审法院关于亲耕田公司帮助侵权的认定存在错误，金地公司则认为亲耕田公司实施了直接侵权行为。经审查，亲耕田公司在涉案交易中实施了下列行为：通过微信发布种子供应信息；金地公司取证人员从亲耕田公司处得知有白皮包装的"金粳818"出售，在金地公司取证人员签署《亲耕田联合农场加盟协议》并付款后，亲耕田公司将所谓"供方"信息提供给金地公司；金地公司按照亲耕田公司的安排取得被诉侵权种子，金地公司取证人员获得被诉侵权种子的交易过程中，种子的数量、价格、大致交货时间等均由亲耕田公司与其确认。二审法院认为，一般而言，买卖双方就标的物买卖条件的意思表示达成一致，销售合同依法成立，则构成法律意义上的销售行为。同时，参照《最高人民法院关于审理侵害植物新品种权纠纷案件具体应用法律问题的若干规定（二）》（以下简称《品种权司法解释二》）第4条的规定，以广告、展陈等方式作出销售授权品种繁殖材料的意思表示的，人民法院可以以销售行为认定处理。即销售合同成立前的广告、展陈等行为已足以认定为销售行为，销售者是否亲自实施标的物的交付和收款行为，不影响其销售行为性质的认定。亲耕田公司实施了发布被诉种子销售具体信息，与金地公司取证人员协商确定种子买卖的包装方式、价款和数量、履行期限等交易要素，其行为对于被诉侵权种子的交易不仅具有肇始意义，而且金地公司依据与亲耕田公司约定的交易条件，已产生据此取得被诉侵权种子所有权的确定预期，销售合同已经依法成立。可见，亲耕田公司系被诉侵权种子的交易组织者、决策者。后续交易履行过程中货物交付和收款的主体的变化，并不影响认定亲耕田公司的销售主体地位。故根据上述事实，可以认定亲耕田公司直接实施了被诉侵权种子的销售行为。一审法院认定亲耕田公司仅实施帮助销售行为不当，二审法院予以纠正。

亲耕田公司上诉主张根据《种子法》第 37 条及《植物新品种保护条例》第 10 条规定，该案属农民销售自留种，不构成侵权行为。对此二审法院认为，首先，该案被诉侵权行为不符合农民自繁自用的条件。《品种权司法解释二》第 12 条规定："农民在其家庭农村土地承包经营合同约定的土地范围内自繁自用授权品种的繁殖材料，权利人对此主张构成侵权的，人民法院不予支持。对前款规定以外的行为，被诉侵权人主张其行为属于种子法规定的农民自繁自用授权品种的繁殖材料的，人民法院应当综合考虑被诉侵权行为的目的、规模、是否营利等因素予以认定。"参照上述规定，根据审理查明的事实，该案系亲耕田公司实施销售行为，亲耕田公司并非与农村集体经济组织签订家庭农村土地承包经营合同的农民，不符合上述规定的农民自繁自用行为。其次，该案被诉侵权行为不符合农民自繁自用剩余种子合法出售、串换的条件。《种子法》第 37 条规定："农民个人自繁自用的常规种子有剩余的，可以在当地集贸市场上出售、串换，不需要办理种子生产经营许可证。"前已述及，该案中亲耕田公司并非农民，不符合农民个人自繁自用条件。同时，该案被诉侵权种子通过亲耕田公司的商务电子平台组织交易，其交易场所并非法定的当地集贸市场。因此，亲耕田公司的行为不符合《种子法》第 37 条规定的条件。最后，该案所涉被诉侵权种子和亲耕田公司发布的其他种子销售信息达数千斤、数万斤，远超出农民家庭农村土地承包经营合同约定的土地范围所能剩余自留种的数量，上述因素足以证明亲耕田公司的交易目的是获取不正当的巨额经济利益。综上，亲耕田公司在所谓"为农民买卖自留种提供信息匹配"的经营模式下，以为"农民""种粮大户"服务名义所实施的销售行为严重侵害了品种权人的合法权益，应当认定构成侵害植物新品种权的行为。亲耕田公司关于不构成侵权的上诉主张，无事实和法律依据，二审法院不予采纳。

### （二）一审判决确定的赔偿金额是否合理

一审判决支持了金地公司适用惩罚性赔偿的诉讼请求，亲耕田公司上诉主张，该案不应适用惩罚性赔偿。对此二审法院认为，《种子法》第73条第3款规定：侵犯植物新品种权的赔偿数额按照权利人因被侵权所受到的实际损失确定；实际损失难以确定的，可以按照侵权人因侵权所获得的利益确定。权利人的损失或者侵权人获得的利益难以确定的，可以参照该植物新品种权许可使用费的倍数合理确定。赔偿数额应当包括权利人为制止侵权行为所支付的合理开支。侵犯植物新品种权，情节严重的，可以在按照上述方法确定数额的一倍以上三倍以下确定赔偿数额。基于上述规定，侵犯植物新品种权情节严重可适用惩罚性赔偿。而对于侵权情节严重的认定，人民法院应当综合考虑侵权人的主观恶意、侵权手段、次数，侵权行为的持续时间、地域范围、规模、后果，侵权人在诉讼中的行为等因素予以确定。该案中，首先，关于侵权人的主观恶意。亲耕田公司系种子农资专业经营者，从其总经理吴某某的微信交流表述"白袋子的9108只要3元，合法包装为3.8元"来看，亲耕田公司明知未经许可销售授权品种繁殖材料的侵权性质。同时，亲耕田公司销售的被诉侵权种子部分包装未标注任何信息、部分包装标注"松花江珍珠米"商品粮名称，其试图掩盖侵权行为和逃避责任追究的意图明显，可见其具有侵权恶意。其次，关于侵权手段。根据审理查明的事实，亲耕田公司的经营模式实系通过信息网络途径组织买卖各方，以"农民""种粮大户"等经营主体名义为掩护实施的侵权行为，其行为较为隐蔽。再次，关于侵权行为的规模与范围。亲耕田公司以种植大户为主要服务对象，种植大户在农民家庭联产承包合同之外的经营面积不属于农民自繁自用种子的免责范畴，需从品种权人处购入种子，故亲耕田公司的经营行为对品种权人造成巨大市场冲击。从亲耕田公司自己的宣传来看，其服务200多万亩耕地，辐射江苏、山东、河南、安徽的4600多大户，可认定为侵权范围广、规模大。最后，关于情节严重的法定情形。参照《品种权司法解释二》第17条第1款第5项规定，违反《种子法》第77条第1款第1项，即未取得种子生产经营许可证生产经营种子的，可以认定为侵权行为情节严重。如前所述，该案中亲耕田公司的行为可认定为直接从事种子销售，而亲耕田公司当庭确认其并未取得种子生产经营许可证，又销售包装无标识的种子，足以认定亲耕田公司侵权情节严重。一审法院认定亲耕田公司侵权情节严重并对该案依法适用惩罚性赔偿，事实认定以及法律适用正确。

关于惩罚性赔偿金额的计算问题。在该案权利人实际损失数额无法查明，亲耕田公司亦未提供与侵权行为相关的账簿、资料的情况下，一审法院综合考虑涉案植物新品种权的类型、所查明的销售侵权种子的价格和规模、侵权行为的性质和后果等情节，确定亲耕田公司的侵权获利赔偿基数为 100 万元，在三倍以下适用惩罚性赔偿，确定判赔总额为 300 万元。对此二审法院认为，参照《知识产权惩罚性赔偿司法解释》第 5 条规定，人民法院确定惩罚性赔偿数额时，以原告实际损失数额、被告违法所得数额或者因侵权所获得的利益作为计算基数。人民法院依法责令被告提供其掌握的与侵权行为相关的账簿、资料，被告无正当理由拒不提供或者提供虚假账簿、资料的，人民法院可以参考原告的主张和证据确定惩罚性赔偿数额的计算基数。据此，亲耕田公司作为宣传营业额达亿元的企业，在一审诉讼中明确不留存相关种子交易记录，导致无法查明其实际侵权规模，应对此承担相应的不利后果，人民法院据此可依据亲耕田公司相关宣传资料合理推定其侵权获利，作为赔偿数额的计算基数。经查，《亲耕田联合农场加盟协议》记载亲耕田公司 2019 年服务 200 多万亩耕地，辐射苏、鲁、豫、皖四省 4600 多名大户，年交易超过 2 亿元；对于加盟会员其每季每亩收取 10 元服务费。在亲耕田公司微信中发布的"亲耕田农业产业信息匹配"信息中，可见的品种有"南粳 2728""南粳 9108""南粳 505""武运粳 23""南粳 46""金粳 818"。根据上述查明的事实，从亲耕田公司的服务费收入口径计算：其服务的耕地面积 200 万亩，按收费标准 10 元每季每亩来算，计为 2000 万元；或按另一统计口径即其服务 4600 名大户，每户服务费收取本案服务费标准 4700 元计算，计为 2162 万元。考虑到亲耕田公司还经营农药、化肥等大项农资，前述服务费与种子相关部分按比例计1/3 为 600 万~700 万元。从种子销售利润口径计算：亲耕田公司服务的耕地面积 200 万亩，每亩最少用种子 12 斤，而每斤销售价格 2 元与商品粮价格 1. 5 元的差价为 0. 5 元，总利润计为 1200 万元。上述收入合计近 2000 万元。而该案证据显示亲耕田公司微信中提及销售水稻品种共 6 种，同时二审法院充分考虑到可能还涉及其他植物新品种，从宽计算"金粳 818"在亲耕田公司所售种子中的比例，仍可合理推定亲耕田公司就"金粳 818"的侵权获利达 100 万元以上。如前所述，综合考虑亲耕田公司的侵权恶意、手段、规模和范围等，尤其是亲耕田公司未取得种子生产经营许可证，以无标识、标签的包装销售授权品种，亲耕田公司属侵权情节严重。依照《种子法》第 73 条第 3 款前述规定，并参照《品种权司法解释二》第 17 条第 2 款关于认定为侵权情节严重"存在前款第一项至第五项情形的，在依法适用惩罚性赔偿时可以按照计算基数的二倍以上确定惩罚性赔偿数额"的规定，对于亲耕田公司在依法适用惩罚性赔偿时可以按照计算基数的二倍以上确定惩罚性赔偿数额。故一审法院确定本案的惩罚性赔偿金额为 200 万元、判令亲耕田公司承担共 300 万元的赔偿责任于法有据，二审法院予以确认。

# 四、二审判决

综上，亲耕田公司的上诉主张不能成立，二审法院不予支持。一审认定事实基本清楚，适用法律虽有不当，但实体处理正确，可予维持。依照《种子法》第 28 条、第 73 条第 1 款、第 3 款，《民事诉讼法》第 170 条第 1 款第 1 项规定，判决如下：

驳回上诉，维持原判。

二审案件受理费 30 800 元，由江苏亲耕田农业产业发展有限公司负担。

# 五、案例评析

该案中，金地公司经天津市水稻研究所授权，成为涉案"金粳 818"水稻植物新品种独占实施许可合同的被许可人。亲耕田公司参与涉案"金粳 818"水稻种子的销售，侵害了金地公司享有的该品种植物新品种权。该案主要存在三个争议焦点，即亲耕田公司是否实施了侵害金地公司涉案植物新品种权的行为、亲耕田公司的侵权行为是否符合适用惩罚性赔偿的要件以及最终的赔偿数额是否合理。

关于亲耕田公司的侵权行为是否符合适用惩罚性赔偿的要件。惩罚性赔偿的适用要件包括侵权人主观上存在侵权故意以及侵权情节严重。法院根据《种子法》第 73 条之规定，认为侵犯植物新品种权情节严重的可以适用惩罚性赔偿。基于此，法院从侵权人主观恶意、侵权手段以及情节严重的法定情形几个角度进行考虑，最终认为侵权人侵权情节严重，符合适用惩罚性赔偿的要件。与专利权、商标权、著作权相比，植物新品种权对惩罚性赔偿的适用采取了单个要件，并且将侵权人主观上的侵权恶意划分为认定"情节严重"的要件。

第一，侵权人的主观恶意明显。首先，通过权利人的举证可知，亲耕田公司明知未经许可销售授权品种繁殖材料的侵权性质。其次，亲耕田公司销售的被诉侵权种子部分包装未标注任何信息、部分包装标注其他商品粮名称，其试图掩盖侵权行为和逃避责任追究的意图明显，可见其具有侵权恶意。第二，侵权情节严重。首先，关于侵权手段。亲耕田公司的经营模式实系通过信息网络途径组织买卖各方，以"农民""种粮大户"等经营主体名义为掩护实施的侵权行为，其行为较为隐蔽，不易被发现，极有可能造成权利人利益的巨大损失。其次，关于侵权行为的规模与范围。从亲耕田公司自己的宣传来看，其服务 200 多万亩耕地，辐射江苏、山东、河南、安徽的 4600 多大户，可认定为侵权范围广、规模大。最后，与其他的知识产权惩罚性赔偿对情节严重的认定标准相比，植物新品种权对侵权行为情节严重的认定增加了关于情节严重的法定情形这一标准。参照《品种权司法解释二》第 17 条第 1 款第 5 项规定，违反《种子法》第 77 条第 1 款第 1 项，即未取得种子生产经营许可证生产经营种子的，可以认定为符合侵权法定情节严重的情况。综上，可以认定亲耕田公司符合惩罚性赔偿适用要件，应当承担停止侵权、赔偿损失的民事责任。

该案中，法院综合考虑了侵权人的主观恶意、侵权手段、次数，侵权行为的持续时间、地域范围、规模、后果等因素，多角度分析侵权行为。从侵权人在产品包装上掩饰真实信息推断出其掩盖侵权行为以期逃避责任追究的意图，确认了其侵权故意。从其产品销售范围广，服务 200 多万亩耕地中得出其侵权范围广、规模大，且对权利人产品产生了负面影响。从侵权人未取得种子生产经营许可证生产经营种子的行为也得出其侵权情节严重的结论。多角度的分析使得最终的结论可信度更高，体现出法院对惩罚性赔偿制度适用的审慎和对当事人权利的保护。由于判定情节严重的因素之间存在密切的联系，严重与否不能孤立地看单个的侵权行为，而应当采取联系的观点看问题。因此，最高人民法院在该案中提出的，要对认定情节严重的因素进行"综合考虑"，有利于提高最终裁决结果的公正性与准确性。

关于惩罚性赔偿数额是否合理。首先，在该案权利人实际损失数额无法查明，亲耕田公司亦未提供与侵权行为相关的账簿、资料的情况下，一审法院综合考虑涉案植物新品种权的类型、所查明的销售侵权种子的价格和规模、侵权行为的性质和后果等情节来确定亲耕田公司的侵权获利具有较高的合理性。根据二审法院的查明，从亲耕田公司宣传中可知的收入合计近 2000 万元。而该案证据显示亲耕田公司微信中提及销售水稻品种共 6 种，同时法院充分考虑到可能还涉及其他植物新品种，从宽计"金粳 818"在亲耕田公司所售种子中的比例，仍可合理推定亲耕田公司就"金粳 818"的侵权获利达 100 万元以上。

在知识产权侵权案件中，权利人的实际损失数额难以查明，更遑论对权利人商誉等的潜在影响的计算。而侵权人拒绝提供相关账簿资料，加大了法院的裁判难度，在此种情形下，法院可以考虑采纳权利人的举证，综合考虑以期得出一个较为准确的侵权人侵权获益。由于惩罚性赔偿的特殊性，作为惩罚性赔偿的基数在缺乏明确证据证明其准确性的情况下，法院选择采取谦抑原则，适当降低对侵权人侵权获益的预期，以防止对侵权人的过度惩罚。

# 第九章　技术秘密侵权纠纷

嘉兴市中华化工有限责任公司、上海欣晨新技术有限
公司与王龙集团有限公司、宁波王龙科技股份有限
公司、喜孚狮王龙香料（宁波）有限公司、傅某根、
王某军侵害技术秘密纠纷一案*

## 一、一审法院查明及判决

### （一）关于嘉兴中华化工公司与上海欣晨公司的主体情况及涉案技术信息的研发过程

1. 嘉兴中华化工公司

嘉兴市中华化工有限责任公司（以下简称"嘉兴中华化工公司"）前身为嘉兴市中华化工总厂，该厂于 1995 年经浙江省嘉兴市秀城区人民政府批准组建成立嘉兴中华化工集团公司，嘉兴市中华化工总厂厂名继续保留。2003 年 2 月 19 日，嘉兴市中华化工总厂改制后成立嘉兴中华化工公司，所有债权债务由嘉兴中华化工公司承继，其后嘉兴中华化工集团公司名称被注销。

嘉兴中华化工公司的注册资本 5000 万元，经营范围：年产邻氨基苯甲醚 1 万吨、氮气 288 万 $m^3$、氧气 180 万 $m^3$、氢气 720 万 $m^3$、邻硝基苯酚 600 吨、甲醇（回收）1 万吨、乙醇（回收）8000 吨、甲苯（回收）3.5

---

* 裁判文书号：最高人民法院（2020）最高法知民终 1667 号民事判决书。

万吨（凭有效许可证经营）。黄樟油、愈创木酚、氯化铵、食品添加剂、香兰素、乙基香兰素、5-醛基香兰素的生产（凭有效的生产许可证经营）；化工产品及化工原料的销售；乙醛酸、硫酸钠、氯化钠、香精的销售；市场投资与管理；道路货物运输；自有房屋租赁。

嘉兴中华化工公司系全球主要的香兰素制造商，具有较强的技术优势。2003 年 1 月，嘉兴市中华化工总厂四分厂的"食品添加剂香兰素"经浙江省科学技术厅认定为高新技术产品。2008 年、2011 年嘉兴中华化工公司连续获得浙江省科学技术厅、财政厅联合颁发的"高新技术企业"证书。2010 年，嘉兴中华化工公司被中国轻工业联合会评为"2009 年度中国轻工业香料香精行业十强企业"第一名。2011 年，嘉兴中华化工公司和上海欣晨公司的"香兰素清洁生产新技术及工程应用"项目获浙江省科学技术奖二等奖。同年，嘉兴中华化工公司的"香兰素生产绿色工艺"获"中国轻工业联合会科学技术进步一等奖"。2013 年，嘉兴中华化工公司与上海欣晨公司作为完成单位的"香兰素分离技术及工程应用"通过中国轻工业联合会科学技术成果鉴定。

2. 上海欣晨公司

上海欣晨技术有限公司（以下简称"上海欣晨公司"）成立于 1999 年 11 月 5 日，注册资本 100 万元，经营范围为生物、化工专业领域内的技术服务、技术咨询、技术开发、技术转让及新产品的研制。

3. 涉案技术秘密的研发过程

2002 年 11 月 22 日，嘉兴中华化工集团公司作为甲方与上海欣晨公司作为乙方签订《技术开发合同》《技术转让合同》及补充合同，主要内容包括：乙方以交钥匙方式向甲方交付年产 3000 吨香兰素新工艺的工艺配方、操作规程、质量控制要求、原材料质量要求、生产装置的设计技术要求和参数等的技术资料；技术成果的归属由乙方所有；专利权归甲方共同申请并所有；项目中的技术资料由双方共有；工业化项目工程设计、设备非标设计由双方协商指定相当资质的设计单位进行正规系统设计，设计费由甲方支付。合同约定的研究开发经费及报酬 500 万元由嘉兴中华化工集团公司、嘉兴中华化工公司先后付清。

2005~2006 年，嘉兴中华化工公司为其技改项目购买设备、工程安装支付了相关费用。

2006 年 9 月 26 日，嘉兴中华化工公司与上海欣晨公司签订《技术转让合同》，嘉兴中华化工公司委托上海欣晨公司在已有研发成果基础上，设计采用乙醛酸法生产香兰素新工艺的生产线。该合同还约定：由上海欣晨公司在合同签订 240 天内向嘉兴中华化工公司交付可行性研究报告、工艺流程图、设备布置图、设备一览表、非标设备条件图、土建基础施工图，以及工艺、土建、仪表、电器、公用工程等全套工程设计文件；相关技术仅在甲方（嘉兴中华化工公司）用乙醛酸法生产甲基香兰素车间内使用；相关技术属双方共有。

2007 年 2 月 8 日，浙江省嘉兴市南湖区经济贸易局批复同意嘉兴中华化工公司扩建年产 10000t/a 合成香料（乙醛酸法）新技术技改项目，项目建设期 1 年。同年 6 月 19 日，浙江省嘉兴市环境保护局批准嘉兴中华化工公司 1 万吨合成香料（乙醛酸法）新技术技改项目，新建甲基香兰素生产装置 2 套，乙基香兰素生产装置 1 套及配套设施，项目建成后产能达到甲基香兰素 9000 吨/年，乙基香兰素 1000 吨/年。同年 10 月，嘉兴中华化工公司委托通州市平潮压力容器制造有限公司制造香兰素生产所需非标设备共 199 种，合同约定两个月内交货。设备图由南通职大永泰特种设备设计有限公司根据嘉兴中华化工公司提供的条件图设计完成。华东理工大学工程设计研究院接受嘉兴中华化工公司与上海欣晨公司委托，设计完成项目所需工艺管道及仪表流程图。2007 年 12 月，嘉兴中华化工公司新技术技改项目土建、安装工程竣工。嘉兴中华化工公司于 2007 年 12 月 29 日前向上海欣晨公司支付技术转让款 350 万元。

2008 年 7 月 16 日，嘉兴中华化工公司与上海欣晨公司签订《关于企业长期合作的特别合同》，约定：上海欣晨公司放弃对外一切经营业务，仅作为为嘉兴中华化工公司一家进行技术研发的企业，在合同规定的合作期间研发的所有技术成果知识产权归嘉兴中华化工公司所有，合同期 10 年；

双方合作之前签署所有技术合同履行、结算与新的合作合同无关。

## （二）关于嘉兴中华化工公司与上海欣晨公司主张的涉案技术秘密

嘉兴中华化工公司与上海欣晨公司主张其共同研发了乙醛酸法制备香兰素的新工艺，包括缩合、中和、氧化、脱羧等反应过程，还包括愈创木酚、甲苯、氧化铜和乙醇的循环利用过程。嘉兴中华化工公司与上海欣晨公司主张的技术秘密包括六个秘密点：（1）缩合塔的相关图纸，主要包括缩合塔总图以及部件图，还包括缩合液换热器、木酚配料釜、缩合釜、氧化中间釜。（2）氧化装置的相关图纸，主要包括氧化釜总图及部件图，还包括亚铜氧化釜、氧化液槽、氧化亚铜料斗、填料箱。（3）粗品香兰素分离工艺及设备，主要设备包括甲苯回收塔、甲苯蒸馏塔、脱甲苯塔、脱苯塔、苯脱净分层器、香兰素溶解槽/废水中和槽/甲醇回收溶解槽、脱苯塔再沸器、甲苯冷凝器、二结冷凝器、甲苯回收冷凝器、甲醇回收冷凝器、脱甲苯冷凝器。一审庭审中，嘉兴中华化工公司与上海欣晨公司明确放弃该秘密点中关于工艺部分的权利主张。（4）蒸馏装置的相关图纸，主要包括蒸馏装置总图及部件图，还包括甲醇塔、冷水槽/热水槽/洗涤水槽、香油萃取甲苯分层塔、水洗槽、头结过滤器/香油头结过滤器、蒸馏成品槽、蒸馏头子受器。（5）愈创木酚回收工艺及相应设备，包括设备甲苯回收塔、甲苯蒸馏塔、脱水塔再沸器、脱甲苯塔、木酚塔、脱低沸物塔、托苯塔、脱水塔、汽水分离器、苯脱净釜、木酚脱净釜、甲苯脱净槽、木酚脱净釜、甲苯脱净釜、木酚萃取分层塔、苯脱净分层器、木酚熔解釜、低沸物冷凝器、低沸塔再沸器、甲苯冷凝器、二结冷凝器/甲苯回收冷凝器/甲醇回收冷凝器、脱甲苯冷凝器。嘉兴中华化工公司与上海欣晨公司在诉讼中明确放弃该秘密点中关于工艺部分的权利主张。（6）香兰素合成车间工艺流程图，包括：缩合、木酚萃取、氧化、木酚回收工段（一）、木酚回收工段（二）、亚铜分离、亚铜氧化、脱羧、香兰素萃取、头结、头蒸、水冲、二蒸、二结及甲醇回收、香油头蒸、甲苯结晶、甲苯回收、香油二蒸、醇水结晶、甲醇回收、干燥包装、硫酸配置工段的工艺管道及仪表流程图。

上述技术秘密载体为：涉及 58 个非标设备的设备图 287 张（包括主图及部件图）、工艺管道及仪表流程图（第三版）25 张。其中，设备图的技术内容包括：设备及零部件的尺寸、大小、形状、结构，零部件位置和连接关系，设备进出口位置、尺寸、设备型式，搅拌器型式和电功率，设备、零部件和连接件的材质、耐压、耐腐蚀性、耐高温性能、耐低温性能等技术信息。嘉兴中华化工公司与上海欣晨公司明确表示，设备图涉密信息范围仅限于其上直接记载的技术信息，不包含对应的工艺等其他技术信息。工艺管道及仪表流程图的技术内容包括：各设备之间的位置关系和连接关系，物料和介质连接关系，控制点位置、控制内容和控制方法，标注的反应条件，基于上述连接关系形成的物料、介质的流向、控制参数等技术信息。

### （三）关于嘉兴中华化工公司与上海欣晨公司采取保密措施情况

自 2003 年起，嘉兴中华化工公司先后制定了文件控制程序、记录控制程序、食品安全、质量和环境管理手册、设备/设施管理程序等文件。(1) 文件控制程序规定：将公司文件进行编号、按受控和非受控分类管理，凡与质量体系运行紧密相关的文件列为受控文件，香兰素作业指导书上标有"受控"字样；由文件管理员负责文件的发放、更改、回收及原件的存查管制工作；文件的发放、回收建立登记记录；文件领用人须妥善保管领取的文件，不得涂改或擅自更改，不得私自转让、外借，不得改变文件的原装订形式，不可私自复印；由企业管理部负责管理性文件、技术部负责工艺文件管理等事项。(2) 记录控制程序规定：公司人员查阅记录时，须经保管部门主管同意；所有记录的原件一律不予外借。(3) 设备/设施管理程序规定：设备动力部负责对生产、工艺设备、环境运行设备等的归口管理，建立设备档案；设备说明书、合格证、安装图及其他相关资料交设备部设备管理员归入设备档案。(4) 食品安全、质量和环境管理手册规定：建立档案室和档案与信息化管理安全保密制度，设有专职档案管理人员。（5）各部门岗位职责规定：技术部负责公司产品技术文件的标准化审查工作和标准化资料的登记、备案、存放、查阅等事项。（6）职工手册规定：由安全员检查、督促员工遵守安全生产制度和操作规程，做好原始资料的登记和保管工作。嘉兴中华化工公司就其内部管理规定对员工进行了培训，傅某根于 2007 年参加了管理体系培训、环境管理体系培训、宣传教育培训、贯标培训。

2010 年 3 月 25 日，嘉兴中华化工公司制定《档案与信息化管理安全保密制度》，内容包括，对于公司纸质或电子形式存在的技术方案、操作规程、设备图纸、实验数据、操作记录等作为公司涉密信息，公司所有职工必须保守秘密；任何部门及个人不得私自查阅公司档案信息；公司工作人员发现公司秘密已经泄露或者可能泄露时，应当立即采取补救措施；公司与接触相关技术和操作规程的员工签订《保密协议》等。2010 年 4 月起，嘉兴中华化工公司与员工陆续签订保密协议，对商业秘密的范围和员工的保密义务作了约定，傅某根以打算辞职为由拒绝签订保密协议。

嘉兴中华化工公司与上海欣晨公司之间签订的《技术开发合同》《技术转让合同》《关于企业长期合作的特别合同》均有保密条款的约定。上海欣晨公司的法定代表人以及主要技术人员向嘉兴中华化工公司出具《承诺和保证书》，保证为嘉兴中华化工公司已开发的所有技术成果及其他知识产权不被泄露或披露给任何第三方。上海欣晨公司提交的《上海欣晨新技术有限公司管理条例》及其与员工的劳动合同中订有保密条款，明确公司商业、管理及技术资料为涉密信息。

### （四）关于王龙集团公司、王龙科技公司、喜孚狮王龙公司、傅某根、王某军的主体情况及被诉侵权行为

王龙集团有限公司（以下简称"王龙集团公司"）成立于 1995 年 6 月 8 日，注册资本 8000 万元，经营范围为食品添加剂山梨酸钾的研发、生产，化工产品（除危险化学品）的制造、销售等，王某军任监事。

宁波王龙科技股份有限公司（以下简称"王龙科技公司"）成立于2009年10月21日，由王某军与王龙集团公司共同出资成立，其注册资本10 180万元，经营范围包括食品添加剂山梨酸、山梨酸钾、香兰素、脱氢醋酸、脱氢醋酸钠的研发、生产，羧酸及其衍生物的研发、生产等，王某军任法定代表人。

宁波王龙香精香料有限公司成立于2017年2月24日，由王龙科技公司以实物方式出资8000万元成立，经营范围为实用香精香料（食品添加剂）的研发、生产等，主要产品为香兰素，王某军任法定代表人。

2017年6月22日，王龙科技公司将其所持有的宁波王龙香精香料有限公司51%的股权出售给凯美菱精细科学有限公司（Camlin Fine Sciences Limited，以下简称"凯美菱科学公司"）与喜孚狮欧洲股份公司，王龙科技公司以设备和专利等出资，占注册资本的49%，公司经营范围变更为香兰素的研发、生产、销售和交易等。2017年7月26日，宁波王龙香精香料有限公司企业名称变更为喜孚狮王龙香料（宁波）有限公司（以下简称"喜孚狮王龙公司"）。

傅某根自1991年进入嘉兴中华化工公司工作，2008年起担任香兰素车间副主任，主要负责香兰素生产设备维修维护工作。

2010年春节前后，冯某某与傅某根、费某某开始商议并寻求香兰素生产技术的交易机会。同年4月12日，三人前往王龙集团公司与王某军洽谈香兰素生产技术合作事宜，以嘉兴市智英工程技术咨询有限公司（以下简称"嘉兴智英公司"）作为甲方，王龙集团香兰素分厂作为乙方，签订《香兰素技术合作协议》，主要内容包括：第一条，甲方以其所持有国内外最新、最先进生产香兰素新工艺技术为该项目入股王龙集团香兰素分厂，甲方暂定为该项目技术价值500万元，8%作为香兰素产品的股份。第二条，甲方提供有关的技术资料，进行技术指导、传授技术诀窍，使该技术顺利转让给乙方。乙方掌握所有产品的工艺技术，包括产品工艺流程图、设备平面布置图、非标设备加工图、涉及香兰素项目的所有技术资料。第七条，甲方技术人员小组（四人）应跟乙方一起联合，筹建该项目各种事务及筹备销售业务渠道等，确保甲方帮助销售一年 1000 吨以上销量及各方面工作。落款处甲方由"嘉兴市智英工程技术咨询有限公司（筹）"签章，法定代表人处由冯某某签字，乙方由"王龙集团"签章，保证人栏由冯某某、傅某根、费某某签字。

2010 年 4 月 12 日，王龙集团公司向嘉兴智英公司开具 100 万元银行汇票，冯某某通过背书转让后支取 100 万元现金支票，从中支付给傅某根 40 万元、费某某 24 万元。随后，傅某根交给冯某某一个 U 盘，其中存有香兰素生产设备图 200 张、工艺管道及仪表流程图 14 张、主要设备清单等技术资料，冯某某转交给王某军。2010 年 4 月 15 日，傅某根向嘉兴中华化工公司提交辞职报告，同年 5 月傅某根从嘉兴中华化工公司离职，随即与冯某某、费某某进入王龙科技公司香兰素车间工作。

2010 年 5 月 9 日，王龙科技公司与案外人上海宝丰机械制造有限公司签订买卖合同，购买一批非标压力容器。同年 6 月 4 日，王龙科技公司与浙江杭特容器有限公司（以下简称"杭特公司"）签订买卖合同，购买一批非标设备。上述合同均约定供方按需方的工艺条件图设计图纸，经需方确认后按图施工。浙江省嘉兴市南湖区公安分局调取了王龙科技公司向杭特公司提供的设备图 105 张，其中部分设备图显示设计单位为南通职大永泰特种设备设计有限公司，部分图纸上有傅某根、费某某签字或"技术联系傅工 01516859××××王龙"字样，傅某根确认该移动电话号码系其所有。同期，王龙科技公司向其他厂家购买了离心机、干燥机等设备。以上合同均已实际履行完毕。

2011 年 3 月 15 日，浙江省宁波市环境保护局批复同意王龙科技公司生产山梨酸（钾）、醋酐、双乙烯酮及醋酸衍生产品、香兰素建设项目环境影响报告书，批准香兰素年产量为 5000 吨。同年 6 月，王龙科技公司开始生产香兰素。2013 年 4 月，浙江省宁波市科学技术局批复对王龙科技公司"乙醛酸法新工艺技术制备香兰素及产业化"科技项目给予经费支持，项目负责人包括王某军、傅某根等三人，王龙科技公司在申报材料中自称傅某根曾任嘉兴中华化工公司香兰素项目技术负责人之一，参与年产 1 万吨乙醛酸法合成香兰素连续化生产线设计及建设。2015 年 8 月 18 日，浙江省宁波市环境保护局批准王龙科技公司新建 2 套共 0.6 万吨香兰素生产装置，香兰素的生产采用愈创木酚乙醛酸法。王龙科技公司向该局申报的《年产 6 万吨乙醛、4 万吨丁烯醛、2 万吨山梨酸钾、0.6 万吨香兰素生产项目环境影响报告书》（以下简称《2015 年环境影响报告书》）包含碱化与缩合酸化单元、木酚萃取单元、氧化单元氧化工序、氧化单元亚铜回收工序、脱羧单元、香兰素萃取、分馏单元、香兰素结晶和乙醇回收单元、辅助工段 9 张工艺流程图。

喜孚狮王龙公司自成立时起持续使用王龙科技公司作为股权出资的香兰素生产设备生产香兰素。

## （五）关于嘉兴中华化工公司与上海欣晨公司主张的侵权损害赔偿依据以及其为该案支出的费用情况

嘉兴中华化工公司提交的损害赔偿经济分析报告结论为：假定该案侵害商业秘密成立，经济量化分析表明，王龙集团公司、王龙科技公司、喜孚狮王龙公司、傅某根、王某军侵害涉案技术秘密并进入香兰素市场，导致嘉兴中华化工公司遭受重大经济损失，包括但不限于该报告估算的 7.9 亿元的价格侵蚀影响。

嘉兴中华化工公司与上海欣晨公司为该案一审诉讼支付律师代理费 200 万元，为制作损害赔偿经济分析报告支付 7 万美元。

## （六）其他相关事实

2010 年 6 月 14 日，嘉兴中华化工公司向浙江省嘉兴市南湖区人民法院起诉冯某某侵害其商业秘密，王龙集团公司为该案第三人。同年 11 月 12 日，嘉兴中华化工公司以"本案可能涉及刑事案件"为由撤回起诉。

2016 年 1 月 5 日，嘉兴中华化工公司向浙江省嘉兴市南湖区人民法院起诉王龙科技公司、王某军、傅某根侵害其商业秘密，指控以王某军为发明人、王龙科技公司为申请人的"一种香兰素的乙醛酸法生产工艺"发明专利申请侵害了嘉兴中华化工公司关于香兰素制造方法的商业秘密，其在该案中主张的秘密点为乙醛酸法制备香兰素生产工艺中的缩合技术、氧化技术、脱羧技术。浙江省嘉兴市南湖区人民法院经审理认定王龙科技公司、王某军、傅某根构成对嘉兴中华化工公司商业秘密的侵害，于 2016 年 11 月 3 日作出（2016）浙 0402 民初 45 号民事判决，判令王龙科技公司、王某军、傅某根停止侵害行为，共同赔偿嘉兴中华化工公司损失 50 万元。该案二审期间，冯某某向浙江省嘉兴市南湖区公安分局大桥派出所反映情况，并提交了 U 盘和香兰素设备图、工艺管道和仪表流程图、香兰素技术合作协议、银行汇票等材料。浙江省嘉兴市中级人民法院认为有新证据显示案件涉及经济犯罪嫌疑，遂作出（2016）浙 04 民终 2304 号民事裁定，撤销该案一审判决，驳回嘉兴中华化工公司的起诉，将案件移送公安机关处理。2017 年 6 月 14 日，浙江省嘉兴市南湖区公安分局作出嘉南公（大刑）立字［2017］11823 号立案决定书，对嘉兴中华化工公司被侵害商业秘密案予以立案侦查。2020 年 1 月 7 日，浙江省嘉兴市南湖区公安分局以"对犯罪嫌疑人未采取强制措施，自立案之日起二年内仍然不能移送审查起诉或者依法作其他处理"为由，决定撤销该案。

2017 年 12 月 5 日，根据浙江省嘉兴市南湖区公安分局的委托，上海市科技咨询服务中心知识产权司法鉴定所出具了三份鉴定意见书：其一，［2017］沪科咨知鉴字第 48-1 号《知识产权司法鉴定意见书》，委托鉴定事项为嘉兴中华化工公司主张的技术秘密是否构成不为公众所知悉的技术信息，鉴定意见为嘉兴中华化工公司"香兰素制备工艺"中秘密点（1）香兰素缩合反应关键工艺、（3）氧化铜化学氧化回收工艺、（4）连续式缩合反应塔装置、（5）连续式氧化釜装置、（6）香兰素蒸馏装置、（7）香兰素生产设备技术图纸在 2015 年 5 月 30 日和 2017 年 8 月 21 日之前分别构成不为公众所知的技术信息；秘密点（2）氧化铜化学氧化工艺不构成不为公众所知的技术信息。上海市浦东科技信息中心出具的检索结论为，除查新点（2）氧化铜化学氧化工艺被公开外，其余查新点均未查到有相同文献报道。其二，［2017］沪科咨知鉴字第 48-2 号《知识产权司法鉴定意见书》，委托鉴定事项为王龙科技公司发明专利申请是否包含嘉兴中华化工公司技术秘密点，结论为王龙科技公司的发明专利申请部分披露了秘密点（1）香兰素缩合反应关键工艺中的部分技术，其他秘密点没有披露。其三，［2017］沪科咨知鉴字第48-3号《知识产权司法鉴定意见书》，委托鉴定事项为嘉兴中华化工公司香兰素新工艺生产设备图秘密点鉴定，以及冯某某提供的图纸是否包含上述秘密点，结论为冯某某提供的设备图纸"缩合塔7张""蒸馏装置15张""氧化釜12张"分别与嘉兴中华化工公司的对应图纸相同，包含上述秘密点（4）（5）（6）（7）。

一审法院认为：该案应适用2017年《反不正当竞争法》。上海欣晨公司作为涉案技术信息的共有人，有权与嘉兴中华化工公司共同提起诉讼，系该案适格原告。该案未超过诉讼时效，亦未构成重复起诉。涉案技术信息系不为公众所知悉、具有商业价值并经权利人采取相应保密措施的技术信息，具备商业秘密的法定构成要件，构成商业秘密并应受法律保护。王龙集团公司、王龙科技公司、喜孚狮王龙公司、傅某根获取的技术秘密包括185张设备图和15张工艺流程图，侵权使用的涉案技术秘密包括17个设备的设计图和5张工艺流程图。

王龙集团公司、王龙科技公司、傅某根以不正当手段获取涉案技术秘密，并披露、使用、允许他人使用该技术秘密的行为，喜孚狮王龙公司使用涉案技术秘密的行为，均侵害了涉案技术秘密，构成不正当竞争，王龙集团公司、王龙科技公司、喜孚狮王龙公司、傅某根应当承担停止侵害、赔偿损失的民事责任。其中王龙集团公司、王龙科技公司、傅某根基于共同实施的侵权行为，应当承担连带责任。喜孚狮王龙公司基于其实施的使用行为，承担部分连带责任。嘉兴中华化工公司与上海欣晨公司要求王龙集团公司、王龙科技公司、喜孚狮王龙公司、傅某根停止侵害其技术秘密并赔偿损失的诉请于法有据。王某军的行为并未明显超出其法定代表人职务行为的范畴，嘉兴中华化工公司与上海欣晨公司关于王某军构成共同侵权并应承担侵权责任的主张依据不足。

关于赔偿数额，根据2017年《反不正当竞争法》第17条第3款、第4

款规定，综合考量涉案技术秘密的商业价值、侵权行为的性质、规模、持续时间及损害后果等因素，该案适用法定赔偿方式，酌情确定王龙集团公司、王龙科技公司、傅某根连带赔偿嘉兴中华化工公司与上海欣晨公司经济损失300万元及维权费用50万元，喜孚狮王龙公司对上述经济损失及维权费用的7%承担连带赔偿责任。

一审法院判决：（1）王龙集团公司、王龙科技公司、喜孚狮王龙公司、傅某根立即停止侵害涉案技术秘密的行为，即停止以不正当手段获取、披露、使用、允许他人使用涉案设备图和工艺管道及仪表流程图记载的技术秘密；该停止侵害的时间持续到涉案技术秘密已为公众所知悉时止。（2）王龙集团公司、王龙科技公司、傅某根自本判决生效之日起10日内连带赔偿嘉兴中华化工公司、上海欣晨公司经济损失300万元、合理维权费用50万元，共计350万元；喜孚狮王龙公司对其中7%即24.5万元承担连带赔偿责任。（3）驳回嘉兴中华化工公司、上海欣晨公司的其他诉讼请求。一审案件受理费2 551 800元，由嘉兴中华化工公司、上海欣晨公司负担1 258 109元；由王龙集团公司、王龙科技公司、傅某根负担1 293 691元，喜孚狮王龙公司对其中90 558元承担连带责任；鉴定人员出庭费用20 000元（已由嘉兴中华化工公司垫付给鉴定机构），由王龙集团公司、王龙科技公司、喜孚狮王龙公司、傅某根负担。

# 二、二审中提交的证据

二审期间，嘉兴中华化工公司、上海欣晨公司为证明其因被诉侵权行为遭受的损失，王龙集团公司、王龙科技公司、喜孚狮王龙公司、傅某根及王某军因侵权所获利益，以及嘉兴中华化工公司、上海欣晨公司为制止侵权支付的合理费用，提交如下新证据：

（1）2011~2017年嘉兴中华化工公司年度审计报告（节录）。

（2）上海市张江公证处（2020）沪张江证经字第11504、11506号、第11507号、第11508号、第11509号、第11510号、第11511号公证书，系从一审证据 87 中随机抽取 2011~2017 年嘉兴中华化工公司香兰素产品每月两笔即每年 24 笔销售转账凭证及发票并计算出平均单价统计表后形成的公证书。为进一步补充证明一审证据 87，嘉兴中华化工公司提交了证据 2-1，即嘉兴中华化工公司随机抽取的 2009~2010 年其香兰素产品每月两笔即每年 24 笔销售转账凭证及发票，以及由此计算得出的嘉兴中华化工公司 2009~2010 年香兰素产品销售平均单价统计表。为进一步补充证明证据 2-1，嘉兴中华化工公司提交了证据 2-2，对上述证据 2-1 的形成过程、原件与复印件的真实性等事项进行了公证，并形成上海市张江公证处（2020）沪张江证经字第 12140 号公证书和第 12141 号公证书。

（3）上海市张江公证处（2020）沪张江证经字第 11497 号公证书。

（4）上海市张江公证处（2020）沪张江证经字第 11496 号公证书。

（5）北京市方圆公证处（2020）京方圆内经证字第 23023 号公证书。

（6）二审诉讼代理合同、代理费发票及转账凭证。

（7）嘉兴中华化工公司 2009~2017 年香兰素数量金额明细表、随机抽取的每月一笔转账凭证及其生产成本结算表、原材料分配表。为补充证明证据 7 中香兰素数量金额明细表的真实性，嘉兴中华化工公司提交了证据 7-1，对上述证据 7 的形成过程、原件与复印件的真实性等事项进行了公证，并形成上海市张江公证处（2020）沪张江证经字第 12319 号公证书。

王龙集团公司、王龙科技公司、喜孚狮王龙公司、傅某根与王某军在二审法院指定举证期限内并未提交新证据，故二审法院在举证期限届满后，于 2020 年 11 月 24 日举行庭前会议，组织各方当事人就嘉兴中华化工公司、上海欣晨公司二审提交的新证据进行质证。王龙集团公司、王龙科技公司、喜孚狮王龙公司、傅某根与王某军对嘉兴中华化工公司、上海欣晨公司二审新提交证据发表的质证意见为：认可上述新证据的真实性和合法性，但是不认可其关联性，这些证据不能准确地反映嘉兴中华化工公司和上海欣晨公司主张的侵权损失。此外，王龙集团公司、王龙科技公司、喜孚狮王龙公司、傅某根与王某军的委托诉讼代理人在第二次庭前会议中明确表示其在二审程序中没有新证据提交。二审法院遂决定于 2020 年 12 月

16 日开庭审理并依法告知各方当事人。但是，在二审庭审前夕，王龙集团公司、王龙科技公司、喜孚狮王龙公司、傅某根与王某军的委托诉讼代理人向法院提交如下新证据：

（1）王龙集团公司获奖情况，用以证明王龙集团公司的研发实力。

（2）三份采购合同，用以证明根据合同约定王龙科技公司只需向杭特公司提供设备草图，设备生产工艺图由杭特公司设计。

（3）硕士论文《乙醛酸法香兰素新工艺技术研究》，用以证明香兰素乙醛酸法主干生产工艺和主要生产设备的布置连接关系在 2003 年已经为公众所知。

（4）化工设备图册、化工设备结构图册、管壳式换热器国家标准，用以证明早在 1974 年就已经大量存在与嘉兴中华化工公司香兰素生产线主要设备结构组成相同、尺寸和开口位置相似的设计，嘉兴中华化工公司的设备图纸不构成技术秘密。

（5）化工制图（华东化工学院、武汉化工学院），用以证明化工生产中设备的设计规范，只要提出基本要求，就可以画出相应的施工图，常见化工设备并不属于不为公众所知悉的内容。

（6）王龙科技公司 2014 年 9 月提交的《宁波王龙科技股份有限公司年产 6 万吨乙醛、4 万吨丁烯醛、2 万吨山梨酸钾、0.6 万吨香兰素生产项目环境影响报告书》（以下简称《2014 年环境影响报告书》），用以证明王龙科技公司香兰素生产线主要工序和设备（木酚回收利用工序）与嘉兴中华化工公司不同。

二审法将王龙集团公司、王龙科技公司、喜孚狮王龙公司、傅某根与王某军二审提交的上述新证据转交给嘉兴中华化工公司、上海欣晨公司，并于 2020 年 12 月 15 日组织双方当事人就上述新证据进行质证。王龙集团公司、王龙科技公司、喜孚狮王龙公司、傅某根与王某军的委托诉讼代理人明确表示，上述证据 4 中仅保留化工设备图册，其证明目的不变，并进一步补充提交以下新证据，用以证明被诉香兰素制造技术与嘉兴中华化工公司主张的涉案技术秘密不同：

（7）浙江省余姚市公证处制作的（2020）浙余证民字第 2226 号、第 2227 号、第 2228 号公证书复印件。

（8）化工设备图册中部分图纸的复印件，以及嘉兴中华化工公司所主张设备与证据 8 的对比分析表。

（9）嘉兴中华化工公司建设项目环境影响报告表，编制日期 2019 年 9 月。

嘉兴中华化工公司和上海欣晨公司对上述证据的质证意见为：上述证据均不属于二审新证据，且明显超出举证期限，故不应被接受并考虑。具体来说，证据 1 因无原件无法核对真实性，且与香兰素的生产无关，故不认可其与该案的关联性；证据 2 存在原件与复印件不一致的情形，且一审法院调取的证据中共有五份合同，王龙集团公司、王龙科技公司、喜孚狮王龙公司、傅某根与王某军仅提交了其中的三份合同，存在不完整提交合同证据的情形；证据 3 论文公开了使用改性片麻岩作为催化剂及利用空气作为氧化剂的催化氧化法，与涉案技术秘密采用硫酸铜化学氧化法的工艺不同；证据 4 存在原件与复印件不一致的情形，且无具体公开时间，所有图纸均与香兰素生产无关，同时其未完整公开涉案香兰素的生产工艺；证据 5 中武汉化工学院编制的"化工制图"无原件故不认可其真实性，认可华东化工学院编制的"化工制图"的真实性和公开性，同时上述"化工制图"中的所有设备图、流程图等均与香兰素生产无关，且王龙集团公司、王龙科技公司、喜孚狮王龙公司、傅某根与王某军未提交上述"化工制图"中与涉案香兰素生产工艺的技术比对说明；证据 6 没有原件，且与公安机关调取的《2015 年环境影响报告书》不一致，如证据 6 记载时间是 2014 年 9 月版，而公安机关调取的《2015 年环境影响报告书》为 2015 年 4 月版，且两者在具体数据上也有差异，故不认可其真实性；证据 7 仅为复印件，且在二审庭审对其进行质证时仍未提供原件，同时该证据中的照片仅为设备外表，无法得知其准确的尺寸和内部结构，故无法将其与涉案香兰素生产工艺进行比对；证据 8 认可真实性，但无法确定其公开时间，且所有图纸均与香兰素生产无关，其未完整公开香兰素的生产设备及工艺；

证据 9 认可真实性，但该环境影响报告表为 2019 年 9 月编制，其涉及的技术内容和设备与涉案香兰素生产工艺技术的相关性不大。

针对嘉兴中华化工公司、上海欣晨公司就上述证据 4、5 的质证意见，王龙集团公司、王龙科技公司、喜孚狮王龙公司、傅某根与王某军的委托诉讼代理人称，上述证据 4 及证据 5 中华东化工学院编制的"化工制图"原件有不同来源，而其提交的复印件所依据的原件与其带到法庭的原件因来源不同，故其中的手写部分确有不同。

二审法院对各方当事人二审提交的新证据的认证意见为：（1）嘉兴中华化工公司、上海欣晨公司二审提交的 7 份新证据均在举证期限内提交，在一定程度上能够证明其因被诉侵害涉案技术秘密行为所遭受的损失，与该案争议焦点具有关联性，且其真实性、合法性亦得到各方当事人的认可，故二审法院予以采纳。（2）王龙集团公司、王龙科技公司、喜孚狮王龙公司、傅某根与王某军均未在二审法院指定的举证期限内提交新证据，同时上述证据 1 无法核对真实性，且与香兰素的生产无关；证据 2 存在原件与复印件不一致的情形，且无法实现其证明目的；证据 3 公开的技术与涉案工艺不同；证据 4 与证据 5 中华东化工学院编制的"化工制图"虽然存在原件与复印件不一致的情形，但王龙集团公司、王龙科技公司、喜孚狮王龙公司、傅某根、王某军的委托诉讼代理人的解释尚属合理，二审法院对其真实性予以确认，但证据 4 及证据 5 中华东化工学院编制的"化工制图"均与香兰素生产无关，同时证据 5 中武汉化工学院编制的"化工制图"无原件故不能确认其真实性；证据 6 没有原件，且与公安机关调取的《2015 年环境影响报告书》不一致，故无法确认其真实性；证据 7 无法完整展示涉案香兰素生产工艺；证据 8 与香兰素生产无关；证据 9 因编制时间为 2019 年 9 月，与该案缺乏足够关联性。因此，二审法院对王龙集团公司、王龙科技公司、喜孚狮王龙公司、傅某根与王某军二审提交的新证据均不予采信。

在二审过程中，王龙集团公司、王龙科技公司、喜孚狮王龙公司、傅某根与王某军的专家辅助人卢某某到庭，就涉案香兰素生产技术及王龙集

团公司、王龙科技公司、喜孚狮王龙公司、傅某根与王某军二审提交的相
关证据进行了说明，并接受了各方当事人及法庭的询问。

此外，嘉兴中华化工公司与上海欣晨公司提交的一审证据78为嘉兴中
华化工公司2008~2017年产品销售毛利数据；一审证据87为嘉兴中华化工
公司2008~2017年香兰素销售明细账，系为补强其一审证据78中的销售数
量和销售单价，以证明一审证据78中销售数量的真实性；一审证据89为
"关于中华化工等诉王龙集团等侵害商业秘密案的损害赔偿的经济分析报
告"。上述证据均系用以证明嘉兴中华化工公司与上海欣晨公司因涉案技
术秘密被侵害受到的损失或者王龙集团公司、王龙科技公司、喜孚狮王龙
公司、傅某根、王某军因侵害涉案技术秘密所获利益。为了进一步补强一
审证据87，嘉兴中华化工公司与上海欣晨公司二审提交了新证据2、2-1、
2-2，即2009~2017年嘉兴中华化工公司香兰素产品每月两笔销售转账凭
证及其所附发票、平均单价统计表，进一步证明一审证据78中销售单价的
真实性。为证明一审证据78中单位成本的真实性，嘉兴中华化工公司与上
海欣晨公司二审提交了新证据7及7-1，即嘉兴中华化工公司2009~2017
年香兰素数量金额明细表、随机抽取的每月一笔转账凭证及其生产成本结
算表、原材料分配表。一审法院经审查认为，一审证据78、证据87系单方
制作证据，在缺少税务发票、审计报告等客观证据佐证的情况下，不足以
确定其数据的真实性，但对于嘉兴中华化工公司的销售数量和销售单价具
有一定参考作用，故对一审证据78、证据87予以认定；对一审证据89的
形式真实性予以认定，但认为一审证据89不能实现其证明目的。对此，二
审法院经审查认为，虽然一审证据78、证据87中包含嘉兴中华化工公司自
制的证据，但嘉兴中华化工公司与上海欣晨公司二审已经提交新证据补充
证明一审证据78、证据87的真实性，且该新证据具有真实性、合法性、关
联性，该新证据可以采信。同时，考虑侵害技术秘密类案件中普遍存在的
当事人举证能力有限的现实状况、嘉兴中华化工公司与上海欣晨公司的实
际举证能力和具体举证情况、该案其他证据相互印证情况等因素，二审法
院对上述一审证据78、证据87予以采纳，对一审证据89所记载的价格侵

蚀情况，二审法院也将客观展示。

# 三、二审法院查明事实

结合各方当事人在诉讼中提交的证据，二审法院查明如下事实：

根据嘉兴中华化工公司与上海欣晨公司一审证据78所采用的计算方法，2011~2017年，嘉兴中华化工公司香兰素抽样年平均销售单价分别为每吨75 224.35元、75 259.97元、73 691.83元、65 034.72元、64 978.64元、59 186.54元、63 782.05元；嘉兴中华化工公司香兰素年销售单价分别为每吨76 028元、73 910元、71 156元、66 943元、66 490元、60 356元、61 314元；嘉兴中华化工公司香兰素年营业收入分别为831 504 715.56元、756 976 728.24元、613 490 128.38元、927 779 249.21元、850 935 687.19元、744 324 516.36元、748 944 703.02元；嘉兴中华化工公司香兰素年营业利润分别为110 561 595.74元、41 019 632.69元、72 872 000.61元、91 951 372.50元、85 209 268.01元、193 407 889.68元、83 774 612.19元；嘉兴中华化工公司香兰素年营业利润率分别为13.30%、5.42%、11.88%、9.91%、10.01%、25.98%、11.19%；嘉兴中华化工公司香兰素年销售利润率分别为：18.46%、16.21%、24.51%、13.28%、13.70%、13.77%、13.29%。

根据嘉兴中华化工公司与上海欣晨公司提交的二审证据2、2-1、2-2、7、7-1及一审证据78、87、89，按照价格侵蚀的计算方法，2011~2017年嘉兴中华化工公司与上海欣晨公司因王龙集团公司、王龙科技公司及喜孚狮王龙公司的被诉侵权行为对嘉兴中华化工公司香兰素产品的价格侵蚀导致的损害高达790 814 699元。

2019年1月30日，嘉兴中华化工公司与上海欣晨公司向一审法院申请行为保全，请求责令：（1）王龙科技公司、喜孚狮王龙公司立即停止使用涉案技术秘密；（2）王龙集团公司、王龙科技公司、喜孚狮王龙公司、傅某根、王某军不得向他人，尤其是不得向凯美菱科学公司披露涉案技术秘密；（3）王龙集团公司、王龙科技公司、喜孚狮王龙公司、傅某根、王某军不得允许他人，尤其是不得允许凯美菱科学公司使用涉案技术秘密。2020 年 4 月 24 日，一审法院在作出一审判决的同时，一并作出（2018）浙民初 25 号之一民事裁定。该裁定记载：虽然一审判决已经责令王龙集团公司、王龙科技公司、喜孚狮王龙公司、傅某根停止侵害涉案技术秘密的行为，但因一审判决尚未生效，不能立即发生制止侵权行为的效果，尚无法避免嘉兴中华化工公司、上海欣晨公司损失的扩大；该案不存在可能给社会公众利益造成损害的情形。综合考虑全案因素，该案存在责令王龙集团公司、王龙科技公司、喜孚狮王龙公司、傅某根立即停止侵害行为的必要性。因此，一审法院裁定：（1）王龙科技公司、喜孚狮王龙公司立即停止使用涉案技术秘密生产香兰素的行为；（2）王龙集团公司、王龙科技公司、喜孚狮王龙公司、傅某根不得向他人披露或者允许他人使用涉案技术秘密；（3）驳回嘉兴中华化工公司与上海欣晨公司的其他行为保全申请。涉案技术秘密具体范围见一审判决附件 2（即二审判决附件 1），以上行为保全措施效力维持至该案判决生效时止。民事裁定立即开始执行。上述裁定作出后，各方当事人均未依法申请复议，该裁定为生效裁定。

嘉兴中华化工公司与上海欣晨公司的委托诉讼代理人在二审庭审中有如下陈述：（1）香兰素的市场需求量相对稳定，每年的全球需求量基本保持在 2 万吨左右。在王龙集团公司、王龙科技公司、喜孚狮王龙公司生产香兰素之前，全球两大香兰素生产商占据 90% 左右的市场份额，其中嘉兴中华化工公司占据全球香兰素市场 60% 左右的份额；法国一家生产商占据 30% 左右的市场份额。（2）王龙集团公司、王龙科技公司、喜孚狮王龙公司生产香兰素之后，很快就占据了 10% 左右的全球香兰素市场份额，嘉兴中华化工公司的市场份额则下降到 50% 左右。王龙集团公司、王龙科技公司、喜孚狮王龙公司侵害涉案技术秘密生产的香兰素产品销售地域非常广，遍布美洲、欧洲、亚洲等全球主要市场，且其针对的消费群体、市场范围主要对标嘉兴中华化工公司的香兰素产品。由于王龙集团公司、王龙科技公司、喜孚狮王龙公司没有投入研发成本，故能面向全球市场低价销售香兰素，导致嘉兴中华化工公司的市场收入严重下滑。（3）在王龙集团公司、王龙科技公司的香兰素产品投放国际市场后，上述法国厂家曾在欧洲起诉嘉兴中华化工公司及王龙集团公司、王龙科技公司的香兰素生产设备侵害其专利权，嘉兴中华化工公司积极应诉，该法国厂商败诉。在该案中，该法国厂家提交的证据显示，王龙集团公司、王龙科技公司自认其香兰素生产设备与嘉兴中华化工公司的香兰素产品生产设备相同。（4）傅某根到王龙集团公司工作后，短期内嘉兴中华化工公司多名与香兰素生产技术相关的员工也到王龙集团公司工作，帮助王龙集团公司、王龙科技公司实现了香兰素产品的量产。（5）嘉兴中华化工公司与上海欣晨公司于 2018 年 5 月提起该案一审诉讼，其中主张的赔偿数额仅计算至 2017 年年底，不包括被诉侵权行为 2018 年以来持续至二审时给其造成的损失。（6）嘉兴中华化工公司与上海欣晨公司在该案中未主张销毁记载有涉案技术秘密的相关载体，也未主张销毁相关模具等生产设备。（7）香兰素的化学合成方法主要包括亚硝基法和乙醛酸法，目前乙醛酸法系生产香兰素的主流方法。乙醛酸法生产香兰素的整个过程大体上可以分为两个阶段：合成（制备）阶段和后处理（精制）阶段。其中合成阶段最重要，其所解决的是香兰素产品从无到有的问题，并在很大程度决定了后处理阶段香兰素产品的纯度高低。根据反应原理，乙醛酸法生产香兰素的合成阶段包括三个步骤：缩合、氧化和脱羧。涉案技术秘密是嘉兴中华化工公司与上海欣晨公司共同自主研发的乙醛酸法制备香兰素新工艺，创造性地采用了化学氧化法。相对于传统的"催化氧化法"，新工艺具有反应条件温和、反应终点更易控制、副反应少的优点，属于创新技术。王龙集团公司、王龙科技公司、喜孚狮王龙公司、傅某根及王某军对嘉兴中华化工公司与上海欣晨公司的上述陈述当庭未明确表示反对或否认。

2011 年 3 月 15 日浙江省宁波市环境保护局批复同意王龙科技公司香兰素年产量为 5000 吨，2015 年 8 月 18 日该局又批准王龙科技公司新建 2 套共 6000 吨香兰素生产线。嘉兴中华化工公司与上海欣晨公司提交的一审证据 74 第 410 页表明，王龙集团公司、王龙科技公司曾自述其 2013 年的香兰素产量为 2000 吨。王龙集团公司、王龙科技公司、喜孚狮王龙公司、傅某根与王某军的委托诉讼代理人于 2020 年 11 月 24 日接受二审法院询问及 2020 年 12 月 16 日二审庭审时均陈述，被诉侵权行为目前仍在继续实施中。嘉兴中华化工公司与上海欣晨公司二审提交的新证据 4 也表明，王龙集团公司、王龙科技公司、喜孚狮王龙公司 2018 年 4 月 1 日至 2019 年 3 月 1 日销售香兰素 2263 吨；新证据 5 表明王龙集团公司、王龙科技公司、喜孚狮王龙公司 2019 年生产香兰素 3185 吨，2020 年 1~9 月生产香兰素 1976 吨；新证据 3 表明喜孚狮王龙公司具有代表性的销售价格为每公斤 8.75 美元，即每吨 8750 美元（约为每吨 57 619 元）。

嘉兴中华化工公司与上海欣晨公司在二审庭审中计算损害赔偿数额时，主张按照嘉兴中华化工公司香兰素产品 2011~2017 年的营业利润计算王龙集团公司、王龙科技公司及喜孚狮王龙公司侵害涉案技术秘密的获利乘以 1.5 倍来确定赔偿数额。

二审法院另查明：宁波王龙香精香料有限公司成立于 2015 年 11 月 20 日；喜孚狮王龙公司的法定代表人于 2020 年 10 月 9 日由王某军变更为周万根。上述事实有喜孚狮王龙公司的企业信用信息公示报告予以证实。一审判决错误认定宁波王龙香精香料有限公司成立时间为 2017 年 2 月 24 日，二审法院予以纠正。

一审法院已查明的其他事实基本清楚，二审法院予以确认。

# 四、二审焦点

二审法院认为，根据当事人的诉辩主张并结合已查明事实，该案的争议焦点为：（1）该案应该如何适用法律；（2）上海欣晨公司是否有权提起本案诉讼；（3）该案诉讼请求是否已过诉讼时效；（4）该案是否构成重复起诉；（5）涉案技术信息是否构成技术秘密；（6）王龙集团公司、王龙科技公司、喜孚狮王龙公司、傅某根及王某军（以下简称"王龙集团公司等被诉侵权人"）是否实施了侵害涉案技术秘密的行为；（7）一审法院确定损害赔偿责任、维权费用及诉讼费分担是否恰当。

## （一）该案应该如何适用法律

法律以不溯及既往为原则，溯及既往为例外。该案中，在被诉侵害技术秘密的行为持续期间，2017 年《反不正当竞争法》于 2018 年 1 月 1 日起施行，2019 年《反不正当竞争法》于 2019 年 4 月 23 日起施行。一审法院于 2018 年 5 月立案受理该案一审诉讼，其审理的被诉侵权行为发生在 2019 年《反不正当竞争法》实施之前。虽然被诉侵害涉案技术秘密行为目前仍在继续实施中，即被诉侵权行为作为一个未间断的行为已经持续至 2019 年《反不正当竞争法》的实施期间，但鉴于嘉兴中华化工公司与上海欣晨公司仅针对 2019 年《反不正当竞争法》施行前的被诉侵权行为提起一审诉讼，特别是其主张的损害赔偿责任计算期间并不包括自 2018 年持续至今的被诉侵权行为，且适用 2017 年《反不正当竞争法》等当时有效的相关法律足以保护当事人的合法权益，故一审法院依据 2017 年《反不正当竞争法》审理该案并无不当。

因此，嘉兴中华化工公司与上海欣晨公司有关一审法院适用 2017 年《反不正当竞争法》构成法律适用错误及该案应适用 2019 年《反不正当竞争法》的上诉主张缺乏依据，二审法院不予支持。

## （二）上海欣晨公司是否有权提起该案诉讼

商业秘密是一种法律保护的民事权利。《民事诉讼法》第 52 条规定："当事人一方或者双方为二人以上，其诉讼标的是共同的，或者诉讼标的是同一种类、人民法院认为可以合并审理并经当事人同意的，为共同诉讼。共同诉讼的一方当事人对诉讼标的有共同权利义务的，其中一人的诉讼行为经其他共同诉讼人承认，对其他共同诉讼人发生效力；对诉讼标的没有共同权利义务的，其中一人的诉讼行为对其他共同诉讼人不发生效力。"据此，如果数个民事主体共有民事权利，该共有民事权利被侵害时，该数个民事主体可以作为共同原告提起民事诉讼。

该案中，嘉兴中华化工公司与上海欣晨公司主张的技术秘密为乙醛酸法制备香兰素新工艺的生产设备图和工艺管道及仪表流程图。从嘉兴中华化工公司与上海欣晨公司 2006 年 9 月 26 日签订的《技术转让合同》的相关内容来看，嘉兴中华化工公司委托上海欣晨公司在前期香兰素生产新工艺研发的基础上进行工程设计，上海欣晨公司负责交付包括可行性研究报告、工艺流程图、设备布置图、设备一览表、非标设备条件图等全套工程设计文件，项目中的技术资料由双方共有，技术成果后续改进工作由双方完成，后续改进成果属于双方。涉案设备图主要是根据合同约定的条件图来设计，故设备图的技术信息也属于合同项下的技术资料，其与工艺流程图均应由嘉兴中华化工公司和上海欣晨公司双方共有。虽然嘉兴中华化工公司与上海欣晨公司在 2008 年 7 月 16 日签订的《关于企业长期合作的特别合同》约定合作期间的知识产权成果归嘉兴中华化工公司所有，但指向的是该合同履行期间内研发的技术成果，与双方之前签署的技术合同履行、结算并无直接关联性，并不改变涉案技术秘密的权利归属。

因此，上海欣晨公司与嘉兴中华化工公司为涉案技术秘密的共同权利人，有权共同提起该案诉讼，一审法院认定上海欣晨公司系该案适格原告并无不当。王龙集团公司、王龙科技公司、喜孚狮王龙公司、傅某根有关上海欣晨公司无权提起该案诉讼的上诉主张缺乏事实和法律依据，二审法院不予支持。

### （三）该案诉讼请求是否已过诉讼时效

1. 关于停止侵害的诉讼请求

《民法总则》第 196 条规定："下列请求权不适用诉讼时效的规定：（一）请求停止侵害、排除妨碍、消除危险；（二）不动产物权和登记的动产物权的权利人请求返还财产；（三）请求支付抚养费、赡养费或者扶养费；（四）依法不适用诉讼时效的其他请求权。"可见，诉讼时效的适用对象通常是债权请求权，停止侵害、排除妨碍、消除危险、返还财产等绝对权请求权不适用诉讼时效。因此，该案嘉兴中华化工公司和上海欣晨公司关于停止侵害其商业秘密的诉讼请求不适用诉讼时效。

2. 关于侵权损害赔偿的诉讼请求

《民法总则》第 188 条规定："向人民法院请求保护民事权利的诉讼时效期间为三年。法律另有规定的，依照其规定。诉讼时效期间自权利人知道或者应当知道权利受到损害以及义务人之日起计算。法律另有规定的，依照其规定。但是自权利受到损害之日起超过二十年的，人民法院不予保护；有特殊情况的，人民法院可以根据权利人的申请决定延长。"一般而言，侵权损害赔偿请求权的诉讼时效应当自权利人知道或者应当知道其被侵害的权利范围、侵害人及侵害行为之时开始计算。

该案中，从查明的事实和嘉兴中华化工公司维权过程来看，香兰素生产技术内容较为复杂，包含诸多技术信息，嘉兴中华化工公司与上海欣晨公司对于其技术秘密受到侵害的范围、途径和具体侵权主体的认知实际上存在一个渐进的过程。虽然嘉兴中华化工公司曾于 2010 年提起诉讼，但该案的被告和所依据的事实均与该案不同，没有证据表明嘉兴中华化工公司当时知道或者应当知道涉案设备图、工艺流程图已经被非法获取、披露或者使用且该案各一审被告为该侵权行为的实施者。虽然嘉兴中华化工公司在该案中撤诉，但是其撤诉理由是"本案可能涉及刑事案件"，且浙江省嘉兴市南湖区公安分局大桥派出所随后对相关情况进行过调查，表明该撤诉行为并不意味着嘉兴中华化工公司对其商业秘密被侵害采取放任态度。同理，嘉兴中华化工公司 2016 年 1 月提起诉讼针对的被告与本案一审被告亦不相同，所涉及的技术秘密的具体内容及相关诉讼主张亦不相同。直到冯某某于 2016 年 12 月向公安机关反映情况并提交图纸等证据后，嘉兴中华化工公司才基本掌握初步证据，明确其可能被侵害的技术秘密内容、可能的侵害人及侵害行为。因此，该案诉讼时效应当自冯某某于 2016 年 12 月向公安机关反映情况并提交图纸等证据且嘉兴中华化工公司获悉此情况时开始起算。嘉兴中华化工公司提起该案诉讼时其损害赔偿请求权的诉讼时效期间尚未届满。退一步讲，即使嘉兴中华化工公司 2016 年 1 月提起的诉讼涉及其在此案中主张的部分技术秘密，针对该部分技术秘密的起诉也构成诉讼时效中断。事实上，嘉兴中华化工公司两次提起诉讼及公安机关的介入都表明，嘉兴中华化工公司的维权行动一直在持续，只是基于侵害技术秘密案件中普遍存在的确定和证明侵害人、侵害行为、被侵害的技术秘密范围较为困难，嘉兴中华化工公司与上海欣晨公司才无法准确针对王龙集团公司、王龙科技公司、喜孚狮王龙公司、傅某根、王某军更早提起侵害涉案技术秘密的诉讼。

因此，王龙集团公司、王龙科技公司、喜孚狮王龙公司、傅某根有关该案诉讼请求已过诉讼时效的上诉主张缺乏事实和法律依据，二审法院不予支持。

### （四）该案是否构成重复起诉

《最高人民法院关于适用〈中华人民共和国民事诉讼法〉的解释》第247条规定："当事人就已经提起诉讼的事项在诉讼过程中或者裁判生效后再次起诉，同时符合下列条件的，构成重复起诉：（一）后诉与前诉的当事人相同；（二）后诉与前诉的诉讼标的相同；（三）后诉与前诉的诉讼请求相同，或者后诉的诉讼请求实质上否定前诉裁判结果。当事人重复起诉的，裁定不予受理；已经受理的，裁定驳回起诉，但法律、司法解释另有规定的除外。"该案中，嘉兴中华化工公司与上海欣晨公司提起一审诉讼并不构成重复诉讼。

第一，无论是嘉兴中华化工公司2010年6月14日起诉冯某某侵害其商业秘密，还是嘉兴中华化工公司于2016年1月5日起诉王龙科技公司、王某军、傅某根侵害其商业秘密，均因可能涉及刑事案件或经济犯罪嫌疑而未能成功保护其合法权益。

第二，上述两案与该案所涉及的技术秘密及当事人均有不同。该案所涉香兰素生产设备图、工艺管道及仪表流程图及其技术信息是否构成技术秘密、王龙集团公司、王龙科技公司、喜孚狮王龙公司、傅某根、王某军等被诉侵权人是否侵害该技术秘密等问题，上述两案均未涉及，即该案与前案的权利基础、诉争范围均不相同。

第三，侵害商业秘密行为普遍存在发现难、举证难的现象，在权利人非因自身原因难以确定其技术秘密受侵害的情况下，通常难以在同一案件中一并提出所有权利主张。在无证据表明嘉兴中华化工公司与上海欣晨公司存在滥用诉权的情况下，其就不同时期发现的针对不同技术秘密点的侵权行为分别提起诉讼，并不构成重复起诉。

因此，王龙集团公司、王龙科技公司、喜孚狮王龙公司、傅某根有关该案构成重复起诉的上诉主张缺乏事实和法律依据，二审法院不予支持。

## （五）涉案技术信息是否构成技术秘密

2017 年《反不正当竞争法》第 9 条第 3 款规定："本法所称的商业秘密，是指不为公众所知悉、具有商业价值并经权利人采取相应保密措施的技术信息和经营信息。""不为公众所知悉"是指有关信息不为其所属领域的相关人员普遍知悉和容易获得。一般说来，普遍知悉或者容易获得均不要求商业秘密已必然为某个具体的人所知悉或获得，只要该商业秘密处于所属领域相关人员想知悉就能知悉或者想获得就能获得的状态，或者所属领域相关人员不用付出过多劳动就能够知悉或者获得该商业秘密，就可以认定其为所属领域的相关人员普遍知悉或者容易获得。"具有商业价值"一般是指有关信息具有现实的或者潜在的商业价值，能为权利人带来竞争优势。商业秘密具有的商业价值并不限于其已经实际产生的价值，还包括其可能带来的价值。同时，商业秘密的价值既包括使用该商业秘密给其带来的价值增长，也包括使用该商业秘密为其避免的价值减损或者成本付出。"保密措施"一般是指权利人为防止信息泄漏所采取的与其商业价值等具体情况相适应的合理保护措施，通常应当根据商业秘密及其载体的性质、商业秘密的商业价值、保密措施的可识别程度、保密措施与商业秘密的对应程度以及权利人的保密意愿等因素，认定权利人是否采取了相应保密措施。

该案中，嘉兴中华化工公司与上海欣晨公司涉案技术信息的载体为287 张设备图和 25 张工艺管道及仪表流程图，二审法院经审查，认定上述

287 张设备图和 25 张工艺管道及仪表流程图均构成技术秘密。

第一，嘉兴中华化工公司和上海欣晨公司的设备图（包括部件图）承载了具有特定结构、能够完成特定生产步骤的非标设备或者设备组合的参数信息，构成相对独立的技术单元，属于技术信息。工艺管道及仪表流程图记载了相关工序所需的设备及其位置和连接关系、物料和介质连接关系、控制点参数等信息，亦为相对独立的技术单元，同样属于技术信息。

第二，嘉兴中华化工公司和上海欣晨公司的设备图和工艺管道及仪表流程图属于不为公众所知悉的技术信息。首先，涉案技术信息是企业自行设计的非标设备及工艺流程参数信息，主要为计算机应用软件绘制、表达的工程图形信息，现有证据不能证明其已经在先公开。其次，对于不同香兰素生产企业而言，其使用的生产设备及连接方式、工艺流程的步骤和控制方法往往基于企业的规模、技术实力、实践经验等具有各自的特点。嘉兴中华化工公司的设备图、工艺管道及仪表流程图的尺寸、结构、材料信息是根据自身生产工艺对参数优选数值的有机组合，需要经过大量技术研发、检验筛选才能够获得。市场上并不存在标准化的成套香兰素工业化生产设备技术图纸以及工艺流程图，涉案技术信息无法从公开渠道获取，也无法通过观察香兰素产品直接获得。最后，根据［2017］沪科咨知鉴字第48-1 号《知识产权司法鉴定意见书》的鉴定结论，涉案香兰素生产设备技术图纸在 2015 年 5 月 30 日和 2017 年 8 月 21 日之前分别构成不为公众所知的技术信息。当然，时至今日也没有证据证明上述涉案香兰素生产设备技术图纸已经被公开并为相关公众所普遍知悉。

第三，嘉兴中华化工公司和上海欣晨公司的涉案技术信息具有极高的商业价值。嘉兴中华化工公司系香兰素行业的龙头企业，其投入大量时间和成本研发的生产设备和工艺流程已经实际投入生产，提高了其香兰素产品的生产效率，并为企业形成市场优势、创造可观利润，从而为企业带来经济利益和竞争优势，故涉案技术信息明显具有极高的商业价值。

第四，嘉兴中华化工公司对涉案技术信息采取了相应的保密措施。嘉兴中华化工公司制定了文件控制程序、记录控制程序等管理性文件，对公司重要文件、设备进行管理；由专人对文件的发放、回收进行管理和控制，并规定通过培训等方式向员工公开，表明其具有保密意愿且采取了保密措施。具体到涉案技术信息，嘉兴中华化工公司与上海欣晨公司之间签订的技术开发合同约定有保密条款，嘉兴中华化工公司也制定了《档案与信息化管理安全保密制度》等管理规定，并对职工多次进行保密宣传、教育和培训。傅某根在一审庭审中陈述涉案图纸由专门部门保管，其无法轻易获取。由于上述保密措施，涉案技术信息至今仍未被公开。可见，嘉兴中华化工公司的保密措施与涉案技术信息价值基本相适应，客观上起到了保密效果。

第五，上海欣晨公司对涉案技术信息采取了相应的保密措施。上海欣晨公司管理条例中有关于保密纪律的规定，其与员工的劳动合同中也订有保密条款。上海欣晨公司自 2008 年起仅为嘉兴中华化工公司一家提供技术服务，自身并不从事实际生产，没有证据表明其在经营中或者与第三方交易中披露过涉案技术秘密，其采取的措施合理且有效。

综上，涉案技术信息系不为公众所知悉、具有商业价值并经权利人采取相应保密措施的技术信息，符合技术秘密的法定构成要件，依法应受法律保护。王龙集团公司、王龙科技公司、喜孚狮王龙公司、傅某根有关涉案技术信息不构成技术秘密的上诉主张缺乏事实和法律依据，二审法院不予支持。

### （六）王龙集团公司等被诉侵权人是否实施了侵害涉案技术秘密的行为

2017 年《反不正当竞争法》第 9 条第 1 款规定："经营者不得实施下列侵犯商业秘密的行为：（一）以盗窃、贿赂、欺诈、胁迫或者其他不正当手段获取权利人的商业秘密；（二）披露、使用或者允许他人使用以前项手段获取的权利人的商业秘密；（三）违反约定或者违反权利人有关保守商业秘密的要求，披露、使用或者允许他人使用其所掌握的商业秘密。"该条第 2 款规定："第三人明知或者应知商业秘密权利人的员工、前员工或者其他单位、个人实施前款所列违法行为，仍获取、披露、使用或者允许他人使用该商业秘密的，视为侵犯商业秘密。"被诉侵权人在生产经营活动中直接使用商业秘密，对商业秘密进行修改或改进后使用，或者根据商业秘密调整、优化、改进有关生产经营活动的，一般应当认定为使用商业秘密。

1. 被诉侵权技术信息与涉案技术秘密相同

嘉兴中华化工公司与上海欣晨公司主张的技术秘密包括 6 个秘密点，涉及 58 个非标设备的设备图 287 张和工艺管道及仪表流程图 25 张。被诉侵权技术信息载体为王龙集团公司等被诉侵权人获取的 200 张设备图和 14 张工艺流程图，经比对其中有 184 张设备图与涉案技术秘密中设备图的结构型式、大小尺寸、设计参数、制造要求均相同，设备名称和编号、图纸编号、制图单位等也相同，共涉及 40 个非标设备；有 14 张工艺流程图与嘉兴中华化工公司的工艺管道及仪表流程图的设备位置和连接关系、物料和介质连接关系、控制内容和参数等均相同，其中部分图纸标注的图纸名称、项目名称、设计单位也相同。同时，王龙科技公司提供给杭特公司的脱甲苯冷凝器设备图、王龙科技公司环境影响报告书附 15 氧化单元氧化工艺流程图虽然未包含在冯某某提交的图纸之内，但均属于涉案技术秘密的范围。鉴于王龙科技公司已在设备加工和环评申报中加以使用，可以确定王龙科技公司获取了该两份图纸。因此，一审法院认定王龙集团公司等被诉侵权人非法获取的技术秘密包括 185 张设备图和 15 张工艺流程图并无不当，二审法院予以确认。

2. 涉案技术秘密的侵权使用情况

经一审法院比对，各方当事人确认王龙科技公司提供给杭特公司的设备图中有 37 张与涉案技术秘密的设备图相同，且包含在王龙集团公司等被诉侵权人非法获取的图纸范围内，共涉及 8 个非标设备。关于《2015 年环境影响报告书》中的工艺流程图，其中附 15 氧化单元氧化工艺、附 16 氧化单元亚铜回收工序、附 17 脱羧单元工艺流程图分别与嘉兴中华化工公司的氧化工段、亚铜氧化工段、脱羧工段工艺管道及仪表流程图相同；附 20

香兰素结晶和乙醇回收单元工艺流程图与嘉兴中华化工公司的二结及甲醇回收工段流程图相比，仅缺少计量槽和过滤机，两者构成实质性相似；附18 香兰素萃取流程图与嘉兴中华化工公司的香兰素萃取工段流程图相比，将原有 3 个萃取塔增加为 4 个，由于该两个工段均为多个设备组成的复杂工艺流程，在其他技术信息相同的情况下，减少个别辅助设备或仅增加一个萃取塔对整个工序的工艺流程不足以产生实质性影响，该两个工段工艺流程图与嘉兴中华化工公司的工艺管道及仪表流程图构成实质性相似；附13 碱化与缩合酸化单元流程图与嘉兴中华化工公司的缩合工段工艺管道及仪表流程图相比，缺少多个缩合塔串联的技术信息；附 14 木酚萃取单元流程图与嘉兴中华化工公司的木酚萃取工段工艺管道及仪表流程图相比，缺少甲苯回收工艺流程信息；附 19 分馏单元流程图与嘉兴中华化工公司的头蒸工段工艺管道及仪表流程图相比，将原有 3 组蒸馏装置增加为 5 组；附21 辅助工段流程图与嘉兴中华化工公司的硫酸配置工段工艺管道及仪表流程图具有一定差异。

该案中，涉案技术秘密的载体为 287 张设备图和 25 张工艺管道及仪表流程图，王龙集团公司等被诉侵权人非法获取了其中的 185 张设备图和 15 张工艺流程图。考虑到王龙集团公司等被诉侵权人获取涉案技术秘密图纸后完全可以做一些针对性的修改，故上述附 13、14、19、21 与涉案技术秘密中的对应技术信息虽然存在些许差异，但根据该案具体侵权情况，完全可以认定这些差异是因王龙集团公司等被诉侵权人在获取涉案技术秘密后进行规避性或者适应性修改所导致，故可以认定上述附 13、14、19、21 依然使用了涉案技术秘密。

一审法院在考虑该案具体情形后，认定王龙集团公司等被诉侵权人使用的技术秘密包括 17 个设备的设计图和 5 张工艺流程图，二审法院经审查对上述认定予以认可。在此基础上，二审法院进一步认定王龙集团公司等被诉侵权人实际使用了其已经获取的全部 185 张设备图和 15 张工艺流程图。

第一，香兰素生产设备和工艺流程通常具有配套性，其生产工艺及相关装置相对明确固定，王龙集团公司等被诉侵权人已经实际建成香兰素项目生产线并进行规模化生产，故其必然具备制造香兰素产品的完整工艺流程和相应装置设备。

第二，王龙集团公司等被诉侵权人拒不提供有效证据证明其对香兰素产品的完整工艺流程和相应装置设备进行了研发和试验，且其在极短时间内上马香兰素项目生产线并实际投产。王龙集团公司自傅某根2010年5月到岗后即启动香兰素项目，随后又从嘉兴中华化工公司招聘了多名与香兰素生产技术有关的员工，到2011年3月浙江省宁波市环境保护局批准其香兰素年产量为5000吨，再到2011年6月王龙科技公司开始生产香兰素，王龙科技公司的香兰素生产线从启动到量产仅用了一年左右的时间。与之相比，嘉兴中华化工公司自2002年11月与上海欣晨公司签订《技术开发合同》等合同，到2007年2月经浙江省嘉兴市南湖区经济贸易局批复同意扩建年产10 000t/a合成香料（乙醛酸法）新技术技改项目，涉案技术秘密从研发到建成生产线至少用了4年多的时间。

第三，王龙集团公司等被诉侵权人未提交有效证据证明其对被诉技术方案及相关设备进行过小试和中试，且其又非法获取了涉案技术图纸，同时王龙科技公司的环境影响报告书及其在向杭特公司购买设备的过程中均已使用了其非法获取的设备图和工艺流程图。综合考虑技术秘密案件的特点及该案实际情况，同时结合王龙集团公司等被诉侵权人未提交有效相反证据的情况，可以认定王龙集团公司等被诉侵权人使用了其非法获取的全部技术秘密。

第四，虽然王龙集团公司、王龙科技公司的香兰素生产工艺流程和相应装置设备与涉案技术秘密在个别地方略有不同，但其未提交证据证明这种不同是基于其自身的技术研发或通过其他正当途径获得的技术成果所致。同时现有证据表明，王龙集团公司等被诉侵权人是在获取涉案技术秘密后才开始组建工厂生产香兰素产品，即其完全可能在获得涉案技术秘密后对照该技术秘密对某些生产工艺或个别配件装置做规避性或者适应性修改。这种修改本身也是实际使用涉案技术秘密的方式之一。

综上，在一审法院认定王龙集团公司等被诉侵权人使用的涉案技术秘密包括17个设备的设计图和5张工艺流程图的基础上，二审法院根据现有证据进一步认定，王龙集团公司等被诉侵权人从嘉兴中华化工公司处非法获取的涉案技术秘密，即185张设备图和15张工艺流程图均已被实际使用。需要指出的是，在嘉兴中华化工公司与上海欣晨公司未在举证期限内申请现场勘验的情况下，一审法院未进行现场勘验并无不当，故嘉兴中华化工公司与上海欣晨公司有关一审法院未进行现场勘验导致事实认定错误的上诉主张不能成立，二审法院不予支持。但是，嘉兴中华化工公司与上海欣晨公司有关王龙集团公司等被诉侵权人使用了其从嘉兴中华化工公司处非法获取的185张设备图和15张工艺流程图的上诉主张具有事实和法律依据，二审法院予以支持。

3. 王龙集团公司等被诉侵权人侵害涉案技术秘密的行为情况

（1）关于傅某根的被诉侵权行为。

傅某根长期在嘉兴中华化工公司工作，负责香兰素车间设备维修，能够接触到嘉兴中华化工公司的技术秘密。傅某根与王龙集团公司签订《香兰素技术合作协议》，承诺提供香兰素新工艺技术及图纸，并收取了40万元，随后将存有嘉兴中华化工公司技术图纸的U盘经由冯某某转交给王某军。傅某根从嘉兴中华化工公司辞职后即加入王龙科技公司，负责香兰素生产线建设，王龙科技公司在短时间内完成香兰素生产线建设并进行工业化生产，全面使用了嘉兴中华化工公司和上海欣晨公司的设备图和工艺流程图。以上事实足以证明傅某根实施了获取涉案技术秘密及披露给王龙集团公司、王龙科技公司并允许其使用涉案技术秘密的行为。

需要指出的是，虽然傅某根拒绝与嘉兴中华化工公司签订保密协议，但其理应知晓嘉兴中华化工公司提出的技术秘密保密要求。而且，傅某根拒签保密协议的理由是其打算辞职，而辞职并非员工拒签保密协议的正当理由。同时，结合傅某根辞职后进入王龙科技公司香兰素车间工作的事实，可以认定傅某根蓄意拒签保密协议。嘉兴中华化工公司制定了文件控制程序、记录控制程序等管理性文件，对公司重要文件、设备进行管理；由专人对文件的发放、回收进行管理和控制；制定《档案与信息化管理安全保密制度》，对员工保守商业秘密提出要求。傅某根知晓或者理应了解并知悉上述管理制度。涉案技术秘密不同于员工在任职期间合法掌握的一般性知识和技能，无论是纸质还是电子版图纸所承载的技术秘密属于嘉兴中华化工公司的财产，未经嘉兴中华化工公司同意，傅某根无权获取、披露、使用或者许可他人使用。傅某根对此理应知晓，但其仍实施了被诉侵害涉案技术秘密的行为，具有明显的主观恶意。

一审判决认定傅某根实施了以不正当手段获取、披露、允许他人使用涉案技术秘密的不正当竞争行为。同时，根据《侵权责任法》第 8 条第 1 款关于"教唆、帮助他人实施侵权行为的，应当与行为人承担连带责任"的规定，一审判决认定傅某根利用涉案技术秘密为王龙科技公司、喜孚狮王龙公司生产香兰素提供帮助，亦构成使用涉案技术秘密的侵权行为。一审法院上述认定具有事实和法律依据，二审法院依法予以确认。王龙集团公司、王龙科技公司、喜孚狮王龙公司、傅某根有关一审法院对傅某根将存有嘉兴中华化工公司与上海欣晨公司技术资料的 U 盘交给冯某某，再由冯某某转交给王某军的事实认定错误的上诉主张，以及有关冯某某在公安机关的陈述和在一审法院出庭作证的证言不应作为定案证据的上诉主张，均缺乏事实依据，二审法院不予支持。

（2）关于王龙集团公司、王龙科技公司的被诉侵权行为。

王龙集团公司、王龙科技公司均系从事香兰素生产销售的企业，与嘉兴中华化工公司具有直接竞争关系，应当知悉傅某根作为嘉兴中华化工公司员工对该公司香兰素生产设备图和工艺流程图并不享有合法权利。但是，王龙集团公司仍然通过签订《香兰素技术转让协议》，以向傅某根、冯某某等支付报酬的方式，直接获取嘉兴中华化工公司的涉案技术秘密，并披露给王龙科技公司使用。王龙科技公司雇用傅某根并使用其非法获取的涉案技术秘密生产香兰素，之后又通过设备出资方式将涉案技术秘密披露给喜孚狮王龙公司并允许其继续使用涉案技术秘密。上述行为均侵害了嘉兴中华化工公司与上海欣晨公司的技术秘密。同时，王龙集团公司、王龙科技公司系关联企业，主观上具有共同侵权的意思联络，客观上各自分工并共同实施了获取、披露、使用、允许他人使用涉案技术秘密的行为，共同造成侵害涉案技术秘密的损害后果，构成共同侵权。

（3）关于王某军的被诉侵权行为。

如果特定法人是其法定代表人或者主要负责人专门为从事侵权而登记成立，客观上该法人的生产经营本身主要就是实施侵权行为，且该法定代表人或者主要负责人自身积极参与侵权行为实施，则该侵权行为既体现了法人的意志又体现了其法定代表人或者主要负责人的意志，该法人事实上成为其法定代表人或者主要负责人实施侵权行为的工具，此时可以认定该法定代表人或者主要负责人与法人共同实施了侵权行为，并应依法承担相应的法律责任。

该案中，从查明的事实来看，王龙科技公司系其法定代表人王某军和王龙集团公司专门为侵权成立的企业。首先，从王龙科技公司的成立过程来看，王某军与王龙集团公司成立王龙科技公司主要目的在于生产香兰素。王龙科技公司成立于 2009 年 10 月 21 日，由王某军与王龙集团公司共同出资 10 180 万元成立，王某军任法定代表人。王龙科技公司成立后即以香兰素项目为目标，一直寻求机会。经过一系列运作，王某军于 2010 年 4 月 12 日与前来王龙集团公司的冯某某等人达成《香兰素技术合作协议》。傅某根根据该协议获得 40 万元的对价后立即将记载有涉案技术秘密的 U 盘提供给王某军，并随即向嘉兴中华化工公司提交辞职报告。仅一个月后，傅某根从嘉兴中华化工公司离职并立即加入王龙科技公司香兰素车间工作。其次，从王龙科技公司香兰素项目生产线的筹建过程来看，王龙科技公司在傅某根正式加盟后立即启动香兰素生产线的建设工作，大量定购香兰素生产线的各种设备，在此过程中王龙科技公司还从嘉兴中华化工公司挖走多名精通香兰素生产工艺的员工，这些员工的加入客观上为王龙科技公司香兰素生产线的顺利建成和投产起到了不可忽视的作用。王龙科技公司的香兰素生产线建设完成后随即向有关部门报检报备。2011 年 3 月 15 日浙江省宁波市环境保护局批复同意王龙科技公司香兰素建设项目环境影响报告书，批准香兰素年产量为 5000 吨，同年 6 月王龙科技公司开始生产香兰素。最后，从王龙科技公司成立以来的生产活动来看，虽然王龙科技公司营业执照上记载的经营范围不限于香兰素的生产，但现有证据表明其从成立开始的主要活动都是围绕香兰素开展的，包括香兰素生产线的建设、报检报备、投产及产品的市场投放。由此可见，从其成立过程、香兰素项目筹划过程、香兰素生产线建设过程及其成立以来的活动看，王龙科技公司是专门为实施涉案技术秘密生产香兰素而成立的公司，其成立后也主要从事香兰素产品的制售相关活动，实际上构成以侵权为业的侵权人。

王某军作为王龙科技公司的法定代表人，积极与冯某某等人签订《香兰素技术合作协议》，用现金、股权等方式引诱冯某某、傅某根等人实施泄露涉案技术秘密的侵权行为，并亲自接受傅某根通过冯某某转交的记载有涉案技术秘密的 U 盘。随后，王龙科技公司正式启动了香兰素生产线的建设，在短期内即生产出香兰素产品并投放市场。在这一系列侵权行为实施过程中，王龙科技公司的法定代表人王某军自身积极参与该案被诉侵权行为，其实施的被诉侵权行为既体现了王龙科技公司的意志，也体现了王某军的个人意志。也就是说，王某军个人直接实施了被诉侵权行为，被诉侵权行为也体现了王某军的个人意志。同时，鉴于王某军专门为实施被诉侵权行为成立王龙科技公司，该公司已成为王某军实施被诉侵权行为的工具，且王某军与王龙集团公司、王龙科技公司、喜孚狮王龙公司、傅某根存在密切的分工、协作等关系，可以认定王某军个人亦实施了被诉侵权行为，具体包括以不正当手段获取、披露、使用及允许他人使用涉案技术秘密，并与王龙集团公司、王龙科技公司、喜孚狮王龙公司、傅某根构成共同侵权，依法应承担相应的法律责任。因此，一审法院认定王某军不构成共同侵权，存在认定事实及适用法律错误，二审法院予以纠正。

（4）关于喜孚狮王龙公司的被诉侵权行为。

喜孚狮王龙公司的前身系 2015 年 11 月 20 日成立的宁波王龙香精香料有限公司。❶喜孚狮王龙公司确认其自成立起持续使用王龙科技公司作为

---

❶ 原审判决错误认定宁波王龙香精香料有限公司成立时间为 2017 年 2 月 24 日，二审予以纠正。

技术出资的香兰素生产线。基于与王龙科技公司的关联关系，喜孚狮王龙公司应当知悉涉案技术秘密系王龙科技公司通过不正当手段获取，但仍继续使用涉案技术秘密，故其亦构成侵害涉案技术秘密。而且，喜孚狮王龙公司系王龙集团公司、王龙科技公司为侵权实施涉案技术秘密专门成立的公司，其成立及存在的目的就是实施涉案技术秘密生产香兰素产品，故喜孚狮王龙公司实际上亦构成以侵权为业的侵权人。

需要说明的是，王龙集团公司等被诉侵权人虽然在一审中主张其香兰素生产技术系自行研发，但是其并未提供任何证据证明该主张。王龙集团公司等被诉侵权人在该案二审过程中提交了硕士论文、化工设备图册、化工设备结构图册、化工制图等证据，拟证明其使用的涉案技术秘密系公知技术。但经审查，上述二审证据均未公开与涉案技术秘密完全相同的技术信息，既不能证明涉案技术秘密已经为公众所知悉，又不能证明被诉技术信息系本领域的公知技术信息。事实上，香兰素生产技术的研发过程需要付出巨大的时间、金钱和人力成本。如果王龙科技公司的技术系自行研发，其应当能够提供设计研发的技术人员、实验数据、设备图纸、费用支出等相关凭证。但是，王龙集团公司、王龙科技公司、喜孚狮王龙公司、傅某根及王某军均未提交合法有效的相关证据。而且，非标设备和工艺流程通常由企业自行设计，不同企业之间的图纸内容完全相同的可能性极低。而在该案中，王龙科技公司使用的设备图和工艺流程图上的设备图示、名称、设备号码与嘉兴中华化工公司高度一致，甚至部分图纸标注的设计单位、特有编号完全相同，且其不能对此作出合理解释。因此，一审法院认定现有证据不能证明被诉技术信息系王龙科技公司等自行研发并无不当，二审法院予以确认。

综上，王龙集团公司、王龙科技公司、喜孚狮王龙公司、傅某根及王某军实际实施了侵害涉案技术秘密的行为，依法应承担相应的法律责任。王龙集团公司、王龙科技公司、喜孚狮王龙公司、傅某根有关其未实施侵害涉案技术秘密的上诉主张依据不足，二审法院不予支持。嘉兴中华化工公司与上海欣晨公司有关王某军与王龙集团公司、王龙科技公司、喜孚狮王龙公司、傅某根共同实施了侵害涉案技术秘密的行为并应承担法律责任的上诉主张成立，二审法院予以支持。

### （七）一审法院确定损害赔偿责任、维权费用及诉讼费分担是否恰当

2017 年《反不正当竞争法》第 17 条规定："经营者违反本法规定，给他人造成损害的，应当依法承担民事责任。经营者的合法权益受到不正当竞争行为损害的，可以向人民法院提起诉讼。因不正当竞争行为受到损害的经营者的赔偿数额，按照其因被侵权所受到的实际损失确定；实际损失难以计算的，按照侵权人因侵权所获得的利益确定。赔偿数额还应当包括经营者为制止侵权行为所支付的合理开支。经营者违反本法第六条、第九条规定，权利人因被侵权所受到的实际损失、侵权人因侵权所获得的利益难以确定的，由人民法院根据侵权行为的情节判决给予权利人三百万元以下的赔偿。"《最高人民法院关于审理不正当竞争民事案件应用法律若干问题的解释》（2007 年施行）第 17 条规定："确定反不正当竞争法第十条规定的侵犯商业秘密行为的损害赔偿额，可以参照确定侵犯专利权的损害赔偿额的方法进行；确定反不正当竞争法第五条、第九条、第十四条规定的不正当竞争行为的损害赔偿额，可以参照确定侵犯注册商标专用权的损害赔偿额的方法进行。"《专利法》（2008 年修正）第 65 条第 1 款规定："侵犯专利权的赔偿数额按照权利人因被侵权所受到的实际损失确定；实际损失难以确定的，可以按照侵权人因侵权所获得的利益确定。权利人的损失或者侵权人获得的利益难以确定的，参照该专利许可使用费的倍数合理确定。赔偿数额还应当包括权利人为制止侵权行为所支付的合理开支。"《最高人民法院关于审理专利纠纷案件适用法律问题的若干规定》（2015 年第二次修正）第 20 条第 2 款规定："专利法第六十五条规定的侵权人因侵权所获得的利益可以根据该侵权产品在市场上销售的总数乘以每件侵权产品的合理利润所得之积计算。侵权人因侵权所获得的利益一般按照侵权人的营业利润计算，对于完全以侵权为业的侵权人，可以按照销售利润计算。"

上述"侵权行为的情节",一般可以考虑商业秘密的性质、商业价值、研究开发成本、创新程度、所带来的竞争优势以及侵权人的主观过错、侵权行为的性质、具体行为、后果等因素。对于侵害商业秘密行为,判决停止侵害的民事责任时,停止侵害的时间一般应当持续到该商业秘密已为公众所知悉时为止。对于侵害技术秘密案件的损害赔偿数额,可以综合考虑侵权行为的性质和情节等具体因素,并可以按照营业利润或者销售利润计算。

### 1. 关于责任形式

王龙集团公司、王龙科技公司、傅某根、王某军以不正当手段获取涉案技术秘密,并披露、使用、允许他人使用该技术秘密的行为,以及喜孚狮王龙公司使用前述技术秘密的行为,均侵害了涉案技术秘密,上述侵权人应当承担停止侵害、赔偿损失的民事责任。《侵权责任法》第8条规定:"二人以上共同实施侵权行为,造成他人损害的,应当承担连带责任。"据此,王龙集团公司、王龙科技公司、傅某根、王某军基于共同实施的侵权行为,应当承担连带责任。喜孚狮王龙公司基于其实施的使用行为,承担部分连带责任。嘉兴中华化工公司与上海欣晨公司有关王龙集团公司、王龙科技公司、喜孚狮王龙公司、傅某根及王某军停止侵害涉案技术秘密并赔偿损失的诉请于法有据,二审法院予以支持。王龙集团公司、王龙科技公司、喜孚狮王龙公司、傅某根有关其不应承担侵权责任的上诉主张缺乏依据,二审法院不予支持。

涉案技术秘密包括6个秘密点,涉及58个非标设备的设备图287张和工艺管道及仪表流程图25张,而王龙集团公司、王龙科技公司、喜孚狮王龙公司、傅某根及王某军非法获取的技术秘密包括185张设备图和15张工艺流程图。也就是说,王龙集团公司、王龙科技公司、喜孚狮王龙公司、傅某根及王某军非法获取了嘉兴中华化工公司与上海欣晨公司主张的涉案技术秘密载体287张设备图和工艺管道及25张仪表流程图中的185张设备图和15张工艺流程图。为防止王龙集团公司、王龙科技公司、喜孚狮王龙公司、傅某根进一步非法获取嘉兴中华化工公司与上海欣晨公司主张的涉案技术秘密,一审法院判决王龙集团公司、王龙科技公司、喜孚狮王龙公司、傅某根立即停止以不正当手段获取嘉兴中华化工公司与上海欣晨公司的涉案技术秘密等侵害涉案技术秘密的行为，并无不当。但是，二审法院认定的王龙集团公司、王龙科技公司、喜孚狮王龙公司、傅某根侵害的涉案技术秘密范围宽于一审判决认定的被侵害的技术秘密范围。同时，鉴于二审法院认定王某军亦构成共同侵权，故其亦应立即停止侵害涉案技术秘密的行为。因此，一审判决认定的停止侵害的责任方式虽无不当，但是该责任方式所针对的技术秘密内容和主体范围均过窄，一审判决相应判项显有不妥，二审法院依法予以纠正。王龙集团公司、王龙科技公司、喜孚狮王龙公司、傅某根有关一审法院错误判决其立即停止以不正当手段获取涉案技术秘密等立即停止侵害涉案技术秘密的上诉主张缺乏依据，二审法院不予支持。

2. 关于赔偿数额

（1）嘉兴中华化工公司与上海欣晨公司主张的三种赔偿数额计算方式。

①按营业利润计算。

根据嘉兴中华化工公司与上海欣晨公司二审提交的证据所采用的计算方法，嘉兴中华化工公司香兰素 2011～2017 年抽样年平均销售单价与其一审证据 78 所用方法计算得出的香兰素年销售单价基本持平。如果用王龙集团公司、王龙科技公司及喜孚狮王龙公司生产和销售的香兰素产品数量乘以嘉兴中华化工公司同期香兰素产品销售价格及营业利润率，则嘉兴中华化工公司 2011～2017 年因王龙集团公司、王龙科技公司及喜孚狮王龙公司实际利用涉案技术秘密的获利分别为：20 223 448 元、8 011 844 元、16 906 665.60 元、13 268 102.60 元、13 311 298 元、31 360 977.60 元、13 722 073.20 元，合计为 116 804 409 元。嘉兴中华化工公司与上海欣晨公司在二审庭审时主张以此为基数，乘以 1.5 倍为惩罚性赔偿，得出该案赔偿数额 175 206 613.50 元，再加上其为制止涉案侵权行为一审合理支出的 2 483 196 元及二审合理支出的 1 009 020 元，合计 178 698 829.50 元，而嘉兴中华化工公司与上海欣晨公司上诉仅主张 177 770 227.92 元为赔偿数额。

②按销售利润计算。

根据嘉兴中华化工公司与上海欣晨公司一审证据 78 表明，2011～2017 年期间嘉兴中华化工公司香兰素的销售利润率分别为：18.46%、16.21%、24.51%、13.28%、13.70%、13.77%、13.29%，如果用王龙集团公司、王龙科技公司及喜孚狮王龙公司同期生产和销售的香兰素产品总量乘以嘉兴中华化工公司同期香兰素产品的销售价格及销售利润率，则嘉兴中华化工公司与上海欣晨公司 2011～2017 年因王龙集团公司、王龙科技公司及喜孚狮王龙公司实际利用涉案技术秘密的获利分别为：28 069 537.60 元、23 961 622 元、34 880 671.20 元、17 780 060.80 元、18 218 260 元、16 622 042.40 元、16 297 261.20 元，合计为 155 829 455.20 元。

③按价格侵蚀计算。

根据嘉兴中华化工公司与上海欣晨公司提交的二审新证据 2、2-1、2-2、7、7-1 及一审证据 78、87、89 所采用的计算方法，2011～2017 年因王龙集团公司、王龙科技公司及喜孚狮王龙公司的侵权及不正当竞争行为对嘉兴中华化工公司香兰素产品的价格侵蚀导致的损害高达 790 814 699 元。

（2）该案确定损害赔偿责任需要考虑的因素。

王龙集团公司等被诉侵权人采用非法手段获取、披露、使用或许可他人使用涉案技术秘密，侵害了嘉兴中华化工公司与上海欣晨公司主张的涉案技术秘密，造成严重损害后果，依法应当承担损害赔偿等法律责任。具体而言，在确定该案赔偿数额时，二审考虑如下因素：

第一，王龙集团公司等被诉侵权人非法获取涉案技术秘密的手段恶劣。王龙集团公司成立于 1995 年 6 月 8 日，是一家专业从事食品添加剂生产的化工企业，主要产品为山梨酸钾；王龙科技公司成立于 2009 年 10 月 21 日。王龙集团公司、王龙科技公司、王某军未实际进行乙醛酸法生产香兰素相关技术的研发工作，也未能通过合法受让等方式合法有效地取得相关技术，即其原本并未掌握相关技术。但是，其明知嘉兴中华化工公司掌握有关乙醛酸法生产香兰素的涉案技术秘密且为全球两大香兰素生产厂家之一，仍采取现金及股权收买等方式，策划、利诱掌握涉案技术秘密的嘉兴中华化工公司员工傅某根到王龙集团公司工作，并在傅某根到王龙集团公司工作后立即上马香兰素项目，其在定制香兰素生产设备时使用的图纸与嘉兴中华化工公司的相应图纸完全相同，甚至嘉兴中华化工公司特有的图纸标号也完全一致，故其非法获取涉案技术秘密的手段显属恶劣。同时，傅某根为个人利益出卖涉案技术秘密，主观恶意极为明显。

　　第二，王龙集团公司等被诉侵权人非法获取及使用的涉案技术秘密数量较多。根据已经查明事实，涉案技术秘密包括乙醛酸法生产香兰素的287 张设备图和25 张工艺流程图，王龙集团公司等被诉侵权人非法获取了其中185 张设备图和15 张工艺流程图，占64.10%。287 张设备图中含有60 张设备主图，而王龙集团公司等被诉侵权人非法获取了其中41 张设备主图，占68.33%。更关键的是，王龙集团公司等被诉侵权人非法获取了涉案技术秘密中最重要的缩合和氧化步骤设备主图，并实际使用了其中最关键的缩合、氧化和脱羧工段工艺流程图。可见，王龙集团公司等被诉侵权人不仅非法获取了大量记载有涉案技术秘密的图纸，还大量使用了其非法获取的涉案技术秘密，特别是实际使用了其非法获取的涉案技术秘密的关键技术。

　　第三，王龙集团公司、王龙科技公司、喜孚狮王龙公司明知其行为构成对涉案技术秘密的侵害，仍然持续、大量使用侵害涉案技术秘密的设备及工艺流程生产香兰素产品，故其显然具有侵害涉案技术秘密的恶意。从王龙集团公司、王龙科技公司、王某军自傅某根处获取涉案技术秘密以及王龙科技公司、喜孚狮王龙公司使用涉案技术秘密的过程来看，由于其获取涉案技术秘密的手段恶劣，故其应当认识到其获取和使用涉案技术秘密行为的非法性。事实上，傅某根2010 年5 月从嘉兴中华化工公司离职后，影响更多员工离开嘉兴中华化工公司并加入王龙集团公司，帮助王龙集团公司、王龙科技公司筹建了被诉香兰素生产线。同时，嘉兴中华化工公司在意识到其技术秘密可能被侵害后，其采取的系列维权措施也逐渐指向王龙集团公司、王龙科技公司、喜孚狮王龙公司、傅某根及王某军，但王龙集团公司、王龙科技公司及王某军毫无收敛，继续实施侵害涉案技术秘密的行为。特别是，在一审法院作出行为保全裁定，责令立即停止侵害涉案技术秘密后，王龙集团公司、王龙科技公司、喜孚狮王龙公司等依然无动于衷，继续实施侵害涉案技术秘密的行为，不仅表明其主观恶意极深，也显属对法律与司法权威的藐视。

第四，涉案技术秘密具有较高的商业价值。涉案技术秘密是嘉兴中华化工公司与上海欣晨公司共同自主研发的乙醛酸法制备香兰素新工艺，创造性地采用了化学氧化法。相对于传统的"催化氧化法"，上述新工艺具有反应条件温和、反应终点更易控制、副反应少的优点，属于创新技术。涉案技术秘密研发完成后，嘉兴中华化工公司于 2005 年完成 3000 吨产能香兰素项目的投产，2007 年生产规模扩建到年产 1 万吨。可见，涉案技术秘密对嘉兴中华化工公司的香兰素生产贡献巨大。王龙集团公司、王龙科技公司在非法获取并实际使用涉案技术秘密后，才成功实现以极低成本生产香兰素，且其香兰素生产线的设计年产量和实际年产量已达数千吨，产品遍销全球市场并已占据 10% 左右的市场份额，并从中攫取了巨大的商业利益，其中涉案技术秘密的非法使用是其获取巨大商业利益的核心和关键。因此，无论对于嘉兴中华化工公司来说，还是对王龙集团公司、王龙科技公司、喜孚狮王龙公司来说，涉案技术秘密均是其香兰素产品占据全球市场份额并创造巨额利润的重要因素。

第五，喜孚狮王龙公司、王龙科技公司均系实际上以侵权为业的公司。自王龙科技公司实施侵害涉案技术秘密生产香兰素以来，嘉兴中华化工公司开始了持续的维权行为。2015 年 11 月 20 日，王龙科技公司以实物方式出资 8000 万元成立宁波王龙香精香料有限公司，主要生产香兰素。2017 年 6 月 22 日，王龙科技公司将其所持有的宁波王龙香精香料有限公司 51% 股权出售给凯美菱科学公司、喜孚狮欧洲股份公司，王龙科技公司以设备和专利等出资占注册资本的 49%，宁波王龙香精香料有限公司的经营范围亦变更为香兰素的研发、生产、销售和交易等。随后宁波王龙香精香料有限公司于 2017 年 7 月 26 日更名为喜孚狮王龙公司。无论是名称变更前的宁波王龙香精香料有限公司，还是名称变更后的喜孚狮王龙公司，均系王龙集团公司、王龙科技公司为实施涉案技术秘密生产、销售香兰素而成立的实际上以侵权为业的公司。此外，如二审法院在认定王某军构成侵权时所述，王龙科技公司亦系实际上以侵权为业的侵权人。

第六，王龙集团公司等被诉侵权人侵害涉案技术秘密的行为对全球市场形成严重冲击。在王龙集团公司等被诉侵权人实施侵害涉案技术秘密行为前，全球市场上两大公司占据90%左右的市场，香兰素价格也维持在一个相对稳定的水平。王龙集团公司、王龙科技公司等非法获取涉案技术秘密后，从2011年6月开始生产香兰素并持续至二审时，其侵害涉案技术秘密的香兰素生产设备具备年产5000吨以上的生产能力，其实际年生产香兰素至少在2000吨左右，可以满足全球10%的市场需求。同时，王龙集团公司、王龙科技公司、喜孚狮王龙公司对标嘉兴中华化工公司争夺客户和市场，以较低价格销售香兰素产品，对国际、国内的香兰素市场特别是嘉兴中华化工公司的原有市场形成较大冲击。

第七，王龙集团公司等被诉侵权人拒绝提交侵权产品销售数量等证据，存在举证妨碍、不诚信诉讼等情节。一审法院在审理过程中，曾通知王龙集团公司、王龙科技公司、喜孚狮王龙公司、傅某根、王某军提交侵权产品销售数量方面的证据，但其拒不提交相关证据。在二审过程中，王龙集团公司等被诉侵权人仍未提交相关证据。无论在一审诉讼还是在二审诉讼中，当法院要求王龙集团公司等被诉侵权人提交其定制生产香兰素产品专用设备的图纸时，其始终声称除了公安机关查获的部分图纸外，其并未向相关设备生产方提供图纸。作为一个年产数千吨香兰素的生产线，如果没有完整的图纸几乎不可能够建成完整的生产线。特别是，考虑到涉案香兰素生产线还涉及大量非标设备及王龙科技公司香兰素生产线在短期内完成制造、安装、报检报备、试运行及正式运行投产的事实，王龙集团公司、王龙科技公司、喜孚狮王龙公司、傅某根、王某军有关即便没有设备图纸仍可在短期内制造香兰素相关生产设备的主张，明显不合常理。同时，王龙集团公司、王龙科技公司、喜孚狮王龙公司、傅某根、王某军虽还主张被诉香兰素生产工艺系其自行研发，但始终亦未提供任何有效证据证明该主张。因此，二审法院认定王龙集团公司、王龙科技公司、喜孚狮王龙公司、傅某根及王某军在该案诉讼中存在举证妨碍及不诚信诉讼情节。

第八，王龙集团公司、王龙科技公司、喜孚狮王龙公司、傅某根拒不执行一审法院的生效行为保全裁定。由于喜孚狮王龙公司已经通过非法手段掌握并实际实施了涉案技术秘密，为及时制止侵害涉案技术秘密的行为，一审法院在作出一审判决的同时，还裁定王龙集团公司、王龙科技公司、喜孚狮王龙公司、傅某根立即停止涉案侵权行为。王龙集团公司、王龙科技公司、喜孚狮王龙公司、傅某根在收到该裁定后既未依法申请复议，也未停止侵害涉案技术秘密行为，其在二审庭审时亦承认被诉侵权行为仍在持续。

（3）该案因当事人的诉讼请求等原因难以适用惩罚性赔偿。

从二审法院查明事实来看，涉案侵权行为本可适用惩罚性赔偿，但因当事人的诉讼请求及新旧法律适用衔接的原因，该案不宜适用惩罚性赔偿。

第一，嘉兴中华化工公司与上海欣晨公司在一审及二审中所主张的损害赔偿数额仅计算至 2017 年年底，并未包括自 2018 年以来仍在持续的被诉侵权行为给其造成的损失。

第二，在嘉兴中华化工公司与上海欣晨公司所主张计算损害赔偿数额的侵权行为期间之后，我国相关法律才明确规定符合特定条件的侵害技术秘密行为可以适用惩罚性赔偿。2019 年《反不正当竞争法》明确规定侵害商业秘密案件可以主张惩罚性赔偿，该法于 2019 年 4 月 23 日起施行；《民法典》明确规定侵害知识产权案件可以主张惩罚性赔偿，该法于 2021 年 1 月 1 日起施行。

基于上述事实和理由，该案不宜适用惩罚性损害赔偿。但需要指出的是，对于 2018 年以来仍在持续的侵害涉案技术秘密行为，嘉兴中华化工公司与上海欣晨公司可以依法另行寻求救济。

（4）关于该案赔偿数额的确定。

该案中，嘉兴中华化工公司与上海欣晨公司主张根据涉案技术秘密被侵害给其造成的损失确定赔偿数额，并提供了三种计算方式分别计算赔偿数额，即按营业利润计算出赔偿数额为 116 804 409 元、按销售利润计算出赔偿数额为 155 829 455.20 元、按价格侵蚀计算出损害赔偿额为 790 814 699 元。其中，第一种计算方式和第二种计算方式采用的嘉兴中华化工公司一审证据 78 等证据真实可靠，计算出的赔偿数额均有一定合理性；第三种计算方式中相关数据和计算方法的准确性受制于多种因素，二审法院仅将其作为参考。根据二审法院查明的事实，王龙科技公司 2011 年获准投产的年产量为 5000 吨的香兰素，四年后即 2015 年再次申报并获准新建 2 套共 6000 吨香兰素生产装置；王龙集团公司、王龙科技公司曾自述其 2013 年的香兰素产量为 2000 吨；王龙集团公司、王龙科技公司、喜孚狮王龙公司 2018 年 4 月 1 日至 2019 年 3 月 1 日以及 2019 年香兰素产量均超过 2000 吨。基于上述情况，嘉兴中华化工公司与上海欣晨公司主张 2011~2017 年王龙集团公司、王龙科技公司及喜孚狮王龙公司实际利用涉案技术秘密每年生产和销售香兰素 2000 吨具有事实依据。二审法院亦据此认定王龙集团公司、王龙科技公司及喜孚狮王龙公司于 2011~2017 年实际利用涉案技术秘密每年生产和销售香兰素至少 2000 吨，并据此计算侵权损害赔偿额。同时，嘉兴中华化工公司与上海欣晨公司提供了其营业利润率、销售利润率和价格侵蚀的基础数据。在上述事实和数据的基础上，该案具备按照实际损失或者侵权获利计算赔偿数额的基本条件。一审法院以嘉兴中华化工公司与上海欣晨公司提交的证据不足以证明其因侵权行为受到的实际损失为由，以法定赔偿方式计算赔偿数额，认定事实和适用法律均有错误。

综合考虑前述该案确定损害赔偿责任需要考虑的八项因素，特别是王龙集团公司等被诉侵权人侵权恶意较深、侵权情节恶劣、在诉讼中存在妨碍举证和不诚信诉讼情节，以及王龙科技公司、喜孚狮王龙公司实际上系以侵权为业的公司等因素，二审法院依法决定按照香兰素产品的销售利润计算侵权损害赔偿数额。由于王龙集团公司、王龙科技公司及喜孚狮王龙公司拒不提交与侵权行为有关的账簿和资料，二审法院无法直接依据其实际销售香兰素产品的数据计算其销售利润。考虑到嘉兴中华化工公司香兰素产品的销售价格及销售利润率可以作为确定王龙集团公司、王龙科技公司及喜孚狮王龙公司香兰素产品相关销售价格和销售利润率的参考，为严厉惩处恶意侵害技术秘密的行为，充分保护技术秘密权利人的合法利益，二审法院决定以嘉兴中华化工公司香兰素产品 2011~2017 年的销售利润率来计算该案损害赔偿数额，即以 2011~2017 年王龙集团公司、王龙科技公司及喜孚狮王龙公司生产和销售的香兰素产量乘以嘉兴中华化工公司香兰素产品的销售价格及销售利润率计算赔偿数额。

按照上述方法计算，王龙集团公司、王龙科技公司及喜孚狮王龙公司 2011~2017 年因侵害涉案技术秘密获得的销售利润为 155 829 455.20 元。该销售利润数额虽高于按照嘉兴中华化工公司营业利润率计算得出的实际损失，但仍大幅低于嘉兴中华化工公司因被诉侵权行为造成价格侵蚀所导致的损失数额，且与各侵权人侵害涉案技术秘密的恶性程度、危害后果等具体情节相适应，具有合理性和适当性。

此外，一审法院认定嘉兴中华化工公司与上海欣晨公司为该案一审诉讼支付律师代理费 200 万元，为完成涉案损害赔偿经济分析报告支付 7 万美元，折算为人民币 483 196 元，两项合计 2 483 196 元。嘉兴中华化工公司与上海欣晨公司有关其为制止侵害涉案技术秘密行为一审合理支出 2 483 196 元的主张具有事实依据，二审法院予以确认。嘉兴中华化工公司与上海欣晨公司二审主张其为该案支出了律师代理费 100 万元及公证费用 9020 元，合计 1 009 020 元，并提交了诉讼代理合同、转账凭证及发票等证据。经审查，上述 1 009 020 元确系嘉兴中华化工公司与上海欣晨公司为该案二审支出的费用，客观真实，且与该案诉讼标的额、案件复杂程度等相称，具有合理性，二审法院一并予以确认。

综合一审及二审情况，嘉兴中华化工公司与上海欣晨公司为该案支出的合理费用共计 3 492 216 元。将二审法院确定的损害赔偿数额 155 829 455.20 元加上上述合理支出 3 492 216 元合计为 159 321 671.20 元，尚未超出嘉兴中华化工公司与上海欣晨公司上诉主张的 177 770 227.92 元赔偿总额，故二审法院确定该案损害赔偿总额为 159 321 671.20 元。同时，鉴于喜孚狮王龙公司成立时间较晚，嘉兴中华化工公司与上海欣晨公司仅请求其在7% 的范围内承担损害赔偿责任具有一定合理性，二审法院对此予以支持。

基于上述事实和理由，王龙集团公司、王龙科技公司、喜孚狮王龙公司、傅某根有关一审判决确定的赔偿金额明显偏高的上诉理由缺乏依据，二审法院不予支持。嘉兴中华化工公司与上海欣晨公司有关一审判决确定的赔偿数额不当的上诉理由具有事实和法律依据，二审法院予以支持并依法予以改判。

此外，《诉讼费用交纳办法》第 29 条规定："诉讼费用由败诉方负担，胜诉方自愿承担的除外。部分胜诉、部分败诉的，人民法院根据案件的具体情况决定当事人各自负担的诉讼费用数额。共同诉讼当事人败诉的，人民法院根据其对诉讼标的的利害关系，决定当事人各自负担的诉讼费用数额。"第 30 条规定："第二审人民法院改变第一审人民法院作出的判决、裁定的，应当相应变更第一审人民法院对诉讼费用负担的决定。"据此，民事诉讼存在部分胜诉、部分败诉情形时，人民法院应根据案件情况适当调整案件诉讼费。该案中，嘉兴中华化工公司与上海欣晨公司在提起一审诉讼时，通过大量证据证明其因涉案技术秘密遭受损失，例如其提交的二审新证据 2、2-1、2-2、7、7-1 及一审证据 78、87、89 表明，涉案侵权行为对嘉兴中华化工公司香兰素产品的价格侵蚀导致的损害高达790 814 699 元，这表明嘉兴中华化工公司与上海欣晨公司提起一审诉讼时主张 5.02 亿元的赔偿数额具有一定依据，并不存在滥用诉权的情形。一审法院根据该案具体情况决定的案件受理费等诉讼费用的负担，具有事实和法律依据，王龙集团公司、王龙科技公司、喜孚狮王龙公司、傅某根有关一审法院确定的诉讼费用负担不合理，以及嘉兴中华化工公司与上海欣晨公司一审索赔数额过高并具有主观恶意的主张，缺乏事实和法律依据，二审法院不予支持。但是，鉴于二审法院已对一审判决确定的赔偿数额予以改判，故二审法院亦对一审、二审诉讼费用的负担依法予以调整。

还应说明的是：（1）关于王龙集团公司、王龙科技公司、喜孚狮王龙公司、傅某根拒不履行一审法院生效行为保全裁定问题，一审法院可以另行依法予以处理。（2）该案被诉侵权行为已涉嫌侵犯商业秘密犯罪，二审法院将依法将相关线索移送公安机关处理。

# 五、二审判决

综上，嘉兴中华化工公司与上海欣晨公司关于涉案技术秘密被实际使用的范围、王某军构成共同侵权人并应承担连带赔偿责任、一审判决确定的损害赔偿数额错误等部分上诉请求成立，应予支持；王龙集团公司等被诉侵权人的上诉请求不能成立，应予驳回。依照《反不正当竞争法》（2017 年修正）第 9 条、第 17 条，《最高人民法院关于审理不正当竞争民事案件应用法律若干问题的解释》第 17 条（2007 年施行），《民事诉讼法》第 170 条第 1 款第 2 项之规定，判决如下：

（1）撤销浙江省高级人民法院（2018）浙民初 25 号民事判决；

（2）王龙集团有限公司、宁波王龙科技股份有限公司、喜孚狮王龙香料（宁波）有限公司、傅某根、王某军立即停止侵害嘉兴市中华化工有限责任公司、上海欣晨新技术有限公司技术秘密的行为，即停止以不正当手段获取、披露、使用、允许他人使用涉案设备图和工艺管道及仪表流程图记载的技术秘密，该停止侵害的时间持续到涉案技术秘密为公众所知悉时止；

（3）王龙集团有限公司、宁波王龙科技股份有限公司、傅某根、王某军自本判决生效之日起 10 日内连带赔偿嘉兴市中华化工有限责任公司、上海欣晨新技术有限公司经济损失 155 829 455.20 元，合理维权费用 3 492 216 元，共计 159 321 671.20 元，喜孚狮王龙香料（宁波）有限公司对其中 7% 即 11 152 516.98 元承担连带赔偿责任；

（4）驳回嘉兴市中华化工有限责任公司、上海欣晨新技术有限公司的其他诉讼请求；

（5）驳回王龙集团有限公司、宁波王龙科技股份有限公司、喜孚狮王龙香料（宁波）有限公司、傅某根的上诉请求。

如果未按本判决指定的期间履行给付金钱义务，应当依照《民事诉讼法》第 253 条之规定，加倍支付迟延履行期间的债务利息。

一审案件受理费 2 551 800 元，由嘉兴市中华化工有限责任公司、上海欣晨新技术有限公司负担 551 800 元；由王龙集团有限公司、宁波王龙科技股份有限公司、傅某根、王某军负担 200 万元，喜孚狮王龙香料（宁波）有限公司共同负担其中的 14 万元。

二审案件受理费 947 951 元，由嘉兴市中华化工有限责任公司、上海欣晨新技术有限公司负担 47 951 元；由王龙集团有限公司、宁波王龙科技股份有限公司、傅某根、王某军负担 90 万元，喜孚狮王龙香料（宁波）有限公司共同负担其中的 6.3 万元。

鉴定人员出庭费用 2 万元（已由嘉兴市中华化工有限责任公司垫付给鉴定机构），由王龙集团有限公司、宁波王龙科技股份有限公司、喜孚狮王龙香料（宁波）有限公司、傅某根、王某军负担。

# 六、案例评析

关于是否能够适用惩罚性赔偿。该案中法院认为侵权人的侵权行为从要件上来看符合适用惩罚性赔偿的条件，但因当事人的诉讼请求等原因难以适用惩罚性赔偿。权利人提起诉讼时所主张的损害赔偿数额仅计算至 2017 年年底，并未包括 2018 年以来仍在持续的被诉侵权行为给其造成的损失。这也就意味着按照法律没有溯及力的原则，权利人提起的诉讼只能适用尚未修订的法律。而我国相关法律最早明确规定符合特定条件的侵害技术秘密行为可以适用惩罚性赔偿是 2019 年《反不正当竞争法》，修订后的《反不正当竞争法》明确规定侵害商业秘密案件可以主张惩罚性赔偿，该法于 2019 年 4 月 23 日起施行；而明确规定侵害知识产权案件可以主张惩罚性赔偿的《民法典》于 2021 年 1 月 1 日起施行。因此，鉴于当事人诉讼请求并不在新法颁布后的期间内，因此无法适用惩罚性赔偿。但对于2018年以来仍旧持续的侵害涉案技术秘密行为，权利人可以依法另行寻求救济。法院的判决既遵循了"新法没有溯及力"这一原则，又出于对权利人利益的考虑，告知对于新法颁布后的侵权行为，权利人可以重新寻求救济。因此，权利人在就侵权人的侵权行为提起诉讼请求适用惩罚性赔偿时，应当关注侵权行为的发生时间与持续时间，确保侵权行为持续发生的期间在确认该侵权行为可以适用惩罚性赔偿制度后，以提升维权的效益。

关于最终的赔偿数额是否合理。权利人提供的实际损失计算方式一共三种，法院根据其合理性选择采纳了前两种，并将第三种作为参考。综合考虑前述该案确定损害赔偿责任需要考虑的因素，特别是王龙集团公司等被诉侵权人侵权恶意较深、侵权情节恶劣、在诉讼中存在妨碍举证和不诚信诉讼情节，以及王龙科技公司、喜孚狮王龙公司实际上系以侵权为业的公司等因素，法院依法决定按照香兰素产品的销售利润计算侵权损害赔偿数额。实质上，法院的选择也体现了法院对侵权行为的态度。该案中侵权人侵权主观故意明显，且存在以侵权为业、妨碍举证等情节严重的情形，只是由于新旧法适用问题等无法适用惩罚性赔偿。因此，法院为了体现对权利人权益的保护以及对侵权人侵权行为的遏制，选择采取数额相对更高的销售利润计算出的赔偿数额，也是在某种程度上弥补无法适用惩罚性赔偿的遗憾。

# 结　语

惩罚性赔偿制度作为英美法中的一项民事损害赔偿制度，也称为惩戒性赔偿，是侵权人给付被侵权人超过实际受损害数额的一种金钱赔偿。该制度集补偿、制裁、遏制等功能于一身，其特有的惩罚性与补偿性赔偿相比，除了能够公正赔偿受害人损失，还具有吓阻违法行为的功能。❶ 我国一直以来对知识产权侵权行为采取的是填平式赔偿，即根据权利人的实际损失、侵权人的侵权获益、权利许可使用费的倍数等确定赔偿数额，而在上述几种计算方式难以适用时可以由法院酌定赔偿金额。但此种补偿性赔偿的数额一般难以填补权利人的实际损失。由于知识产权的无形性与对市场的依赖程度，在赔偿损失数额确定上受到市场需求波动、侵权人配合程度、权利人取证结果等因素的影响，尽管立法给出了多种计算方式以期最大程度上弥补权利人损失，但能够达到赔偿数额与实际损失相符合的情况较少。且由于权利人举证难度较大，而司法基于"谦抑原则"往往倾向于较少的赔偿数额，这使得在部分案件中权利人的损失无法完全得到赔偿，而侵权人甚至仍旧能够从侵权行为中获利。这将变相诱发侵权行为的发生，使得知识产权领域成为侵权行为频发的"重灾区"。民法秉持的"填平原则"难以形成对侵权人的真正惩戒，对此类侵权行为威慑力度不够，不利于我国保护知识产权、保护创新的贯彻与发展。随着信息科技的发展和市场经济日新月异的变化，知识产权越来越成为推动现代化国家经济发展和

---

❶ 黄薇. 中华人民共和国民法典侵权责任编释义［M］. 北京：法律出版社，2020：64.

提升综合国力的重要战略性资源。❶ 2017 年 4 月 20 日颁布的《中国知识产权司法保护纲要（2016～2020）》提出，知识产权领域的立法保护"事关我国创新驱动发展进度，事关经济社会文化事业的发展繁荣，事关国内国际两大格局的发展变化"，其重要性不言而喻。

从加强知识产权保护的法政策立场出发，知识产权法构造了一个通过司法机制达到公法目的的特殊赔偿责任制度，其立法目的表现在弥补侵权行为制裁的刑法功能缺陷。通过刑事手段规制、预防侵权行为，使得侵权行为在知识产权领域受到严格限制。❷ 也是由于对知识产权惩罚性赔偿性质的理解不同，学术界就是否引入知识产权惩罚性赔偿制度曾经存在争议。在英美法系国家，司法实践和主流观点将惩罚性赔偿视为一种特殊的民事制裁，即"私人罚款"。❸ 而在大陆法系国家，法律界强调公法与私法之间的不同职能，因此大陆法系国家严格区分违法行为的惩罚性和制裁与侵害行为损害赔偿救济，强调二者的不同属性。因此，知识产权惩罚性赔偿制度作为具有"私人罚款"性质的民事制裁手段，从大陆法系的观点而言，是不应当被纳入民事赔偿制度体系的。惩罚性赔偿制度的惩罚目的，与恢复原状的填补性赔偿性质不同，系属"刑事处罚"的范畴。❹ 这也造成是否引入知识产权惩罚性制度在学术界产生巨大争议的情况。然而，不引入知识产权惩罚性赔偿制度又将造成司法裁判对于某些较为严重的、具有较大社会危害性侵权行为的规制难题。补偿性赔偿仅仅填平了权利人的损失，但并未对侵权人的侵权行为进行规制，法律规制力度的不足将造成知识产权侵权行为的泛滥，不利于对知识产权的保护。刑法基于谦抑原则对著作权犯罪的规定慎之又慎，而侵权责任法的传统理论，强调赔偿责任只有补

---

❶ 丁国峰，张晴. 反思与完善：我国知识产权领域创设惩罚性赔偿责任的适用路径 [J]. 电子知识产权，2021（8）：51.

❷ 吴汉东. 知识产权惩罚性赔偿的私法基础与司法适用 [J]. 法学评论，2021，39（3）：24.

❸ 金福海. 论惩罚性赔偿责任的性质 [J]. 法学论坛，2004（3）：59.

❹ 陈聪富. 侵权归责原则与损害赔偿 [M]. 北京：北京大学出版社，2005：199.

偿性而没有惩罚性，民法基于填平原则无法对不构成犯罪的行为进行过度惩罚，此时，惩罚性赔偿制度的出现就成为保护知识产权大潮流下的必要举措。

1993 年，我国颁布《消费者权益保护法》，首次以特别法的形式确定了惩罚性赔偿制度。自此之后，惩罚性赔偿制度不断完善与发展，逐渐进入知识产权保护领域。近年来，我国学者对知识产权领域惩罚性赔偿制度的研究兴致高涨，截至 2022 年 1 月 21 日，笔者在中国知网上用"知识产权惩罚性赔偿"作为关键词索引得到的文献资料为 912 篇，其数量自 2017 年逐年增长。学者们的争议焦点从是否应当引入知识产权惩罚性赔偿制度逐渐转变为对知识产权惩罚性赔偿制度健全完善的建议。由于知识产权无形性的特点，导致知识产权侵权损害赔偿存在"举证难""赔偿不足"等问题，侵权成本低、维权执法成本高现象突出，恶意侵权行为屡禁不止。❶对于知识产权侵权行为惩治力度不足等问题逐渐进入大众视野。而在知识产权领域建立惩罚性赔偿制度的目的之一是打击违法行为，保护创新者，鼓励持续创新，这一目的的实现不仅需要完备的法律体系，更需要严格执法、公正司法，将知识产权惩罚性赔偿立法理念贯穿司法实践全过程。

现阶段，知识产权惩罚性赔偿的适用并不广泛。由于相关法律规范并不完善，关于惩罚性赔偿数额中基数与倍数的确定缺乏细化的标准，从而导致法官在司法裁判中往往不愿意采取惩罚性赔偿的计算方式。以商标权侵权案件为例，根据广东省深圳市福田区人民法院课题组的相关研究，在50 679 份判决中仅有 33 份明确表示适用惩罚性赔偿，仅占侵害商标权纠纷案件的 6.5‰。❷ 在 2014 年 5 月至 2020 年 4 月的 711 件判决中仅有 6 件案例明确适用了惩罚性赔偿。❸ 尽管《商标法》早在 2013 年就引入了惩罚性

---

❶　苏志甫．论我国知识产权惩罚性赔偿制度的目标、定位与司法适用［J］．中国应用法学，2021（1）：133.

❷　广东省深圳市福田区人民法院课题组．商标侵权惩罚性赔偿的制度构建［J］．知识产权，2020（5）：41.

❸　欧阳福生．商标侵权惩罚性赔偿适用困境及制度重构——基于 711 个案例的实证分析［J］．学海，2020（6）：180.

赔偿制度，明确规定对于恶意侵权行为，且侵权行为导致严重后果的案件可以采用惩罚性赔偿对侵权人进行惩戒，同时也预防此类案件的再次发生。然而，在《商标法》几经修改后的 2020 年，惩罚性赔偿的适用依旧并不广泛，在实践中的适用比例极低。究其原因，大概可以归为以下几点：首先，由于惩罚性赔偿特有的惩罚性特质，其相对于民事赔偿的填平原则而言，具有更强的"破坏性"，倍数的计算方式使得其最终数额往往较高，甚至超出侵权人的承受范围。因此，法院对于此类能够对当事人造成深远影响的惩罚方式采取谨慎态度也无可厚非。其次，由于惩罚性赔偿在知识产权侵权案件中的适用较晚，相关制度并不完善。例如，关于惩罚性赔偿基数的确定以及倍数选择的问题，存在较多争议。倍数的选择空间过大，缺乏细致明确的裁判标准等问题都成为法官在司法实践中适用惩罚性赔偿的阻碍因素。由于法官过大的自由裁量空间易造成司法裁判的不稳定性，从而使得其公正性存疑，因此，法官相对而言不愿意适用惩罚性赔偿。综合上述因素来看，要实现惩罚性赔偿制度制定的初衷，应当进一步完善、细化其规定，鼓励法官在司法实践中根据案件实际情况合理适用惩罚性赔偿制度。

进入 21 世纪以来，我国的惩罚性赔偿制度在国内民商事立法中取得了较大程度的突破，❶ 惩罚性赔偿制度的体系逐渐完善。然而，由于早期在知识产权领域并未构造整体的惩罚性赔偿架构，知识产权相关法律的立法存在先后，导致立法内容的不统一。近年来，《专利法》与《著作权法》进行修订，统一了关于适用惩罚性赔偿的要件，即"故意"和"情节严重"，最高人民法院也颁布司法解释解决了学界争论已久的"恶意"与"故意"的区分问题，惩罚性赔偿的适用标准逐渐统一化。但对于惩罚性赔偿的数额计算仍缺乏统一明确的司法指引。由于惩罚性赔偿制度的不完善，如何适用几种惩罚性赔偿基数计算方式也存在分歧，权利使用费倍数、法定赔偿等是否会由于其具有的隐形的惩罚性质而不适合作为惩罚性赔偿

---

❶ 许凯.比较法视野下惩罚性赔偿的识别标准［J］.江西社会科学，2021，41（11）：163.

的基数等问题也并未有明确的解答。而在司法实践中，作为决定惩罚性赔偿数额的重要因素的惩罚性赔偿倍数的确定只能依靠模糊的标准，并未进行标准的精细化，这也导致司法裁决的精细程度受到影响。本书提出补偿性赔偿与惩罚性赔偿的双轨运行，划清不同赔偿数额计算方式的功能，严格把控惩罚性赔偿基数的准确性，细化惩罚性赔偿倍数的判断标准，从不同角度达到弥补权利人损失，恢复到侵权发生前状态，抑制侵权行为等目的。惩罚性赔偿制度作为仍在持续完善中的制度，还需要在司法实践中不断摸索、调整。如何更好实现惩罚性赔偿制度的功能，遏制知识产权侵权行为的发生，保护知识产权仍需要不断地探索与长期的关注。

# 参考文献

## 一、著作类

[1]  吴汉东．知识产权法［M］．北京：法律出版社，2021.

[2]  曹新明．知识产权法学［M］．北京：中国人民大学出版社，2021.

[3]  王迁．知识产权法教程［M］．北京：中国人民大学出版社，2021.

[4]  《知识产权法学》编写组．知识产权法学［M］．北京：高等教育出版社，2019.

[5]  贾旭花．我国食品安全惩罚性赔偿制度的立法检讨和司法再解读［M］．北京：经济日报出版社，2020.

[6]  袁杏桃．著作权侵权惩罚性赔偿研究［M］．北京：知识产权出版社，2019.

[7]  李彦波．专利领域之惩罚性赔偿制度研究［M］．北京：中国政法大学出版社，2018.

[8]  李捷．域外专利侵权惩罚性赔偿法律制度研究与借鉴［M］．北京：中国政法大学出版社，2018.

[9]  朱丹．知识产权惩罚性赔偿制度研究［M］．北京：法律出版社，2016.

[10]  黄娅琴．惩罚性赔偿研究——国家制定法和民族习惯法双重视角下的考察［M］．北京：法律出版社，2016.

[11]  张晓梅．中国惩罚性赔偿制度的反思与重构［M］．上海：上海

交通大学出版社，2015.

［12］ ［奥］赫尔穆特·考茨欧，瓦内萨·威尔科克斯．惩罚性赔偿金：普通法与大陆法的视角［M］．窦海阳，译．北京：中国法制出版社，2012.

［13］ 关淑芳．惩罚性赔偿制度研究［M］．北京：中国人民公安大学出版社，2008.

## 二、论文类

［14］ 吴镕俊．知识产权惩罚性赔偿制度的谦抑性：内在逻辑与实现路径［J］．理论月刊，2022（4）．

［15］ 刘银良．知识产权惩罚性赔偿的类型化适用与风险避免［J］．知识产权，2022（2）．

［16］ 王崇敏，王然．知识产权惩罚性赔偿中"情节严重"的认定——基于动态体系论的研究［J］．法学论坛，2022（2）．

［17］ 王然，王崇敏．威慑理论视角下知识产权惩罚性赔偿的规则完善［J］．海南大学学报（人文社会科学版），2022（1）．

［18］ 李晓庆．知识产权惩罚性赔偿的法理剖析与适用进路［J］．学术交流，2021（12）．

［19］ 倪朱亮．比例原则在知识产权惩罚性赔偿金量定中的运用［J］．知识产权，2021（7）．

［20］ 丁国峰，张晴．反思与完善：我国知识产权领域创设惩罚性赔偿责任的适用路径［J］．电子知识产权，2021（8）．

［21］ 胡自源．知识产权惩罚性赔偿制度之体系性纠偏——基于257份裁判文书的实证研究［J］．西南知识产权评论，2021（1）．

［22］ 吴汉东．知识产权惩罚性赔偿的私法基础与司法适用［J］．法学评论，2021（3）．

［23］ 胡海容，石冰琪．德国知识产权侵权救济对惩罚性赔偿的扬弃分析［J］．重庆理工大学学报（社会科学版），2021（4）．

[24] 林广海，李剑，秦元明．《关于审理侵害知识产权民事案件适用惩罚性赔偿的解释》的理解和适用［J］．人民司法，2021（10）．

[25] 曹柯，段胜宝．《民法典》背景下知识产权惩罚性赔偿制度的路径选择——从国家治理现代化的视角切入［J］．电子知识产权，2021（3）．

[26] 丁文严，张蕾蕾．知识产权侵权惩罚性赔偿数额的司法确定问题研究［J］．知识产权，2021（2）．

[27] 刘军华，叶明鑫．知识产权惩罚性赔偿与法定赔偿的协调适用［J］．中国应用法学，2021（1）．

[28] 蒋华胜．知识产权惩罚性赔偿制度研究：立法检视与司法适用——兼论我国《民法典》第1185条法律规范的体系化构建［J］．中国应用法学，2021（1）．

[29] 管育鹰．试析侵害知识产权惩罚性赔偿的适用条件［J］．法律适用，2021（1）．

[30] 宫晓艳，刘畅．知识产权惩罚性赔偿适用的要件解构与路径探究——以上海首例知识产权惩罚性赔偿案件为研究范例［J］．法律适用，2020（24）．

[31] 李扬，陈曦程．论著作权惩罚性赔偿制度——兼评《民法典》知识产权惩罚性赔偿条款［J］．知识产权，2020（8）．

[32] 朱理．专利侵权惩罚性赔偿制度的司法适用政策［J］．知识产权，2020（8）．

[33] 孙卿轩，李晓秋．我国商标侵权惩罚性赔偿司法实践的问题、反思与改进建议［J］．大连理工大学学报（社会科学版），2020（4）．

[34] 张广良．知识产权损害赔偿惩罚体系的构建［J］．法学，2020（5）．

[35] 王利明．论我国民法典中侵害知识产权惩罚性赔偿的规则［J］．

政治与法律, 2019 (8).

[36] 张红. 恶意侵犯商标权之惩罚性赔偿 [J]. 法商研究, 2019, 36 (4).

[37] 冯术杰, 夏晔. 警惕惩罚性赔偿在知识产权法领域的泛用——以商标法及其实践为例 [J]. 知识产权, 2018 (2).

[38] 张鹏. 知识产权惩罚性赔偿制度中故意认定的关键因素探析 [J]. 知识产权, 2017 (5).

[39] 张鹏. 知识产权惩罚性赔偿制度的正当性及基本建构 [J]. 知识产权, 2016 (4).

[40] 冯晓青, 罗娇. 知识产权侵权惩罚性赔偿研究——人文精神、制度理性与规范设计 [J]. 中国政法大学学报, 2015 (6).

[41] 袁秀挺. 知识产权惩罚性赔偿制度的司法适用 [J]. 知识产权, 2015 (7).

[42] 徐聪颖. 我国著作权法引入惩罚性赔偿制度研究 [J]. 科技与法律, 2015 (3).

[43] 朱丹. 知识产权惩罚性赔偿制度的经济分析 [J]. 东方法学, 2014, 4 (6).